주의 오른쪽에는 영원한 즐거움이 있나이다

(시 16:11)

R. T. 켄달의 임재

R. T. 켄달 지음 | 심현석 옮김

추천의 글

켄달 박사의 책을 읽는 것은 언제나 그렇듯 크나큰 기쁨이다. 이 책에서 켄달 박사는 '하나님의 임재'를 솔직 담백한 말로 설명해 놓았다. 그의 열정은 물론 건전한 교리에 대한 신념도 책에 잘 배어 있다. 당신은 책을 읽는 동안 하나님께서 자신의 임재를 나타내실 때, 얼마나 놀라운 방법들을 사용하시는지 깊이 깨닫게 될 것이다. 그러므로 맛있는 디저트를 먹듯 편안한 마음으로 읽으라. 하나님께서 사랑과 능력으로 당신을 만나 주실 것이다. 하나님의 임재는 우리가 받을 유업이자 상급이다. 이 책은 온 세상이 그 유업을 체험할 수 있도록 안전하고도 즐거운 지침을 제공한다.

롤랜드 & 하이디 베이커, 아이리스 글로벌

R. T. 켄달 박사는 미국뿐만 아니라 영국에서도 크게 존경받는 성경교사이자 목사이며 작가이다. 수년 동안 웨스트민스터 채플을 이끈 켄달 박사는 모든 영국인들을 복되게 한 사람이다. 그는 웨스트민스터 채플의 강단을 지킨 캠벨 몰간이나 마틴 로이드 존스 같은 위대한 설교자들의 발자취를 훌륭하게 따랐다.

성경의 권위를 확고하게 붙잡은 켄달 박사가 성경을 가르칠 때면, 그의 마음속에 있는 기쁨과 열정이 그대로 표출된다. 성경에 대한 충실성에 역사적 통찰력을 곁들여 수많은 사람에게 하나님의 말씀을 전하고 가르치는 켄달 박사 덕분에 우리는 크나큰 복을 얻었고 영적 풍성함도 마음껏 누릴 수 있었다. 이러한 기회를 제공해 주신 하나님께 감사드리며, 이 책이 독자들의 영성을 더욱 풍성하게 해주길 바란다.

루이스 팔라우, 복음전도자

R. T. 켄달의 수많은 저서 중 이 책은 단연 으뜸이다. 그가 쓴 책은 자그마치 60권이 넘는다. 이러한 사실을 생각하면, '으뜸'으로 꼽은 이 책이 얼마나 대단한지 알 수 있을 것이다. 그동안 켄달 박사는 잘 알려지지 않은 새로운 해석들을 질서 정연하게 조직하여 우리에게 가르쳐 주었고, 우리는 항상 그의 노력에 많은 도움을 받았다. 이 책은 간단하면서도 심오하고, 심오하면서도 단순하다. 이 책의 내용을 한 단어로 요약하면 '천국'이다. 나는 켄달 박사의 팬클럽에서 가장 목소리가 큰 팬일 것이다. 이 귀한 책을 펴낸 소중한 친구에게 다시 한 번 감사드린다.

잭 테일러, 디멘션즈 미니스트리즈

지금까지 '하나님을 아는 지식'(Knowing God)과 관련된 수많은 책이 출간되었지만, 대부분은 교리를 알려 주는 데 그쳤다. 그러므로 '하나님에 관하여 아는 지식'(Knowing About God)이라고 하는 것이 맞을 것이다.

그러나 이 책은 정말 '하나님을 알고 체험하는 것'에 대해 이야기한다. 이 책은 '하나님을 아는 지혜'로 충만하고, 균형 잡혀 있으며, 실용적이다. 그러므로 하나님의 임재를 갈망하는 모든 성도에게 매우 값진 체험을 선사할 것이다.

마이클 이튼, 크리스코 펠로우십 교회

The Presence of God

목차

4_ 추천의 글

8_ 서문

Chapter 1 부지중의 임재 ······· 17

Chapter 2 하나님께서 얼굴을 감추실 때 ······· 43

Chapter 3 시간과 시간 사이 ······· 81

Chapter 4 거룩한 자극 ······· 111

Chapter 5 성령의 리더십에 의문을 품다 ······· 143

Chapter 6 진실성 ······· 169

Chapter 7 임재의 상징 ······· 197

Chapter 8 다양한 임재 ······· 213

Chapter 9 이상하고 아름다운 ······· 247

Chapter 10 천국에서 맛보게 될 하나님의 임재 ······· 273

286_ 주

서문

오래전 어느 날 웨스트민스터 채플에 있을 때의 일이다. 캐슬레인 도로 쪽 출입문의 초인종이 울렸다. 밖으로 나가 보니 빌리 그레이엄 목사가 서 있었다. 나는 그를 집무실로 맞아들였다. 우리는 누구의 방해도 받지 않은 채 약 한 시간 45분 동안 대화를 나누었다.

'이 세상에서 가장 유명한 사람과 마주하다니!' 어찌나 흥분되던지! 나는 그 일이 꿈인지, 생시인지 확인하기 위해 두 볼을 꼬집어 봐야 할 지경이었다. 그와의 만남을 마치고 귀가하니 아내 루이스가 호기심 가득한 눈으로 다가와 물었다.

"여보, 빌리 그레이엄 목사님과 만났죠? 어땠어요?"

나는 그 자리에 서서 그레이엄 목사와의 만남을 되새겨 보았다. 감격은 쉬 사라지지 않았다. 내 두 눈에 눈물이 고이기 시작했다.

"여보, 그분은 겸손한 분이었어요. 정말, 겸손한 분이더군요."

당신은 '위대한' 사람과 만나 본 적이 있는가? 유명한 사람이어도 좋고, 잘 알려지지 않은 사람이어도 좋다. 어쨌든 결코 잊지 못할 강력한 '만남'을 체험해 본 적이 있는가? 그 만남이 당신의 삶에 어떤 영향을 미쳤는가?

다시 빌리 그레이엄 목사와의 만남을 생각해 보자. 만일 그와 만난 사실을 아무에게도 말할 수 없다면, 그래도 그와의 만남이 내게 큰 의미가 있었을까?(물론이다! 빌리 그레이엄과의 만남은 내 삶에 커다란 영향을 미쳤다. 30년 전 그의 조언을 지금까지 삶에 적용하고 있으니 말이다.)

웨스트민스터 채플에서 목회할 때, 나는 종종 교인들에게 이같이 묻곤 했다. "만일 영국 여왕과 차 한 잔 마시며 대화할 기회가 생긴다면, 여러분은 어떻게 하시겠습니까? 오, 하지만 여왕과 만난 사실을 아무에게도 말해선 안 됩니다. 그래도 여왕을 만나고 싶을까요?" 사실, 유명인사와의 만남은 '자랑하는 재미' 외엔 별다른 유익이 없다. 기껏해야 지인들의 부러운 시선을 즐기는 정도다.

그러나 하나님과의 만남은 다르다. 누구에게도 자랑해선 안 된다는 조항이 붙었다 해도, 하나님의 임재를 체험하는 일은 그 자체로 엄청난 '복'이다!

어느 날, 목회자인 친구가 자신이 경험한 놀라운 사건을 이야기해 주었다. 그 일이 일어난 시간은 아무리 길게 잡아 봤자 10초밖에 되지 않는다. 당시 그는 브라질의 한 호텔에 묵고 있었다.

"호텔 복도를 걷고 있는데, 갑자기 하나님의 임재가 느껴졌어. 그때 내가 맛본 기쁨은 말로 형용할 수 없을 정도였지. 비록 짧은 시간이었지만, 그 순간 나는 무엇이든 견딜 수 있다는 생각이 들었어."

여기서 그가 말한 '무엇이든'에는 수년간 그가 겪고 있던 시련이 포함된다. 그 부부에게는 딸이 하나 있었는데, 열여섯 살 되던 해에 하늘나라에 가기까지 걷지도, 말하지도 못했다. 부부는 십육 년 내내 이 아이의 기저귀를 갈아 줘야 했다.

"나는 모든 것을 견딜 수 있어! 모든 것을!"

그가 힘주어 말했다.

친구의 말을 듣고 잠시 생각했다. '천국이 그런 곳이 아닐까?' 누구도 앗아갈 수 없는 기쁨이 있는 곳 말이다.

그가 해준 이야기를 되새길 때마다 엘리자 E. 휴윗의 찬송시 '우리 모두가 천국에 올라갈 때'가 떠올랐다(엘리자 E. 휴윗은 '너 예수께 조용히 나가', '주 안에 있는 나에게', '내 영혼에 햇빛 비치니' 외에 다수의 찬송시를 썼다 – 역자 주). "영광 중에 계신 그분을 한 번 흘깃 보는 것으로 삶의 모든 수고를 보상받겠네."

그렇다! 그날 한 번 흘깃 보는 것으로 우리는 만족할 것이다. 지금 여기에서도 마찬가지다. 한 번이면 족하다.

이쯤에서 명시해 두는데, 이 책은 하나님을 보는 것(환상)에 중점을 두지 않는다. 물론 그 가능성을 배제해선 안 되겠지만 말이다. 왜냐하면 하나님은 다양한 방법으로 나타나셔서 우리를 깜짝 놀라게 하시기 때문이다! 이 책은 하나님의 임재를 '인지(의식, 인식)하는 것'에 좀 더 집중한다. 내 친구는 그날 호텔 복도에서 아무것도 보지 못했다. 그러나 그는 하나님의 임재를 느꼈다.

"우리가 천국에 가면 어떤 기분일까?" 사람들은 이것을 무척 궁금해한다. 바울은 이 질문에 이같이 답했다. "생각하건대 현재의 고난은 장차 우리에게 나타날 영광과 비교할 수 없도다"(롬 8:18).

이 책의 종착점은 하늘 왕국에서 체험하게 될 궁극적 '하나님의 임재'이다. 그래서 마지막 장의 제목이 '천국에서 맛보게 될 하나님의 임재'이다.

그러나 우리는 천국뿐 아니라 이 땅에서도 '하나님의 임재'를 체험할 수 있다. 왜냐하면 지금 우리는 그리스도와 함께 저 하늘 어딘가에 앉아 있기 때문이다. "그리스도 예수 안에서 함께 하늘에 앉히시니"(엡 2:6).

그러므로 우리가 집중해야 할 것은 이 땅 '지금, 여기'에서 맛보는 '하나님의 임재'이다. 이 책은 하늘에 거하시는 위대한 하나님에 대한 이야기이자, 이 땅의 가장 낮은 피조물에게 스스로를 계시하기로 선택하신 하나님에 대한 이야기이다. 주의 영광이 온 우주에 가득하다!

오늘 우리는 어느 정도 하나님의 임재를 느낄 수 있을까? 답부터 하자면, "대다수가 생각하는 것보다 훨씬 더 많이 느낄 수 있다." 고린도전서 2장 9절을 읽어 보라. "기록된 바 하나님이 자기를 사랑하는 자들을 위하여 예비하신 모든 것은 눈으로 보지 못하고 귀로 듣지 못하고 사람의 마음으로 생각하지도 못하였다 함과 같으니라." 사람들은 이 구절을 인용할 때마다 '우리가 천국에 들어갈 때'를 상정한다. 하지만 그 다음 구절을 읽으면, 금방 생각이 바뀔 것이다. "오직 하나님이 성령으로 이것을 우리에게 보이셨으니"(고전 2:10). 성령께서 이 땅을 살아가는 우리에게 천국을 보여 주셨다는 말이다.

어떤 청교도는 이러한 체험을 '이 땅 위에 임한 천국'(하늘에서처럼 땅 위에서도, heaven on earth)이라 설명했다. 위대한 찬송 '구주를 생각만 해도'를 작시한 베르나르 드 클레르보(클레르보의 베르나르, 12세기 프랑스 클레르보 지역의 수도사로 활동하였다 - 역자 주)는 네 번째 연에서 "그 사랑 받은 사람만 그 사랑

알도다"라고 노래했다.

그렇다면 이 땅에서 하나님의 임재를 '느끼는' 것과 천국에서 그분의 임재 안에 '머무는' 것의 차이는 무엇인가? 답은 간단하다. 바로 우리의 상태이다. 천국에 가면, 우리는 영화롭게 된다! 그날 우리 모두는 변화될 것이다. 우리는 '영원한' 존재가 된다. 변화된 몸(부활체)은 썩지 않는다(고전 15:51-53).

그날 우리는 단 한 번 주님의 얼굴을 뵈었을 뿐인데, 주님처럼 변화될 것이다(요일 3:2). 우리가 천국에서 체험할 '영화'(glorification)에는 죄, 유혹, 슬픔, 눈물, 죽음, 고통, 불안, 염려가 포함되지 않는다. 이렇게 '이전의 것들'은 지나갈 것이다(계 21:4). 주님과 얼굴을 맞대는 순간, 이 일이 일어날 것이다. 지금 이 땅에서 체험하는 하나님의 임재는 우리가 장차 누리게 될 영화의 맛보기에 불과하다.

물론 우리는 여전히 죄 많고, 불안하며, 연약하고, 언젠가 썩어 없어질 '낮은 몸'(빌 3:21) 안에 거한다. 하지만 천국에 가기 전, 그러니까 이 낮은 몸 안에 거하는 동안에도 우리는 하나님의 임재를 체험할 수 있다. 정말 그런가? 우리 같은 사람도 이 땅에서 하나님의 임재를 체험할 수 있을까? 그렇다!

당신은 이 책을 통해 하나님의 임재를 체험하는 일이 가능하다는 사실을 알게 될 것이다. 또한 직접 하나님의 임재를 체험하게 될 것이다. 나는 이러한 바람을 이 책에 담았다. 어떤 사람은 하나님이 아닌 다른 영과 만나고 그것을 '임재 체험'이라고 믿는다. 마귀의 속임에 빠진 것이다. 또 어떤 사람은 스스로 임재 체험을 상상해 내고는 그것을 하나님의 임재라고 착각하는데, 이 역시 옳지 않다. 당신은 악령에게 속거나 스스로 상상해 낸 것이 아닌, 그야말로 '진리 안에서' 하나님의 임재를 체험할 수 있다. 나는 이 책을 통해 당신에게 이 사실을 알려 주고 싶다.

만일 당신이 이러한 속임이나 상상에 빠져 있다면, 이 책은 별 도움이 되지 않을 것이다. '하나님의 임재에는 항상 기이한 현상이 따르잖아? 그런데 이 책에는 그러한 내용이 소개되어 있지 않네?' 만일 이렇게 생각한다면, 당신에게 이 책은 읽을 가치가 없을 것이다. 정말 그런가? 하나님의 임재에는 항상 기이한 현상이 대동되는가?

이와 정반대로 극단의 속임이나 상상에 빠진 사람도 있다. 그들은 이렇게 말할지도 모른다. "성령님은 기괴한 일은 절대 하지 않으셔. 신사 같은 분이시니까." 어쩌면 이 말을 듣고 안도의 숨을 내쉬는 사람이 많을지도 모르겠다. "그렇지! 하나님은 품위 있는 분이야."

그러나 성령님이 항상 신사처럼 행동하시는가? 솔직히 말해서, 나는 잘 모르겠다. 교회에 처음 나온 사람들이 거부감 없이 편안함을 느끼도록 성령께서 언제나 젠틀한 모습만 보이시는가? 글쎄, 나는 잘 모르겠다.

하나님께서는 종종 새신자들이 크게 불편함을 느낄 만큼 기괴한 방식으로 불쑥 자신의 모습을 나타내시곤 한다. 이때, 냉철한 이성과 지성의 소유자들은 적잖이 당황할 것이다. 때로는 우리의 속마음을 드러내시고자 다소 공격적인 모습을 취하기도 하신다. 당신이 이러한 하나님의 역사를 믿든, 안 믿든 상관없다. 물론 그분은 전통적인 크리스천들이 수용할 만한 방식으로 자신을 나타내기도 하신다. 그러나 항상 그렇게 하시는 것은 아니다. 하나님께서는 전통적이지 않은 방식으로 자신을 나타내셔서 우리의 믿음을 테스트하기도 하신다.

믿음과 관련하여, 독자들에게 한 가지 조언하고 싶다. 기적이든, 치유든, 표적이든, 어떤 기이한 일이든, 그 놀라운 체험들이 믿음의 필요성을 상쇄시키지는 않는다는 사실을 반드시 기억하라. 쉽게 말해, "나는 놀라운 기적을 체험했으니 더 이상 믿음(의 훈련)은 필요 없어"라고 말할 수 없다는 뜻이다.

이 땅을 사는 동안 우리에게는 믿음이 필요하다. 아무리 큰 믿음을 가졌다 해도 부족하다. 여전히 우리에겐 믿음이 필요하다. 하나님께서 어떤 사람의 영적 감각을 크게 키워 주셔서 '더 이상 믿음이 없어도 될 수준'에 이르는 일은 없다!

"믿음은 바라는 것들의 실상이요 보이지 않는 것들의 증거니"(히 11:1). 믿음을 믿음 되게 하는 것은 '보지 않고 믿는 믿음'이다! 그런데 솔직히 우리는 보고도 믿지 못하는 사람들이다. 예수님의 최측근 열한 제자 중 예수님의 부활을 의심한 사람들이 있었다. 그들은 부활하신 예수님을 두 눈으로 똑똑히 보았지만, 여전히 그 사실을 의심했다. "예수를 뵈옵고 경배하나 아직도 의심하는 사람들이 있더라"(마 28:17).

때때로 하나님은 우리가 오감으로 알아챌 수 있을 정도로 자신을 명백히 드러내신다. 그러면 아주 잠시이긴 하지만 생생하게 느껴지기 때문에 보지 않고도 믿는 믿음이 필요하지 않다. 적어도 그럴 때만큼은 그렇다. 그러나 그러한 순간이 영원토록 지속되지는 않는다. 물론 한동안은 그 기억이 우리에게 용기를 북돋워 주는 것도 사실이지만 말이다.

일례로 수년 전 경험한 일인데(본문에서 자세히 소개할 것이다), 당시 나는 아주 잠깐 그리스도께서 하나님의 오른편에 서서 나를 위해 중보하시는 모습을 보았다. 그 일은 내 기억 속에 아주 생생하게 남아 있다. 주목해 보았던 사물의 잔상이 뇌리에 남는 것처럼 그때의 기억은 아직까지도 선명하다. 지금도 그 기억은 내게 큰 용기를 주고 있다.

독자들이 이 책을 통해 하나님께 더 가까이 나아갈 힘을 얻는다면, 더할 나위 없이 좋을 것이다. 하나님과의 동행이 영광스러운 임재 체험으로 이어지길 기도한다.

The Presence of God

CHAPTER 1

부지중의 임재

야곱이 잠이 깨어 이르되 여호와께서 과연 여기 계시거늘 내가 알지 못하였도다 _창 28:16

그들이 서로 말하되 길에서 우리에게 말씀하시고 우리에게 성경을 풀어 주실 때에 우리 속에서 마음이 뜨겁지 아니하더냐 하고 _눅 24:32

CHAPTER 1
부지중의 임재

하나님의 임재를 맛본다는 것은 참으로 놀라운 일이다. 하지만 그 느낌을 말로 설명할 수 있을까? 이 책의 주제는 하나님의 임재이다. 그러나 나는 그 느낌을 제대로 설명할 수 없다. 제아무리 훌륭한 문체와 멋들어진 수식어로 묘사한들, 하나님의 임재는 언제나 그 이상이기 때문이다. 그러므로 하나님의 임재를 설명하려는 시도는 마치 한 번도 가보지 못한 곳의 풍경사진을 보면서 "나는 여기가 어떤지 잘 알아!"라고 말하는 것과 같다. 지금 누가 런던의 대표적인 랜드마크인 빅 벤 사진을 뚫어져라 쳐다본다고 해서 거기 직접 가 본 느낌을 알 수 있겠는가? 나이아가라 폭포, 그랜드캐니언, 갈릴리 호수, 감람산, 금문교, 엠파이어 스테이트 빌딩, 홍콩 항구, 알프스, 크렘린 궁전, 에펠탑, 양키스 스타디움 등의 명소를 담은 사진을 본다고 해서 거기 직접 가 본 느낌을 알 수 있는 것은 아니다.

그렇다. 인식하는(아는) 것과 직접 체험하는 것은 다르다. 당신은 나이

아가라 폭포 사진을 보며 "이것은 나이아가라 폭포야. 세상에서 가장 큰 폭포란다"라고 설명할 수 있다. 하지만 나이아가라 폭포를 아는 것과 그곳에 직접 가서 그 웅장함을 느끼는 것은 천지 차이이다.

어떤 유명인사에 대해 듣거나 그들의 사진을 본 후, 그들을 직접 만나는 경우도 마찬가지일 것이다. 내 경우를 예로 들자면, 마틴 로이드 존스, J. I. 패커, 존 스토트 같은 위대한 신학자들과의 만남이나 전설적인 야구 스타 조 디마지오와의 만남이 그러했다. 이외에도 나는 교계 밖의 몇몇 유명 인사들과도 만남을 가졌다. 나는 그들을 만나던 순간을 잊지 못한다. 물론 이전에도 나는 그들을 잘 알았다. 하지만 그저 아는 것과 직접 얼굴을 마주하고 만나는 것은 천지 차이였다.

사람들은 내게 이같이 묻곤 한다. "목사님은 영국 여왕을 뵌 적이 있나요?" 사실 나는 여왕을 만나 본 적이 없다. 하지만 옥스퍼드에 갔을 때, 왕실의 초청을 받아 꽤 근거리에서 여왕을 지켜본 적은 있다. 물론 여왕이 먼저 말을 걸어 주기 전에 내가 먼저 말을 걸 수는 없었다. 안타깝게도 당시 그녀는 내게 말을 걸지 않았다. 그래서 지켜보기만 했는데, 근거리에서 접한 여왕의 모습에 나는 무척 놀랐다. 그동안 본 사진 속의 모습보다 실물이 훨씬 아름다웠기 때문이다. 어찌나 우아하던지! 사진은 그녀의 모습을 제대로 담아내지 못했다.

만일 당신이 하나님의 임재를 직접 체험한다면, 어떤 기분이겠는가? 한 번 생각해 보라. 하나님의 임재를 즉시 알아챌 수 있겠는가? 만일 하나님께서 한 가지 이상의 방식으로 임재하신다면, 전례 없던 방식으로 당신 앞에 나타나신다면, 당신이 절대 알아차릴 수 없는 방식으로 하나님께서 임하신다면 어떻게 하겠는가?

이 책은 '완벽하게 인지할 수 있는'(conscious) 하나님의 임재를 주로 다룬다. 또한 하나님께서 자신을 드러내기 위해 선택하시는 놀라운 방법들에 대해서도 이야기할 것이다.

기도 서약

웨스트민스터 채플에서 목회할 때, 나는 성도들에게 '기도 서약'을 권했다. 서약서에는 동료 성도들의 기도제목으로 매일 중보하겠다는 다짐이 적혀 있었다. 300여 명의 성도가 여기에 서명했다. 그런데 나는 그 서약서의 하단에 다음의 문구도 적어 두었다. "우리 가운데 하나님의 영광이 나타날 것을 간구한다. 하나님께서 우리의 방식이 아닌 하나님의 방식대로 임재하실 것을 열린 마음으로 간구한다." 내가 왜 이런 문장을 첨가했을까? 답은 간단하다. 하나님께서 다양한 방법으로 임하시기 때문이다.

1801년 켄터키 버번 카운티에서 케인 릿지 부흥이 일어났다. 그때의 기록과 수많은 보고서를 읽어 본 후, 나는 그 당시 어떤 놀라운 일들이 있었는지 알게 되었다. 그래서였을까? 나는 한때 하나님이 웨스트민스터 채플에서 그와 동일한 역사를 반복하실까 봐 염려했다. 케인 릿지 부흥이 한창일 때, 수백 명의 사람이 일제히 바닥에 쓰러져 몇 시간씩 누워 있었다고 한다. 이런 일이 웨스트민스터에서 일어난다면, 과연 자존심 세고 완강한 영국 성도들은 어떻게 반응할까? 어떤 사람은 하나님의 임재를 낮선 일, 괴상한 일로 여기며 적잖이 당황할 것이다. 나는 그와 같은 극단적인 현상이 일어날 것에 대비해야 한다고 생각했다(어쩌면 논란 자체를 불식시킬 만큼 아주 확실한 방식으로 임하실 수도 있지만 말이다).

그러나 내가 염려했던, 어쩌면 내심 바랐던 그 일은 일어나지 않았다. 물론 우리는 때때로 하나님의 영광을 보았다. 그것을 확실히 보았다! 주님께서는 '확연한 임재'의 순간만큼이나 놀라운 영광을 나타내셨다. 하지만 우리가 체험한 것을 '명백한 임재'라고 할 수는 없었다. 그렇게 우리는 부지중(unconscious)에 하나님의 임재를 체험했다. 그 순간에는 인지하지 못했으나, 돌이켜 보니 그분의 임재는 실제적이었고 매우 생생했다.

엠마오로 향하던 두 제자의 눈앞에 부활하신 예수님이 나타나셨다. 하지만 그들은 주님을 알아보지 못한 채, 그저 낯선 사람과 대화하는 줄로 생각했다. 두 제자가 주님의 임재를 인지한 것은 한참 후의 일이었다. 식사 자리에서 그들의 눈이 열렸을 때, 비로소 그분이 예수님이심을 알아차린 것이다. 그 순간 주님은 자취를 감추셨다. 이후 그들은 방금 전의 일들을 곱씹으며 '주의 임재'를 느꼈노라 고백했다. "그들이 서로 말하되 길에서 우리에게 말씀하시고 우리에게 성경을 풀어 주실 때에 우리 속에서 마음이 뜨겁지 아니하더냐 하고"(눅 24:32). 그들은 부지중에 하나님의 임재를 체험했다. 그리고 한참 후에야 그 사실을 인식했다.

가끔씩 나는 웨스트민스터 채플에서의 25년을 회고하며 스스로 하나님의 임재를 모시는 일에 실패했다고 결론을 내리곤 했다. 그러나 사실은 달랐다. 결코 의심할 수 없는, 오직 하나님의 임재로밖에는 설명할 수 없는 일들이 많았기 때문이다. 수많은 사람들이 회심했고, 치유 받았으며,

큰 기쁨을 맛보았다. 이 모든 것은 분명 하나님의 임재가 불러온 놀라운 열매였다. 결코 예사롭게 여길 일이 아니었다.

그러나 내가 염려했던(내심 바랐던 바) '스펙터클'한 방식이 아니었기에 하나님의 임재를 인지하지 못했다. 그 놀라운 일들을 생생하게 목격하고도 대수롭잖게 넘겨 버렸던 것이다.

사실, 하나님께서는 부지중에 임재하시는 순간에도(우리는 알아차리지 못하나 하나님께서 임재하신 때) '명백한 임재'(우리가 확실히 느끼는 하나님의 임재)의 순간처럼 역사하신다!

어떤 사람은 주님과 만나도 아무런 감흥이 없다. 엠마오로 향하던 두 제자가 그랬다. 또 어떤 사람은 주님과 만난 순간, 아주 특별한 느낌을 받는다. 사도 요한이 그랬다. "내가 볼 때에 그의 발 앞에 엎드려져 죽은 자같이 되매"(계 1:17).

하나님께서는 다양한 방법, 우리가 예상하지 못한 방법, 전례 없던 방식으로 임재하신다. 문제는 하나님의 임재가 나타났을 때, 과연 우리가 그것을 인지할 수 있느냐이다. 그러므로 '명백한 임재'를 인지하기 원한다면, 일단 '부지중의 임재'부터 감지하는 법을 배워야 한다.

만일 내가 이 책에서 명백한 임재만을 언급한다면, 이 책은 당신에게 큰 도움이 되지 못할 것이다. 집필하면서 내가 품었던 목적 중 하나는 부지중의 임재를 명백한 임재처럼 이해하도록 돕는 것이다. 믿음은 이렇게 세워진다.

베드로와 야고보와 요한의 눈앞에 예수님께서 변화된 모습으로 나타나셨다. 그분의 광채가 찬란히 빛나는 가운데 모세와 엘리야도 나타났다.

그 즉시 베드로가 말했다. "주여 우리가 여기 있는 것이 좋사오니"(마 17:4). 그 순간, 정말 좋았나 보다. 그렇다! 하나님께서 이처럼 임하신다면, 우리는 시간이 멈추길 바랄 것이다. 베드로 역시 그 산에 머물고 싶었다. 하지만 아직 배워야 할 것이 많이 남아 있었기에 그들은 산을 내려가야 했다(마 17:9).

비록 잠시 잠깐이라 해도, 이 땅에서 하나님의 영광을 체험하는 것은 참으로 놀라운 일이다. 하지만 영광의 순간이 지속되지는 않는다. 황홀한 체험 후에는 대개 갈등, 고난, 훈련 등이 뒤따르기 마련이다. 물론 '하나님을 아는 지식'을 추구하게 되는 장점도 있지만 말이다. 이와 관련된 바울의 가르침이 우리의 심장을 두드린다. "우리가 하나님의 나라에 들어가려면 많은 환난을 겪어야 할 것이라"(행 14:22). '하나님을 아는 지식'과 관련해서는 옛 선지자의 말을 주목해야 한다. "내 백성이 지식이 없으므로 망하는도다"(호 4:6).

일전에 어느 노부인과 나눈 대화를 잊을 수 없다. 그분은 우리 가족이 일리노이 주 스프링필드로 건너가 살 때, 내 어머니를 돌봐 주신 멘토였다. 당시 90세였던 노부인은 내게 이같이 말씀해 주셨다. "나는 주님을 오랫동안 섬겨 왔어요. 그래서 무엇이 복인지, 무엇이 시련인지 구분하지 못하게 되었답니다."

이러한 이유로 야고보 역시 이렇게 말한 것이 아닐까? "내 형제들아 너희가 여러 가지 시험을 당하거든 온전히 기쁘게 여기라"(약 1:2). 바울도 이와 동일한 말을 하였다. "다만 이뿐 아니라 우리가 환난 중에도 즐거워 (자랑)하나니 이는 환난은 인내를, 인내는 연단을, 연단은 소망을 이루는 줄 앎이로다 소망이 우리를 부끄럽게 하지 아니함은 우리에게 주신 성령으로 말미암아 하나님의 사랑이 우리 마음에 부은 바 됨이니"(롬 5:3-5). 환난이 소망으로 이어질 것을 알았던 바울은 "하나님의 영광을 바라고 즐거워하느니라"(롬 5:2)고 선포했다.

환난을 기쁘게 여길 때, 우리의 믿음이 견고해진다. 우리는 영광의 달콤함에 머무는 대신 하나님이 주실 그 다음 가르침을 받기 위해 기꺼이 산에서 내려가야 한다. 하산을 선택할 때, 얼핏 시련처럼 보이던 일들이 본디 크나큰 '복'이었다는 사실을 깨닫게 된다. "우리가 알거니와 하나님을 사랑하는 자 곧 그의 뜻대로 부르심을 입은 자들에게는 모든 것이 합력하여 선을 이루느니라"(롬 8:28).

야곱

벧엘에 도착했을 때, 야곱은 아무것도 느끼지 못했다. 당시 그는 자기를 죽이려는 에서를 피해 집을 떠나 도망치는 중이었다.

야곱은 성장하는 동안 할아버지(아브라함)가 참으로 위대한 사람이었음을 알게 되었다. "나는 할아버지처럼 될 수 없어." 실제로 야곱의 삶은 형편없었다. 아브라함 같은 '전설'의 근처에는 얼씬도 할 수 없는 삶이었다.

어디 그뿐인가? 그동안 야곱이 행해 온 일들은 '성숙'과는 거리가 멀었다. 그 자신도 자신의 행동에 문제가 있음을 잘 알고 있었다. '나는 형을 속이고 장자의 권리를 빼앗았다. 아버지까지 속여 형이 받을 장자의 복도 가로챘다.' 그 결과는 참혹했다. 지금 그는 목숨 하나 건지려고 도망치는 신세가 되었다. 사태가 이 지경인데, 도대체 하나님은 어디에 계시는가? 도망치던 야곱은 '한 곳'에 이르렀다(창 28:11). 물론 그곳에 도착했을 때, 그의 마음에는 아무런 감흥도 일지 않았다. 이 장소에는 주목할 만한 것이라곤 눈 씻고 찾아봐도 없었다. "언젠가 당신은 이 장소를 매우 소중히 여기게 될 것입니다"라고 써 붙인 표지판도 없었다.

불안한 마음에 급히 달려와서 그런지 피로가 몰려왔다. 야곱은 거기서 잠을 청했다. 물론, 그는 그곳에서 어떤 일이 일어날지 몰랐다. 아니, 아무런 기대도 없었다. 그저 베개로 삼을 돌 하나 가져다가 머리를 뉘고 깊은 잠에 빠졌을 뿐이다.

그런데 그때, 하나님이 나타나셨다. 그의 꿈속에서! 그 꿈은 '아브라함의 하나님'이 '야곱의 하나님'이 되어 주신다는 내용이었다. 하나님께서 전해 주신 말씀은 그야말로 꿈만 같았다. 사실이라고 하기엔 너무도 좋은 말씀이었기 때문이다. 아브라함의 하나님이 '나의 하나님'이 되어 주신 그 밤, 야곱은 과거의 자신과 결별했다(창 28:11-15).

처음에 그곳은 야곱에게 아무 의미도 없었다. 거기서 그는 하나님의 임재를 느끼지 못했다. 게다가 그에겐 아무런 소망도, 인생의 목적도 없었다. 그런데 바로 그 장소가 야곱의 '인생의 전환점'이 될 줄 누가 알았겠는가? 야곱뿐만이 아니다. 이후 수세기가 지나도록 그곳은 수많은 믿음의 사람들에게 인생의 전환점이 되었다. 그곳은 '벧엘' 곧 '하나님의 집'이다.

벧엘은 '부지중의 임재'와 '명백한 임재' 모두를 상징한다. 잠에서 깬 야곱이 말했다. "여호와께서 과연 여기 계시거늘 내가 알지 못하였도다"(창 28:16). 하나님의 집은 무척 넓고 크기 때문에 그곳에는 '부지중의 임재'와 '명백한 임재'가 동시에 나타날 수 있다.

하나님께서 함께 계시는데 우리가 그 사실을 인지하지 못할 경우, 이것을 '부지중의 임재'라고 한다. 하나님의 임재는 매우 실제적이다. 정말 실제적이다! 그러나 무슨 이유에서인지, 하나님께서 임하셨는데도 그분의 임재를 느끼지 못할 때가 있다(하나님께서 그것을 느끼지 못하게 하실 때도 있다). 아무런 감흥도, 특별한 느낌도 없다. 하지만 하나님은 '거기' 우리와 함께 계신다.

그러므로 하나님께서 자신을 드러내시지 않은 채(우리가 인지하지 못하게끔) 임재하실 때에도 우리는 하나님을 높여 드려야 한다. 아무 느낌이 없더라도 하나님을 경외해야 한다. 피곤하여 지칠 때, 마음 가득 두려움이 쌓일 때에도 우리는 하나님을 예배해야 한다. 가장 힘든 순간에도(우리가 행한 모든 것이 잘못이라는 생각에 엄청난 수치심을 느끼더라도) 하나님은 항상 거기에 계시기 때문이다. "내가 결코 너희를 버리지 아니하고 너희를 떠나지 아니하리라"(히 13:5)고 하나님께서 약속하셨다. 예수님의 약속도 이와 동일하다. "내가 세상 끝날까지 너희와 항상 함께 있으리라"(마 28:20).

이 사실을 받아들일 수 있는가? 믿을 수 있는가? 느낌이 있든 없든, 인식하든 인식하지 못하든, 하나님께서 우리와 함께하신다는 말씀을 믿을 수 있느냐는 말이다. 당신이 하나님을 느끼든지, 느끼지 못하든지 하나님께서는 1년 365일, 하루 24시간 내내 당신과 함께하신다. 이 사실을 믿을 수 있는가?

우리는 매 순간, 삶의 모든 영역에서 이 사실을 기억해야 한다. 비단 기도하는 시간뿐 아니라 우리가 쓸 데 없는 짓을 할 때에도 하나님께서 함께하신다. 하나님의 음성을 들으려 애쓸 때에도 하나님은 우리와 함께하시고, 유흥을 위해 시간을 허비할 때에도 우리와 함께하신다. 어떤 일을 그르칠 때에도, 사랑하는 사람이나 가장 친한 친구가 우리를 오해하여 관계를 끊으려 할 때에도, 하나님은 거기에 우리와 함께하신다.

1956년, 나는 내 인생을 송두리째 바꿔 놓을 중대한 결정을 내렸다. 그 결정으로 인해 내 관점이 변했고, 신학이 달라졌으며, 소속 교단도 달라졌고, 교제하는 사람들도 달라졌다. 그 결정에 내 가족(아버지, 할머니, 이모, 삼촌들)은 무척 괴로워했다. 그들은 내가 '완전히 정신이 나갔다'고, 자멸의 길에 들어섰다고 생각했다. 가족 중 오직 한 사람만이 내 결정을 지지해 주었다. 할아버지께서 이렇게 말씀하셨다(단지 나를 지지해 주셔서가 아니라 원래부터 할아버지는 가족 중 내가 가장 좋아하는 사람이었다). "나는 내 손자의 결정을 지지한다. 그가 옳든, 그르든 상관없어!" 할아버지의 그 한 마디가 당시 내게 필요한 '전부'였다. 나를 지지해 줄 사람이 가장 필요했던 순간, 맥컬리 할아버지가 내 곁에 서 주셨다.

하나님도 마찬가지이다. 하나님은 당신 곁에 서 주신다. 당신이 실수할 때조차도 말이다! 그러므로 하나님의 임재가 느껴지지 않는다고 해서 겁먹을 필요는 없다. 아무 느낌이 들지 않더라도 절대 포기해서는 안 된다. 당신이 하나님을 느끼지 못해도, 하나님께서는 당신을 위해 묵묵히 일하신다. 그분의 임재가 느껴지지 않아도, 하나님은 거기 계신다. 그것이 바로 '부지중의 임재'이다. 당신은 이것을 인식할 줄 알아야 한다. 부지중의 임재를 인식하고 소중히 여기는 법을 배우라. 이것은 아무리 오랜 시간이 걸려도 배워야 한다.

부지중의 임재는 수많은 사건들에 대한 최고의 설명이 될 수 있다. 기도할 때, 홀로 성경을 읽을 때, 하나님을 기쁘게 해 드리려 할 때, 주님의 일에 집중하느라 바쁠 때, 또는 직장에서 일할 때(법률, 간호, 의학, 자녀 양육, 회계 등 어떤 형태의 직업이든 상관없다), 당신은 '부지중의 임재'를 체험하게 된다.

나는 '부지중의 임재'를 여러 번 체험했다. 한 번은 이런 일이 있었다. 주일 아침 강단에 서서 설교하는데, 자유의 기쁨이나 성령의 기름부음은커녕 오히려 내 영혼 안에서 갈등이 시작된 것을 느꼈다. 부담감은 커져만 갔고, 입안은 바짝 타들어 갔다. 심지어 이마에 송글송글 땀방울이 맺히기까지 했다. 하지만 나는 포기하지 않고 끝까지 설교를 이어갔다.

나는 설교를 마친 후에야 안도의 숨을 내쉴 수 있었다. 그리고는 부리나케 자리를 떠나 집무실로 들어갔다. 혼자 있을 공간이 필요했기 때문이다. 그리고 속으로 이렇게 속삭였다. '만일 이것이 내가 할 수 있는 최선이라면, 나는 설교자로 사역하는 것을 그만둬야 해.' 순간 나를 웨스트민스터 채플의 설교자로 부르신 하나님께 버림받은 기분이었다.

하지만 바로 그때, 하나님께서 무한한 자비로 나를 만나 주셨다. 예배가 끝난 후, 누군가가 사무실 문을 노크했다. 교회 집사님이었다. "목사님, 어떤 분이 목사님을 찾으시는데요?" 이어서 처음 보는 남성이 사무실로 들어왔다. "오늘 목사님의 설교를 듣고 예수님을 믿기로 결심했습니다." 그는 내가 전한 그 초라한 설교를 듣고 결신한 것이다. 오, 이 얼마나 놀라운 일인가! 물론 그는 내가 그날의 설교를 얼마나 수치스럽게 여겼는지 알 턱이 없다. 또 하나님께서 내 초라한 믿음에 조금도 개의치 않으시고 놀라운 구원을 이루신 것에 내가 얼마나 기뻐했는지도 알 수 없었을 것이다.

20년도 훨씬 더 지난 일이다. 당시 나는 영국 본머스의 대형 강당에서 말씀을 전하고 있었다. 행사는 '이스터 피플'(Easter People)이라는 단체에서 주관한 것이었는데, 나는 그 행사의 강사로 초대된 것을 영광으로 여겼다. 그곳에는 대략 2천 명 정도 운집해 있었다. 그날 나는 그들이 좋아할 법한 적절한 설교를 준비해 갔다.

그러나 설교가 끝난 후 사람들의 반응은 시큰둥했다. 누구도 내게 아무런 칭찬을 건네지 않았다. 일반적으로 설교자들은 열정을 쏟아 최선을 다해 말씀을 전한 후 칭찬 듣기를 원한다. 적어도 내가 아는 설교자들은 다 그렇다. 성도들은 으레, "말씀해 주셔서 감사합니다"(진심은 숨긴 채 공치사 하는 것일 수 있다)라든지 "오늘 말씀 참 좋았어요!"라며 설교자를 칭찬해 준다. 그래서 설교자들은 이와 비슷한 칭찬을 기대하기 마련인데, 그날 밤에는 아무 반응도 없었다. 나는 매우 당황했다. 행사는 끝났는데 발이 쉽게 떨어지지 않았다. 런던으로 돌아가려면 두 시간을 꼬박 운전해야 한다. 하지만 한 마디 칭찬이라도 듣고 싶은 마음에 강당에서 10분 넘게 어슬렁거렸다. 격려의 말 한 마디로 내가 설교를 망치지 않았다는 사실을 확인하고 싶었지만, 결국 나는 한 마디 칭찬도 듣지 못한 채 런던으로 돌아왔다.

몇 주 전, 이 책을 집필하기 직전에 한 여성이 나를 찾아와 말했다. "목사님! 아주 오래선 일인네, 혹시 이스터 피플 행사에서 설교하셨딘 깃 기억하시나요? 제가 그날 목사님의 설교를 듣고 예수님을 믿기로 결심했답니다." 오! 나는 20년도 훨씬 더 지난 그날, 이 같은 찬사를 들으리라고는 생각지도 못했다. 그녀는 20여 년 전 그날 밤, 내가 얼마나 곤혹스러웠는지 상상도 못했을 것이다. 하나님은 분명 그곳에 계셨다. 다만 내가 아무 느낌도 받지 못했을 뿐이다.

혹시 하나님께 버림당한 듯한 느낌을 받아본 적 있는가? 성경은 그 같은 느낌을 이렇게 묘사한다.

> 진실로 주는 스스로 숨어 계시는 하나님이시니이다 _사 45:15

'숨어 계시는 하나님', 이것은 일반적인 현상이다. 이에 대해서는 다음 장에서 좀 더 자세히 이야기하겠다.

하나님의 임재의 두 가지 형태

앞서 말했듯, 하나님의 임재는 부지중의 임재와 명백한 임재로 분류할 수 있다. 우리 대부분은 부지중의 임재의 가치를 제대로 깨닫지 못한다. 그저 명백한 임재(확연히 알 수 있는 임재)만 갈망할 뿐이다.

하나님의 임재와 연관된 신학 용어로는 '무소부재'(또는 편재[遍在])를 꼽을 수 있다. 이 용어의 의미는 '하나님은 어디에나 계시다'이다. 그렇다. 하나님이 계시지 않는 곳은 없다.

내가 주의 영을 떠나 어디로 가며 주의 앞에서 어디로 피하리이까 내가 하늘에 올라갈지라도 거기 계시며 스올에 내 자리를 펼지라도 거기 계시니이다 내가 새벽 날개를 치며 바다 끝에 가서 거주할지라도 거기서도 주의 손이 나를 인도하시며 주의 오른손이 나를 붙드시리이다 내가 혹시 말하기를 흑암이 반드시 나를 덮고 나를 두른 빛은 밤이 되리라 할지라도 주에게서는 흑암이 숨기지 못하며 밤이 낮과 같이 비추이나니 주에게는 흑암과 빛이 같음이니이다 _시 139:7-12

신학자들은 하나님의 속성을 설명할 때, 종종 세 개의 'O'를 언급한다. 첫째는 Omnipotence(옴니포텐스, 전능[全能])로 하나님은 전능하시다, 둘째는 Omniscience(옴니션스, 전지[全知])로 하나님은 모든 것을 아신다, 셋째는 Omnipresence(옴니프레즌스, 무소부재[無所不在])로 하나님은 모든 곳에 계신다(그분의 영광이 온 우주를 가득 채우고 있다)는 의미이다. 마지막의 옴니프레즌스, 무소부재를 바꾸어 생각하면, 우리가 하나님을 피해 도망칠 수 없다는 뜻이기도 하다.

요나는 이것이 사실임을 깨달았다. 하나님께서 요나에게 "니느웨로 가라"고 명령하시자 그는 싫다고 대답하고 자리에서 일어나 '하나님의 얼굴을 피해'(욘 1:2-3) 달아났다. 그러나 얼마 안 있어, 그는 하나님의 얼굴을 피하는 일이 불가능하다는 사실을 깨닫게 되었다. 어느 곳을 가든, 거기에 하나님이 계셨기 때문이다.

당신은 하나님으로부터 도망치고 싶은가? 포기하라! 그것은 무모한 도전일 뿐이다. 하나님을 느낄 수 없다고 해서 그분이 계시지 않은 것이 아니다. 당신이 하나님을 믿지 않는다고 해서 하나님이 계시지 않는다고 말할 수 없는 것처럼 말이다. 바울의 말처럼, 우리가 믿지 않더라도 "주는 항상 미쁘시니 자기를 부인하실 수 없으시다"(딤후 2:13). 하나님의 '무소부재' 속성과 관련된 성경구절은 다음과 같다.

> 여호와의 말씀이니라 사람이 내게 보이지 아니하려고 누가 자신을 은밀한 곳에 숨길 수 있겠느냐 여호와가 말하노라 나는 천지에 충만하지 아니하냐 _렘 23:24

> 여호와의 눈은 어디서든지 악인과 선인을 감찰하시느니라 _잠 15:3

> 하나님이 참으로 땅에 거하시리이까 하늘과 하늘들의 하늘이라도 주를 용납하지 못하겠거든 하물며 내가 건축한 이 성전이오리이까 _왕상 8:27

아무 느낌도 없다고 해서 하나님이 멀리 계신다고 지레짐작하지 말라. 하나님이 얼마나 가까이 계시는지, 당신은 절대 알 수 없을 것이다.

홍콩에서 재키 풀린저 선교사를 처음 만났을 때, 당시 그녀는 매일 15분씩, 정확히 15분씩 지역 사회를 위해 기도하고 있었는데, 그렇게 결심하게 된 계기를 다음과 같이 설명해 주었다. "처음엔 아무것도 느끼지 못했어요. 그러나 제가 15분씩 기도하던 기간에 구룡채성(무허가 건물로 즐비한 홍콩 내 슬럼가로 1993년에 철거됨 – 역자 주) 주민들이 예수님을 영접하기 시작했습니다. 하나님께서 사람들을 변화시키셨습니다. 저는 이 일을 두 눈으로 목도한 후에야 비로소 하나님의 임재를 느낄 수 있었습니다."

야곱은 그의 조부 아브라함에 비할 만한 상대가 아니다. 그러나 '아브라함과 이삭과 야곱의 하나님'은 이스라엘 백성에게 흔하디 흔한 관용구가 되었다. 당시만 해도 야곱은 이 일을 상상조차 못했을 것이다. 게다가 자신의 새로운 이름, '이스라엘'이 하나님의 백성의 나라 이름이 되다니! 이 모든 변화는 벧엘에서 시작되었다. 처음에는 아무 느낌도 없었다. 야곱이 도착하기 전부터 하나님은 거기에 계셨지만, 그는 이러한 사실을 알지 못했다.

하나님의 주권적 은혜는 다양한 방법으로 우리에게 다가오는데, 그것은 그야말로 하나님의 주권적 선택에 달렸다. 그러므로 우리는 한 가지 방법만 '하나님의 길'이라고 고집할 수 없다. 야곱을 보라. 하나님이 왜 야곱을 선택하셨는가? 그가 선하기 때문이었을까? 자격을 갖추어서? 아니다. 하나님의 주권적 선택 때문이다. 야곱은 이 같은 하나님의 주권을 상징적으로 보여 주는 예이다. 이를테면, 야곱은 하나님의 사랑을 받은 '모리배'의 표상이다. "내가 야곱을 사랑하였고"(말 1:2, 롬 9:13). 하나님께서 야곱 같은 사기꾼을 사랑하시다니! 그 누가 상상이나 했을까? 야곱은 모든 일을 그릇 행하였고, 두려움에 사로잡혀 도망치는 사람이었다. 이런 그가 감히 하나님과의 만남을 상상이나 했을까? 하나님께서 놀라운 계획을 말씀해 주시리라 기대했을까? 오히려 그는 이러한 일이 자신에게 절대 일어나지 않으리라 확신했을 것이다. 그러나 그 일이 일어났다.

혹시 당신도 두려워 도망치고 있지는 않은가? 하나님께서 불쑥 나타나실까 봐 겁이 나는가? '하나님이 내 앞에 나타나시면, 분명 나를 정죄

하실 거야'라고 생각하며 두려워하고 있는가?

어제의 벧엘, 오늘의 라말라

한번은 이스라엘 라말라에서 팔레스타인 해방기구(PLO)의 의장 야세르 아라파트와 만난 적이 있다. 라말라에 들어섰을 때, 나는 그 땅의 옛 이름이 '벧엘'이었음을 알게 되었다. 오늘날의 라말라는 구약시대의 벧엘과 지리적으로 매우 가깝다고 할 수 있다. 나는 아라파트 의장이 이 사실을 알지 못할 것이라 생각하고 이렇게 말했다. "의장님, 이 도시가 성경에 나오는 벧엘이었다는데요, 혹시 알고 계십니까?" 하지만 그는 알고 있었다.

하나님께서 야곱에게 나타나신 땅, 벧엘! 처음에는 야곱이 아무것도 느끼지 못했던 그 땅에 내가 서 있었다. 나는 내가 선 곳이 바로 그 자리라고 생각하며 이렇게 외쳤다. "그래. 나는 하나님께서 처음 야곱과 만나신 그 자리에 서 있다."

훗날(밧단아람에서 가나안으로 돌아온 후) 야곱의 마음이 하나님에게서 멀어져 냉랭해졌을 때, 하나님께서 다시 그에게 나타나 "벧엘로 가라"고 명령하셨다. 당시 야곱은 온 가족에게 이렇게 말했다. "너희 중에 있는 이방 신상들을 버리고 자신을 정결하게 하고 너희들의 의복을 바꾸어 입으라 우리가 일어나 벧엘로 올라가자 환난 날에 내게 응답하시며 내가 가는 길에서 나와 함께하신 하나님께 내가 거기서 제단을 쌓으려 하노라"(창 35:1-3).

벧엘은 그러한 땅이다. 야곱의 말에서 두 개의 문구에 주목하라. 첫 번째 문구는 '내게 응답하시며'이다. 하나님은 야곱이 힘겨워하던 날, 그의 기도에 응답하셨다. 여기서 힘겨워하던 날이란 그가 집을 떠나 도망치던 때를 말한다. 더 정확히 말하자면, 벧엘에 도착했을 때였다. 그때 하나님께서 응답하셨다. 그러므로 우리는 그가 벧엘에 도착하자마자 하나님께 기도했을 것이라고 유추해 볼 수 있다.

두 번째 문구는 '나와 함께하신'이다. 야곱이 어디를 가든 하나님께서 그와 함께하셨다. 야곱은 하나님의 임재가 자신에게서 떠난 적이 없음을 인정했다. 하나님은 '항상' 야곱과 함께 계셨다. 심지어 라반에게 착취당할 때에도(창 31장), 형 에서가 자신을 죽일 것만 같아 두려워하던 때에도(창 32-33장), 세겜 땅에서 딸 디나가 겁탈을 당했을 때에도(창 34장) 하나님은 야곱과 함께 계셨다.

디나 사건으로 야곱 가족은 분열되었다. 사태는 야곱이 통제할 수 없는 지경까지 이르렀다(창 34:30-31). 이때 하나님께서 말씀하셨다. "벧엘로 올라가라"(창 35:1). 이 말씀이 그의 귀에는 아름다운 음악과 같았다. 그리고 야곱의 가족은 이 말씀에 순종했다. 하나님은 벧엘로 향하는 이들의 발걸음을 보호하셨다. "하나님이 그 사면 고을들로 크게 두려워하게 하셨으므로 야곱의 아들들을 추격하는 자가 없었더라"(창 35:5).

이러한 사실은 시사해 주는 바가 크다. 만일 오늘날의 교회가 벧엘로 돌아간다면, 하나님께서 이 세상 사람들의 마음에 두려움이 임하게 하실 것이다. 다시 말해서 우리가 벧엘로 돌아가면, 이 세상이 우리를 두려워할 것이다. 지금 당장은 그렇지 않지만 말이다.

하나님께서는 '자격이 없는' 야곱에게 온전한 긍휼과 은혜의 진리를 선사하셨다. 이 얼마나 멋진 일인가? 그러나 100퍼센트 사실을 사실 그대로 받아들이기 어려운 경우가 있다. 하나님의 긍휼과 은혜 역시 너무 아름답기 때문에 그저 꿈만 같다. 나는 가끔 이렇게 말한다. "당신에게 선포된 복음이 '너무' 아름다워서 사실로 받아들이기 어려운가? 아니라면, 당신은 아직 복음을 제대로 들어 보지 못한 것이다. 복음을 듣고 '너무 좋지만, 과연 사실일까?' 이렇게 의문을 품었다면, 당신은 복음을 제대로 들은 것이다." 그 복음은 이렇게 설명한다. "우리는 공로와 상관없이 구원받았다. 아니, 그 복음이 공로주의로부터 우리를 해방시켰다. 우리는 은혜의 선물로 구원을 받았다"(엡 2:8-9). 자격 없는 야곱이 하나님의 온전한 긍휼을 선물 받았다. 우리 또한 하나님의 영원한 사랑(렘 31:3)을 선물 받았다.

어느 날 저녁, 한 남자가 나를 만나기 위해 웨스트민스터 채플을 찾아왔다. 그는 자신이 믿음을 잃어버린 상태라고 말했다. 오래전에 구원을 받았지만, 이후 큰 죄를 범했기 때문에 스스로 판단하기에도 더 이상은 크리스천일 수 없다고 했다.

"형제님은 천국에 갈 수 있다고 생각하십니까?" 내가 그에게 물었다.

"아니요. 갈 수 없을 것 같습니다. 제겐 아무 소망이 없습니다." 그가 대답했다.

"형제님은 언젠가 하나님 앞에 서야 합니다. 그때 하나님께서 '내가 너를 천국에 들여보내야 할 이유가 있느냐?'고 물으시면 어떻게 대답하겠습니까?"

그는 이렇게 답했다.

"저는 너무나 큰 죄를 지었기 때문에 아무 소망도 없습니다. 글쎄요, 예수님이 십자가에서 저를 위해 죽으셨다는 사실이요?"

나는 잠시 그의 얼굴을 바라본 후 또다시 물었다.

"하나님께서 형제님을 천국에 들여보내실 유일한 이유가 십자가에 달려 죽으신 예수님의 보혈입니까? 지금, 그렇게 말씀하셨지요?"

"네, 그렇습니다. 예수님의 보혈이요. 하지만 저는 하나님을 떠나 너무 멀리 와버렸습니다."

나는 그에게 말했다. "만일 제가 '형제님은 저처럼 구원받은 사람입니다'라고 말한다면, 어떻겠습니까?" 그러자 그는 휘둥그레진 눈으로 나를 쳐다보며 물었다.

"무슨 말씀입니까? 목사님처럼 저도 구원을 받았다니요? 정말입니까?"

"네, 사실입니다. 형제님도 저처럼 구원받은 사람입니다. 왜냐하면 제가 가진 유일한 소망 역시 예수 그리스도의 보혈이기 때문입니다."

이 말을 들은 그의 표정이 순식간에 바뀌었다. 그의 얼굴에 기쁨이 차오르고 생기가 도는 것이 육안으로 확인될 정도였다. 나는 이러한 광경을 한 번도 본 적이 없었다. 나의 말이 그동안 그가 들은 말 중 가장 놀라운 말이었던 것이 분명했다!

"사실이군요. 하나님께서 저를 이처럼 사랑하시다니! 믿어지지가 않아요!" 그는 흥분한 상태에서 말을 이어갔다.

"저는 하나님을 섬기고 싶어요. 그분을 위해 살고 싶습니다. 그동안 제가 지은 죄 때문에 하나님께 정말 죄송합니다. 이제 하나님께 제 생명을 돌려 드리고 싶습니다."

이후 그는 자신이 들은 말을 재차 확인하려는 듯, 이렇게 물었다.

"목사님께서 하신 말씀은 제가 회심한 이후로 내내 구원받은 상태였다는 것이지요?"

"네, 맞습니다."

그는 기뻐하며 사무실을 나섰다. 아마도 처음 예수님을 영접했던 날만큼이나 기뻤을 것이다.

독자들 중에는 내가 그에게 한 말에 동의하지 않을 사람도 있을 것이다. 그들의 심정을 이해한다. 나 역시 구원은 영원하지 않으며, 구원 이후 죄를 범하면 구원을 잃고 지옥의 길에 들어선다는 교리를 배우며 자랐기 때문이다.

그러던 어느 날, 나는 아름답고 영광스러운 그리스도의 임재를 체험했다. 그리스도의 임재 안에서 나는 처음으로 내가 '영원히' 구원받았다는 사실을 확신할 수 있었다. 하나님은 우리를 '영원히' 구원하신다. 이것은 틀림없는 사실이다! 그 사건 이후, 나는 한 번도 뒤돌아보지 않았다.

그날 저녁 내게 찾아온 그 남자와 관련하여 내가 전하고픈 메시지는 이것이다. "나는 그를 '아주 쉽게' 주님께로 인도했다." 나는 주님께 나아가는 길이 어렵지 않음을 잘 알고 있다. 이러한 이유로 주님께서 내게 그 사람을 보내신 것 같다. 주님은 아주 오랫동안 그를 다뤄오셨다. 그 기간 내내 그는 자신의 죄 때문에 괴로워했다.

그러나 만일 내가 그에게 '죄인의 기도문'을 건네며 "이것을 외우고 열심히 기도하십시오. 그리고 이제 선한 일을 행하십시오"라고 권면했다면, 그는 의심할 여지없이 자신의 죄를 용서받으려고 열심히 기도했을 것이다. 아주 열심히! 그러나 만일 그렇게 했다면, 그는 하나님의 은혜 대신 자신의 노력과 선행을 '죄 용서와 구원'의 확신에 대한 근거로 삼았을지도 모른다.

부지중에 하나님의 임재가 내내 자신과 함께했다는 생각에 그의 심장은 터질 듯했다. 나는 그에게 시편 말씀을 들려주었다. "내가 하늘에 올라갈지라도 거기 계시며 스올에 내 자리를 펼지라도 거기 계시니이다"(시 139:8). 만일 내가 그를 '다시 구원받아야 할 사람'처럼 여기고 그렇게 대했다면, 하나님의 은혜와 자비하심에 대한 기쁨은 그 정도로 충만하지 않았을 것이다. 그러나 그의 구원은 사라진 것이 아니었고, 또 하나님께서 그 모든 기간에 그와 함께하셨다는 사실을 깨달았을 때, 그는 하나님의 은혜를 진하게 체험할 수 있었다.

그렇다면 회개기도를 하고 믿음을 고백하는 모든 사람은 영원히 구원받는다는 말인가? 아니다. 마음으로 믿지 않고, 머리로 할 수도 있기 때문이다. 구원은 마음으로 믿는 사람에게만 허락된 약속이다(롬 10:9-10).

1984년 5월에 빌리 그레이엄 목사가 웨스트민스터 채플에 와서 설교하였다. 그가 복음의 메시지를 전한 후 결신(決信)을 요청하자 약 80명 정도의 사람이 '결단의 부름'에 응답하여 강대상 앞으로 나아왔다. 그중에는 친구의 권유로 그곳에 온 유명한 사업가도 있었다. 그날 그곳에 모인 성도들은 그 사업가를 알아봤고, 또 그가 강대상 앞으로 나아가는 것을 보며 기뻐했다. 그레이엄 목사는 그 사업가에게 새신자 교육을 받으라고 권유했다. 하지만 그는 교육받기를 거절했다. 아니, 그날 이후 교회에 출석하지도 않았다. 그는 그저 강대상 앞으로만 나아가면 구원을 받으리라 착각했던 모양이다. 그러나 틀렸다. 그는 회개(회심)하지 않았다.

물론 우리는 누가 구원을 받고, 누가 받지 못할지를 알 수 없다. 그러나 한 가지는 확실하다. 우리는 '공로'(일, 노력)가 아닌 '은혜'로 구원을 받는다. 그리고 믿음의 고백은 '머리'가 아니라 '마음'으로 하는 것이다.

마틴 루터는 자신이 천국에 가면 세 번 놀라게 될 것이라고 말했다. 첫째, 전혀 예상치 못한 사람이 그곳에 와 있을 것이므로 놀랄 것이다. 둘째, 꼭 있을 것 같은 사람이 없어서 놀랄 것이다. 마지막으로(가장 크게 놀랄 일) '내가 거기에 갈 것이므로' 놀랄 것이다.

로이드 존스 목사가 말했다. "크리스천은 어떤 사람인가? 자기가 크리스천이 된 사실에 깜짝 놀라는 사람이다. 스스로 크리스천이라고 하면서도 그 사실에 놀라지 않는다면, 진심으로 회개했는지 의심해 봐야 할 것이다."

"벧엘로 돌아가라." 야곱은 하나님의 말씀을 듣고 흥분할 수밖에 없었다.

당신도 벧엘로 돌아가야 하는가? 하나님을 떠나 오랫동안 방황했는가? 하나님이 당신을 버리신 것 같은가? 하나님께서 당신에게 "벧엘로 돌아가라"고 말씀하시는가?

벧엘은 소망의 상징이다. 벧엘은 아무것도 느끼지 못할 때에도, 하나님이 거기 계신다는 메시지를 전해 준다. 벧엘은 우리를 깜짝 놀라게 하시는 하나님, 우리를 결코 버리지 않고 떠나지 않으시는 하나님을 상징한다. 그러므로 모든 사람이 당신에게 "가망이 없다"고 말할 때에도, 당신에겐 여전히 '소망'이 있다. 하나님은 당신을 향해 "집으로 돌아오라"고 말씀하신다.

다음은 남아메리카에서 있었던 일이다. 한 여성이 아서 블레싯(미국의 순회 복음전도자, 십자가를 어깨에 짊어지고 세계 곳곳을 다니며 복음을 전한 것으로 유명하다 – 역자 주)에게 다가가서 말했다. "목사님을 찾아뵈려고 제가 얼마나 오랫동안 헤맸는지 아십니까? 오래전 선셋 스트립에 있는 커피숍에 갔을 때, 목사님께서 저를 위해 기도해 주셨던 것을 기억하시는지요? 그 자리에서 저는 부모님께 전화를 걸어 말씀드렸습니다. '엄마, 저 이제 집에 들어갈게요'라고 말입니다." 그녀는 그날 오랜 가출 생활을 끝내고 집으로 돌아갔고, 이후 남아메리카의 선교사가 되었다.

야세르 아라파트 의장과 처음 만나던 날, 담소를 마친 후 우리 일행(영국 대성당 참사회 회원인 앤드류 화이트와 린던 보우링, 알랜 벨, 그리고 나)이 그의 관저를 떠날 때, 아라파트 의장은 손을 흔들며 작별을 고했다. 바로 그때, 무슬림들의 기도시간을 알리는 소리가 사방에서 들려왔다. 그 옛날, 야곱이 하나님을 만났던 그곳, 벧엘 땅에서 말이다. 그 순간 나는 자리에 멈춰 섰다. 나는 그날의 떨림을 결코 잊지 못한다. 나는 이 일을 오랫동안 곱씹었다.

한때 '벧엘'로 알려진 이 역사적 장소에서 언젠가 다시 한 번 아브라함과 이삭과 야곱의 하나님이 주목받으시길 소망한다. 나는 무슬림들이 성경의 하나님을 만나고, 예수 그리스도를 영원한 하나님의 아들이자 십자가에 달려 죽으신 구세주로 인정하며 그분 앞에 나아가길 기도한다(나는 매일 PLO 지도자들의 구원을 위해 기도한다). 나는 온 땅이 여호와의 영광을 아는 지식으로 가득 찰 것(합 2:14)이라는 옛 언약이 이루어지길, 곧 이루어지길 소망한다!

야곱이 처음 벧엘에 이르렀을 때, 그는 아무것도 느끼지 못했다. 그는 다만 전날 밤 자신이 그곳에 도착하여 기도했다는 사실만 알 뿐이었다. 그러나 그 밤이 지날 무렵, 그는 이같이 외칠 수 있었다. "여호와께서 과연 여기 계시거늘 내가 알지 못하였도다"(창 28:16). 그리고 그의 감탄이 이어졌다. "두렵도다(놀랍도다) 이곳이여!"(창 28:17)

야곱이 체험한 일은 우리가 하나님을 느끼지 못할 때에도 그분께서 거기 계시다는 사실을 알려 준다. 또한 그 사건은 부지중의 임재가 얼마나 놀라운 것인지도 설명해 준다.

CHAPTER 2

하나님께서 얼굴을 감추실 때

구원자 이스라엘의 하나님이여 진실로 주는 스스로 숨어 계시는 하나님이시니이다 _사 45:15

주께서 그 사랑하시는 자를 징계하시고 그가 받아들이시는 아들마다 채찍질하심이라 하였으니 _히 12:6

CHAPTER 2
하나님께서 얼굴을 감추실 때

"얘야, 이제 그 열쇠를 돌려다오." 할머니께서 말씀하셨다. 그 열쇠는 다름 아닌, 1955년 3월에 내게 사주신 쉐보레 자동차 열쇠였다.

할머니께서 열쇠를 돌려 달라고 하신 것이 1956년 7월이니, 차를 선물 받은 지 대략 16개월이 된 시점이었다. 그날로 할머니는 내 차를 가져가셨다. 하지만 나는 아쉬워할 수 없었다. 할머니의 결정이 정당했기 때문이다.

당시 나는 테네시 주 내슈빌의 트레베카 나사렛 대학을 다녔다. 또 거기서 180킬로미터 떨어진 팔머 시의 나사렛 교회를 담임하고 있었다. 이런 상황에서 사역을 위해 학교에서 교회까지 200킬로미터 정도를 수시로 이동해야 했기 때문에 차가 필요했다. 이것이 할머니가 내게 자동차를 사주신 이유였다.

그 작은 교회는 내가 대학에 들어가자마자 담임직을 제안했다. 그렇게 나는 그곳에서 사역을 시작했다. 하지만 15개월 후, 정확하게는 1956년

5월 20일에 담임직을 내려놓았고, 더 이상은 그 교회에 갈 필요가 없었다. 그러므로 차를 돌려 달라고 하셨던 할머니의 요구는 정당했다.

하지만 할머니께서 그렇게 하신 데에는 또 다른 이유(이것이 실질적인 이유이다)가 있었다. 할머니는 내가 나사렛 교단을 떠나기로 결정한 일을 무척 언짢아하셨다. 만일 나사렛 교단에 계속 머물렀다면, 내 신학적 입장이 변하지 않았다면, 교회를 사임한 후에도 할머니는 내게 차를 사용하도록 허락해 주셨을 것이다.

섭섭한 마음은 없었다. 당시 내가 '성령을 따른다'고 확신했기 때문이다. 열쇠를 돌려 드리는 순간, 오히려 내 마음에 엄청난 평안이 임했다. 하지만 다른 한편으론 아쉬웠다. 아니, 솔직히 말해 큰 상처를 받았다. 차를 빼앗겨서가 아니다. 할머니께서 내 결정을 반대하셨기 때문이다.

내가 나사렛 대학을 다닐 때, 할머니와 아버지는 무척 기뻐하셨다. 그러나 나의 신학적 입장에 변화가 생겼다. 나는 신학 노선이 다르더라도 두 분은 여전히 나를 기뻐해 주시리라 생각했다. 그러나 현실은 기대와 달랐다. 심지어 내가 '하나님과 단절된' 상태라고 생각하셨다. 당시 아버지께서 내게 건네신 말씀대로라면 그렇다.

히브리서 12장 6절

그해 8월 어느 오후, 나는 할머니 방 침대에 엎드려 기도하고 있었다. 그날의 기억이 지금도 생생하다. 내 마음은 무척 괴로웠다. "도대체 왜 이러시는 겁니까?" 나는 하나님께 항변하듯 여쭈었다. 그 당시 내 뜻대로 되는 일은 하나도 없었다. 계획대로 일이 척척 진행되리라 기대했는데 말이다.

한 가지 예를 들면, 수개월 전 나는 명확한 환상을 보았고, 그것이 하나님께로부터 온 것이라 확신했다. 환상 속에서 아버지는 내 결정에 기뻐하셨다. 하지만 현실은 환상과 달랐다. 모든 가족과 친척은 물론 나사렛 교단의 친구들마저 나의 신학적 입장에 반대를 표했다. 나는 너무나 외로웠다.

괴로운 나머지 침대에 몸을 뉘인 채 뒤척이는데, 갑자기 이상한 음성이 들려왔다. "히브리서 12장 6절!" 나는 얼른 성경을 펼쳐 해당 구절을 읽어 보았다. "주께서 그 사랑하시는 자를 징계하시고 그가 받아들이시는 아들마다 채찍질하심이라." 그때까지 나는 이 구절을 한 번도 읽어 본 적이 없었다. 하지만 그 말씀의 내용처럼, 나는 징계를 당하고 있는 것이 분명했다.

그런데 왜? 나는 무엇 때문에 징계를 당해야 했는가? 내가 하나님을 언짢게 해드렸는가? 내가 하나님의 뜻을 외면했는가? 내 차를 빼앗아간 할머니를 통해 하나님께서 나를 징계하셨는가? 하나님은 내가 할머니와 아버지의 뜻을 어긴 것에 대해 징계하시는 것인가? 할머니와 아버지의 선택은 옳고, 내 선택은 옳지 않은 걸까?

이유는 모르지만, 그렇다는 생각은 들지 않았다. "내 선택이 잘못된 것은 아니야!"

물론 눈앞에 펼쳐진 상황은 내가 본 환상과는 달랐다. 환상대로라면 하나님께서 나를 사용하셔야 했고, 아버지께서는 나를 자랑스럽게 여기셨어야 했다. 하지만 당시의 상황은 환상의 내용과 거리가 멀었다.

나는 분명히 주님께 순종하고 있었다. 나를 지탱해 준 것은 성령께서 주시는 '내적 확신'이었다(참고로 나는 '성령의 내적 확신'이라는 표현조차 당시에는 알지 못했다).

"거 참, 고집불통이네!" 독자들 중에는 이렇게 나를 판단할 사람도 있을 것이다. "너무 교만한 나머지, 자신이 잘못했다는 사실을 인정하지 못하는 것 아닙니까?" 이렇게 질책하는 사람도 있을 것이다. 나는 독자들의 질책을 충분히 이해한다. 당시에도 이런 말을 직접 듣곤 했으니 말이다. 하지만 나는 하나님이 나와 함께하신다는 사실, 내가 그분을 따른다는 사실을 확신했다.

그즈음, 하나님께서는 '징계'라는 말에 어떤 의미가 담겨 있는지 확실히 알려 주셨다. 징계의 의미를 깨닫고 나니, 미래를 준비하는 내게 징계가 필수과목이었다는 사실을 깨달을 수 있었다. 이후 징계는 내 신학의 중요한 부분이 되었다.

> 주께서 그 사랑하시는 자를 징계하시고 그가 받아들이시는 아들마다 채찍질하심이라 _ 히 12:6

현재 대부분의 성경역본은 징계(chastening)에 해당하는 헬라어 '파이듀에이'를 '훈련'(disciplining)으로 번역하고 있다. 사실 파이듀에이의 진정한 의미는 '강제 학습'(enforced learning)이다. 아버지가 아들의 잘못을 꾸짖고 바른 길로 인도하는 과정이 파이듀에이(강제 학습)이다. 하나님은 나를 그렇게 다루셨다.

위 구절에서 '채찍질'은 헬라어 '마스티고오'의 역어인데, 그 뜻은 '가죽끈 채찍으로 내리치다'이다.[1] 참고로 마스티고오는 매우 고통스러운 형벌이다.

내가 무슨 잘못을 했는가? 채찍질 당할 만한 죄를 지었는가? 아무리 과거를 되짚어 봐도, 나는 흉악한 죄를 공공연하게 저지른 적이 없다. 나는 내 처지가 욥의 경우와 크게 다르지 않다고 생각했다. "온전하고 정직하여 하나님을 경외하며 악에서 떠난 자"(욥 1:1)라고 평가받은 욥이 징계를 당했듯, 나 또한 온전하고 정직한데 아무 이유 없이 징계를 받는 것만 같았다. 나는 내가 의롭다고 생각했다. 그땐 그렇게 생각했다.

그러나 하나님께서 살피신 나의 마음 상태는 내가 아는 것과는 달랐다. 욥은 오랜 시련을 거치면서 자신의 죄악이 지극히 크다는 것을 깨달았다. 그리고 결국, 자신이 하나님 앞에서 교만했다는 사실을 인정했다(욥 42:6). 나 또한 그러한 과정을 거쳐 나 자신의 참 모습을 바라봐야 했다. 그것은 매우 긴 과정이었다! 내 마음은 사악하고, 속임수로 가득하며, 극도로 악했다(렘 17:9). 그러면서도 '자기 의'로 똘똘 뭉쳐 있었다.

나사렛 교단에서는 "거룩한 성도의 삶과 죄는 양립할 수 없다"고 가르쳤다. 즉, 성도라면 죄를 뛰어넘을 줄 알아야 한다는 것이다. 어떤 면에서, 나는 그렇게 살아왔다. 아니, 그렇게 살았노라고 착각했다. 그러나 욥의 경우처럼 아직 배울 것이 많았다.

'징계' 교리의 입문 과정은 할머니와 아버지의 거절로 시작되었다. 두 분은 내가 선택한 '새 길'을 인정하지 않으셨다. 사랑하는 가족에게 거절

당한 뼈아픈 현실에 비하면, 자동차를 빼앗긴 일은 속상할 일도 아니었다. 그렇게 시작된 징계 수업은 수시로 고통을 안겼다. 그럴 때마다 나는 내가 '자기 의'로 충만한 사람이었음을 인정해야만 했다. 그 '고문'은 아주 오랫동안 지속되었다.

그때 경험한 아픔이 지난 60년간 내가 전한 설교와 집필한 책에 고스란히 배어 있다. 그것은 곧 내 설교와 저서의 가장 두드러진 주제, 다름 아닌 '자기변호'로 자리잡았다.

나는 할머니와 아버지의 판단은 그르고, 내 선택이 옳다는 생각을 입증하고 싶었다. 만일 내 모든 설교노트를 펼쳐놓고 '자기변호'에 해당하는 내용에 빨간 펜으로 밑줄을 그으면, 설교노트 전체가 붉게 물들 것이다.

내 선택이 옳았음을 변호하고픈 욕구는 점점 더 강해졌다. 1956년은 물론 그 후로도 나는 자기변호의 필요성을 느꼈다. 그러나 나 자신을 변호하면 할수록 점점 더 큰 고통으로 빠져들어 갔다. 처절한 노력에도 불구하고, 결국 나는 가장 납득하기 어려운 사실 하나를 인정해야만 했다. "변호는 하나님의 특권이므로, 오직 하나님만이 하실 수 있다."

그렇다. 변호는 하나님께서 하시는 일이다. 아니, 변호는 하나님께서 가장 잘하시는 일이다. 그러므로 내가 스스로 변호하는 대신 그 일을 하나님께 맡겨야 한다. 만일 이 일을 하나님께 맡기지 않고 스스로 변호하려 한다면(하나님을 도와 나 자신을 변호하려는 순간), 당신의 징계 과정은 퇴보할 것이다. 어쩌면 처음부터 다시 그 과정을 반복해야 할지도 모른다. 하나님은 우리의 도움을 원하지 않으신다. 쉽게 말해, 하나님께는 우리의 도움이 필요 없다. 기억하라. 자신을 변호하는 순간, 우리는 하나님의 일을 가로채게 된다.

'징계'라고 불러도 좋고 '훈련'이라 해도 좋다. 그것을 뭐라고 부르든, 징계는 본질상 준비과정이다. 즉, 징계의 목적이 따로 있다. 그 자체가 목적이 아니다. 징계를 받는다면, 그것은 우리 안에 하나님께서 좀 더 다루셔야 할 영역이 남아 있다는 뜻이다. 징계는 사역을 위해 우리를 준비시키는 하나님의 방법이며, 우리를 그분의 거룩함에 동참시키는 방법이기도 하다(히 12:10-11).

그렇다. 하나님은 우리가 그릇 행한 일에 대해 벌하실 수 있다. 그리고 그렇게 하신다. 다윗은 밧세바를 범한 후, 그 사실을 은폐하고자 그녀의 남편 우리야를 치열한 전장으로 보내어 전사하게 했다(삼하 11-12장). 그때 하나님께서 다윗을 징계하셨다. 하나님께서 우리를 징계하시는 이유는 우리 안에 죄를 범할 능력이 잠재해 있기 때문이다. 그러므로 징계는 '예방약'과 같다. 물론 하나님의 징계가 '범죄 제로'를 보장하는 것은 아니다. 아무리 징계를 받는다 해도, 우리는 여전히 공공연한 죄를 범할 수 있다. 그럼에도 징계는 필요하다. 왜냐하면 징계를 통해 우리가 어떤 사람인지 확실히 드러나기 때문이다. 징계를 통해 우리가 접하게 될 자신의 참모습은 그리 영광스럽지 않다. 하나님은 우리를 낮추시고 우리에게 경고하시기 위해, 또 그분의 주권적인 뜻에 복종시키기 위해 우리를 징계하신다.

이러한 이유로, 하나님은 징계 차원에서 아버지와 할머니로 하여금 나를 거절하게 만드셨다. 두 분은 하나님의 섭리 안에서 내가 선택한 새로운 신학과 새로운 방향의 교회를 싫어하셨다. 결국 나는 두 분의 거절 덕에 내 삶 속의 반드시 제거되어야 할 영역들을 주목할 수 있었다.

삶을 변화시킨 체험

내 삶을 변화시킨 체험은 1955년 10월 31일에 시작되었다. 이후 내가 어떤 사역을 해왔는지 아는 독자들은 앞으로 전개될 이야기를 이미 알고 있을 것이다.

당시 나는 차를 몰고 내슈빌의 트레베카 나사렛 대학으로 돌아가는 중이었다. 미국의 옛길 41번 국도를 타고 이글 마운트의 산자락에 다다랐을 때, 나는 라디오를 껐다(보통 운전하는 내내 라디오를 틀어 놓곤 했다). 기도해야 한다는 부담감 때문이었다. 그날따라 기도의 부담감이 예사롭지 않게 무거웠다.

처음에는 하나님의 임재를 느끼지 못했다. 아니, 정반대였다. 어떠한 확신도 들지 않았다. 그래서 나는 기도하는 내내 나와 하나님의 관계를 의심했다. 심지어 '과연 나는 구원받았는가?' 하며 의심하기도 했다(구원을 의심할 정도였으니, 내가 온전히 거룩해졌으리라는 생각은 엄두도 못 냈다).

그때 성경구절 두 개가 마음에 떠올랐다. "너희 염려를 다 주께 맡기라 이는 그가 너희를 돌보심이라"(벧전 5:7). "이는 내 멍에는 쉽고 내 짐은 가벼움이라 하시니라"(마 11:30). 왜 그런지 알 수 없지만, 당시엔 하나님께서 내 모든 짐을 맡아 주신다는 사실이 꽤나 불편했다. '하나님께서 나를 도와주신다고? 내 모든 짐을 그분께 맡기게 하신다고? 안 돼!' 결국 나는 하나님께 이같이 아뢰었다. "주님, 제 멍에가 쉽고 제 짐이 가볍습니다. 그러니 제가 지고 가겠습니다."

바로 그때였다. 내 눈앞에 예수님께서 나타나셨다. 문자 그대로 '나타나셨다.' 가시적으로 자신의 모습을 드러내신 것이다. 내가 본 예수님은 하나님의 우편에서 나를 위해 중보하고 계셨다. 그분의 모습은 그동안 내가 보아 왔던 모든 사람처럼 실제적이었다.

그 즉시 나는 성경의 모든 말씀이 '문자 그대로'라는 사실을 직감했다. 정말로 예수님은 아버지의 오른편에 계셨다. 나는 내 뒤쪽에 아버지(성부 하나님)께서 계신 것을 느꼈고, 그분의 오른편, 즉 내 오른편에 예수님이 계신 것을 보았다. 그 광경을 내슈빌로 운전해 가는 내내 볼 수 있었다.

나를 가장 크게 감동시킨 것은 예수님의 사랑이었다. 내가 나 자신을 사랑하고 신경쓰는 것보다 훨씬 더 많이 예수님께서 나를 돌보아 주셨다. 예수님은 내가 생각하는 모든 것(내 모든 관심사와 염려)을 이미 알고 계셨다. 그 순간 내 눈에서 눈물이 왈칵 쏟아졌다. 그처럼 사랑받는다는 느낌을 전에는 경험하지 못했다. 나는 기도를 멈추고 그냥 예수님을 바라보기로 했다.

재미있는 것은, 예수님께서 나를 위해 기도하신다는 사실은 확실히 알겠는데, 그 내용은 도무지 알 수 없었다는 사실이다. 다만, 예수님께서 나를 얼마나 많이 사랑하시는지 알게 되었을 뿐이다. 예수님의 중보기도는 계속되었다. 주님은 성부 하나님 앞에 자신의 목숨을 내려놓으신 듯 끈질기게 기도하셨다. 성부 하나님을 설득하며 나를 구원해 달라고 애원하시는 것 같았다.

내 체험이 사실이기 때문에 부디 믿어 달라고 말하지는 않겠다. 다만 당시에 내가 느낀 감정을 있는 그대로 전달할 뿐이다.

그 다음 내가 기억하는 것은 예수님의 말씀이다. 한 시간쯤 운전하여 테네시 주 서머나라는 마을을 지나던 중에 나는 예수님의 음성을 들었다. 예수님은 성부 하나님께 이같이 아뢰셨다. "그가 그것을 원합니다." 그러자 성부 하나님께서 대답하셨다. "그래, 알겠다. 그는 그것을 가질 수 있다."

그 순간 내 마음에 평안이, 크고 놀라운 평안이 찾아들었다. 나는 그것을 '믿음의 안식'이라고 부른다. 나는 그 평안이 히브리서 4장 10절에 기록된 안식이라고 지금도 믿고 있다. "이미 그의 안식에 들어간 자는 하나님이 자기의 일을 쉬심과 같이 그도 자기의 일을 쉬느니라"(히 4:10). 내가 멈춰야 할 일은 구원받은 사실을 확인하기 위해 그동안 기울여 온 다양한 노력들이었다. 이제는 구원을 확신하기 위해 나의 행위를 의지하지 않아도 되었다. 그것이 내가 느낀 '안식'이었다. 그 안식이 주님께서 말씀하신 '그것'이었다.

그것을 깨닫는 순간, 마음이 따뜻해졌다. 동시에 존 웨슬리가 런던의 올더스게이트 거리에서 '믿음으로 의롭게 된다'는 사실을 깨달았을 때, 그의 마음이 뜨거워졌다는 일화가 떠올랐다. 그때였다. 단 몇 초도 안 되는 시간이었지만(30초도 안 되는 짧은 시간이었다), 나는 예수님께서 나를 바라보시는 것을 내 두 눈으로 똑똑히 보았다!

그날 나는 이전과 전혀 다른 신학 노선을 취하게 되었다. 훗날 나는 내가 선택한 신학 노선이 '개혁신학'이었음을 알게 되었다. 그날 이후 나는 이

무런 의심 없이, 내가 영원히 구원받았음을 확신했다. 또한 예수님께서 '육체'로 부활하셨다는 사실도 확신하게 되었다. 예수님이 진정한 '하나님'이자 진정한 '인간'이라는 사실을 믿고 나니, 그분의 '인성'(人性)이 인상적으로 다가왔다. 나는 언젠가 예수님께서 다시 오실 것을 알았고, 내게 일어난 일들이 성령의 역사였음을 알았다. 그것은 성령의 주권에 따른 역사였으므로, 내게 일어난 일을 다른 사람에게 전수하기 위해 내가 할 수 있는 일은 아무것도 없었다. 잠시 동안의 착각이었지만, 이러한 체험을 한 사람은 사도 바울 이후 내가 처음이 아닐까 하는 생각도 들었다.

이후 몇 달 동안 내 삶은 흥미진진했다. 특히 존 칼빈이나 청교도들의 글을 읽어 보지 않아도 하나님의 전적인 주권을 깨달을 수 있다는 사실이 놀라웠다. 오늘까지도 나는 이 사실에 놀란다. 내가 성장한 나사렛 교단에서는 하나님의 전적 주권보다는 인간의 의지를 더 강조했기 때문에 이러한 '믿음'을 기대할 수가 없었다.

"너는 칼빈주의를 지향하는 것 같구나. 조심해라." 지도교수인 윌리엄 M. 그레이트하우스 박사가 내게 주의를 주었다.

"네? 칼빈주의가 뭔가요?" 나는 교수님께 물었다.

"우리는 칼빈주의자들의 교리를 믿지 않는단다." 그는 '성도의 영원한 구원'(eternal security, 구원에 대한 영원한 보장)이나 '하나님의 선택'과 '예정' 교리를 지지하지 않는다며 그같이 말했다.

나는 그를 보며 대답했다. "그렇다면, 우리가 잘못된 거죠!"

그날 이후, 나는 몇 개월간 환상을 보았다. 꿈에서 보는 환상이 아닌, 눈앞에서 펼쳐지는 환상(open vision)이었다! 그중 어떤 환상은 몇 개월 안에 실제로 이루어졌고, 또 어떤 것은 몇 년에 걸쳐 성취되었다. 예를 들면, 나는 미래에 내 사역이 나사렛 교단 밖에서 이루어질 것을 그때 이미 환상으로 보았다. 그때까지 나는 나사렛 교단의 울타리를 벗어나리라고는 상상조차 하지 못했다. 한번은 예수님의 임박한 재림 전, 지구 전역에서 위대한 부흥이 일어나는 환상을 보기도 했다. 이것은 아직 성취되지 않은 환상이다.

할머니의 침상에 누워 두 귀로 똑똑히 들었던 음성, "히브리서 12장 6절"은 내 삶의 전환점이었다. 그 구절은 당시 내게 일어난 일들을 설명해 주었다. 또한 앞으로 일어날 일에 대한 예언이기도 했다.

"나사렛 교단을 잊지 마십시오"

이제 아버지와 할머니, 그리고 내가 성장한 나사렛 교단에 대해 이야기할 것이다. 먼저, 아버지는 내가 아는 사람 중 가장 경건하신 분이었다. 기억 속에 남아 있는 어린 시절의 아버지는 매일 출근하기 전에 30분 동안 무릎 꿇고 기도하시는 분이었다.

아버지는 목회자가 아니었다. 하지만 목회자들이 이상적으로 여길 법한 평신도이셨다. 아마도 내 고향 켄터키 애슐랜드 교회의 성도 중 가장 훌륭한 성도가 아니었을까 생각한다. 아버지는 하나님을 사랑하셨고, 성경을 사랑하셨으며, 몸담은 교회와 예배를 사랑하셨다. 휴가 중에는 성령의 기름부음이 충만한 설교를 듣기 위해 부흥집회를 찾아다니셨다. 성경도 수없이 읽으셨다. 매일 기도시간마다 살펴보시는 아버지의 중보기도 목록에는 수백 명의 이름과 그들의 상황이 상세하게 적혀 있었다. 이러한 아버지께서는 내가 그 교단에서 훌륭하게 목회하기를 간절히 바라셨다.

이어서 할머니에 대해 이야기하겠다. 사람들은 할머니를 '마더 켄달'이라고 불렀는데, 종종 할머니 집에 찾아와 기도를 요청했다. 목회자들도 예외는 아니었다. 그들 역시 할머니의 기도에 의지했다. 또 할머니의 조언을 듣기 위해 찾아오기도 했다.

할머니의 성경책엔 창세기부터 계시록까지 밑줄이 없는 곳이 없었다. 할머니는 성경과 예배, 찬송을 사랑하시는 분으로 언젠가 자신이 하나님의 부름을 받을 때, 내가 장례식을 집례해 주길 바라셨다. 심지어 자신의 장례식 설교 본문까지 정해 주셨다. 문자 그대로, 할머니는 평생 동안 하나님과 교회를 위해 사신 분이었다.

이처럼 교회를 향한 사랑이 너무나 컸기 때문일까? 내가 다른 교단으로 간다고, 다른 신학 노선을 취한다고 했을 때, 할머니는 마음에 큰 상처를 입으셨다.

이제는 나의 옛 교단인 나사렛 교단에 대해 이야기하겠다. 이것에 대해서는 한 가지 일화면 족할 것 같다. 나를 아끼고 사랑해 준 마틴 로이드 존스 목사는 나를 자신의 후임으로 선택한 이유 중 하나가 나의 출신 교단 때문이었다고 하였다. 이 사실을 알고 있는 독자도 많을 것이다. 로이드 존스 목사는 내게 수차례나 거듭해서 이렇게 말하였다.

"당신이 성장한 나사렛 교단을 잊지 마십시오. 그것이 당신을 구원해 주었습니다."

그의 말뜻은 '전통만 고집하는, 완벽하게 쓸모없는 지나친 칼빈주의'에서 나를 구원해 준 것이 바로 나사렛 교단이라는 것이다. 로이드 존스 목사는 개혁파 목회자들이 지나친 칼빈주의에 물들까 봐 염려하였다. 웨스트민스터 채플이 나를 담임목회자로 공식 청빙한 날, 로이드 존스 목사가 이렇게 말했다.

"나사렛처럼 설교하십시오."

여기에서 한 마디 덧붙이겠다. 트레베카 나사렛 대학(나중에 붙여진 이름이다)은 2007년에 내 지도교수였던 윌리엄 M. 그레이트하우스 박사의 추천으로 나에게 신학박사의 영예를 안겨 주었다. 나의 나사렛 교단 사랑은 말로 표현할 수 없을 정도다!

세 가지 타입의 징계

1956년 4월, 나는 나사렛 교단의 총회장인 휴 브레너 박사의 설교를 들었다. 그 설교는 내 삶에 큰 영향을 미쳤다. 당시 나는 그 설교에 깊이 빠졌다.

그는 빌립보서 2장 5절 말씀으로 설교했다. "너희 안에 이 마음을 품으라 곧 그리스도 예수의 마음이니"(빌 2:5). 그는 예수님께서 아버지의 영광을 위해 가장 낮은 자리로 내려가 가장 큰 수치를 당하셨다고 힘주어 말했다. 설교를 들은 후 나는 무릎을 꿇고 기도했다. 왜 그랬는지는 모르지만, 겁도 없이 하나님께 이렇게 말씀드렸다. "주님, 당신의 영광을 위해 저를 가장 낮은 곳으로, 가장 수치스러운 곳으로 인도해 주소서." 내가 그런 기도를 드리다니, 그렇게 기도하지 말았어야 했는데! 어쩌면 그런 기도는 응답될 리 없다고 확신했는지도 모른다. 그도 그럴 것이 당시 나는 공중에 붕 떠 있는 기분으로 살았다. 하나님은 내게 행복한 얼굴을 비추셨다. 그 같은 체험 덕에 나는 세상 꼭대기에 선 느낌이었다. 그래서 '겁도 없이' 그렇게 기도했나 보다.

하나님께서 우리를 향해 얼굴을 비추실 때, 우리의 삶은 아름답고 흥미진진하다. 심지어 황홀하기까지 하다. 당시 내 삶의 모든 것은 그야말로 완벽했다. 나는 나사렛 교회의 담임 목사였고, 학교에선 종교부 학장 윌리엄 M. 그레이트하우스 교수의 조교였다. 참고로 그레이트하우스 박사는 훗날 트레베카 대학의 총장과 나사렛 교단의 총회장이 되었다. 그래서인지 나를 교단의 승계자로 여기는 사람이 많았다. 그때까지 내 삶엔 아무 문제가 없었다.

하지만 "주님, 당신의 영광을 위해 저를 가장 낮은 곳으로, 가장 수치스러운 곳으로 인도해 주소서"라고 기도한 때로부터 3개월이 채 지나지 않아 가족들이 나에게 이렇게 말했다.

"애야, 이제 그 열쇠를 돌려다오."

"너는 우리 가문의 수치야."

찬란했던 미래가 순식간에 어두워졌다. 심지어 아버지는 "이 집에서 살고 싶거든 집세를 내라"고 말씀하셨다. 하는 수 없이 나는 일자리를 찾아야 했다. 일단, 드라이클리닝 업체에서 세탁물을 배달하는 일을 했다. 더 이상은 견딜 수 없었다. 결국 나는 중고차 한 대를 사서 집을 나왔다.

이후로는 유아용품을 판매했다. 가을 학기가 시작되었지만, 나는 학교로 돌아가지 않았다.

그 기간 내내 아버지께서는 "지금 넌 하나님으로부터 멀어지고 있어!"라고 경고하셨다. 하지만 한 번의 기회는 주셨다. 그때가 1956년 8월이었다.

"네가 하나님으로부터 멀어지지 않았다는 증거가 있다면 말해 봐라."

나는 기억을 더듬었다. 그리고 내가 보았던 환상 중 하나를 얼른 떠올렸다. "언젠가 하나님께서 저를 사용하실 것입니다. 저는 국제적인 사역을 하게 될 것입니다." 조용히 듣고 계시던 아버지께서 대뜸 이렇게 물으셨다. "그래? 언제? 언제 그런 일이 이루어진다는 것이냐?" 나는 엉겁결에 이렇게 대답했다. "1년 안에요!"

그로부터 1년 후, 나는 목회에서 훨씬 더 멀어져 있었다. 그리고 그 후 5년이 지났을 무렵에는 집집마다 돌아다니며 진공청소기를 판매하는 방문판매업자가 되어 있었다. 결국 아버지는 자신의 판단이 옳았음을 재확인하셨다.

상황이 이렇다 보니 모든 것이 혼란스러웠다. 오직 히브리서 12장 6절만이 내 이성을 지탱해 주었다. 그동안 내가 본 환상은 이처럼 오랜 기간의 '버림받음'을 언급하지 않았다. 내가 본 환상은 오히려 금빛 찬란한 미래를 약속했다.

그러나 현실은 어두웠다. 나는 거절감을 느껴야 했다. 환상 속에서는 내가 걷는 길에 아름다운 선물이 즐비했다. 그러나 현실 속의 내가 걷는 길에는 좌절과 실망감뿐이었다. 도내체 왜 이런 일이 일어난 것일까? 누구도 그 이유를 설명해 주지 않았다. 초자연적으로 내 가슴에 와서 박힌 히브리서 12장 6절 외에는 말이다.

그 구절은 내 삶에 일어나는 일들의 원인을 설명해 주었고, 내가 살아가야 할 이유를 말해 주었다. 물론 (내가 아는 한) 나는 주님의 징계를 받을 만한 그 어떤 나쁜 짓도 저지른 적이 없다. 그러나 내 마음 깊은 곳, 아직 겉으로 드러나지 않은 문제들은 수없이 많았다. 하나님은 그 모든 문제를 손수 다루셔야 했다. 나는 단 한 번도 '완전한 용서'의 개념을 마음 깊이 믿어 본 적이 없었다. 게다가 쓴 뿌리, 자기 의로 똘똘 뭉쳐져 있었다. 그 외에도 분노, 깊은 상처 등 돌아보니 나는 참 문제가 많은 사람이었다. 어찌나 문제가 많던지, 그 모든 문제를 분류하기도 어려울 정도였다. 내겐 분명 주님의 징계가 필요했다.

수년 후 나는 '징계'라는 주제를 신학적으로 정리하여 사람들에게 가르칠 수 있었다. 내가 이해한 '징계'는 한 마디로 말해, '하나님께서 얼굴을 감추시는 것'이다. 하나님께서 얼굴을 감추실 때, 우리는 난관에 봉착한다. 어디를 봐도 꽉 막힌 벽에 부딪친 느낌이랄까? 하나님께서 얼굴을 감추시면, 아무것도 이해되지 않는다. 어제 생생한 임재로 우리를 만나 주시고 큰 은혜를 베풀어 주신 하나님이 오늘은 원수처럼 돌변하신다. 아무리 기도해도 하늘은 놋 장벽 같다. 은혜의 단비 한 방울도 뚫지 못할 놋 하늘이다. 응답도 없고, 위로도 없다. 홀로 버려진 느낌이다.

감춰진 하나님의 얼굴, 이것은 다윗이 수시로 경험한 일이며, 그가 가장 두려워했던 상황이기도 하다.

여호와여 주의 분노로 나를 책망하지 마시오며 주의 진노로 나를 징계하지 마옵소서 _시 6:1

여호와여 어찌하여 멀리 서시며 어찌하여 환난 때에 숨으시나이까 _시 10:1

여호와여 어느 때까지니이까 나를 영원히 잊으시나이까 주의 얼굴을 나에게서 어느 때까지 숨기시겠나이까 _시 13:1

올리버 웬델 홈즈(1809-1894) 역시 이와 같은 경험을 이야기했다. "한밤의 어둠은 하나님께서 철회하신 미소였다."²⁾ '나 같은 죄인 살리신'으로 유명한 존 뉴턴(1725-1807)은 또 다른 찬송시에서 '감춰진 하나님의 얼굴'을 다음과 같이 묘사했다.

더 이상 예수님을 볼 수 없을 때
그 시간들은 얼마나 무미건조하고 지루한지
달콤한 부와 아름다운 새와 예쁜 꽃들을 보지만
그 모든 것이 내겐 달콤하지 않네
나는 더 이상 그 기쁨을 느낄 수 없다네

한여름의 태양이 작렬해도 그 빛은 어두울 뿐이고
논과 밭은 결실하려고 애쓰지만 그 수고가 헛되니
그것이 내 눈엔 기뻐 보이지 않네

그러나 내가 주님 안에서 행복을 느끼면
12월의 황량함도 5월의 파릇함처럼 기쁘다네[3]

징계(훈련)에는 내적 징계, 외적 징계, 궁극적 징계의 세 종류가 있다.

내적 징계

내적 징계란, 하나님의 말씀이 우리의 마음을 찌르며 역사하는 것을 말한다. 쉽게 말해, 말씀으로 훈련받는 것이 '내적 징계'이다. 하나님의 말씀은 양날 선 검보다 날카롭다(히 4:12). 성경에 기록된 모든 말씀은 하나님의 '플랜 A'이다. 하나님은 말씀(성경)으로 우리를 다루신다.

그러나 내적 징계가 항상 성공을 거두는 것은 아니다. 그래서 '플랜 B'가 발동한다. 부끄러운 말이지만, 내 경우 내적 징계가 전혀 실효를 거두지 못했다. 예수님께서 "용서하라", "원수를 사랑하라", "자기 의를 경계하라"고 말씀하셨고, 그 모든 가르침이 내 성경책에 이미 인쇄되어 있었지만, 안타깝게도 말씀은 나를 사로잡지 못했다. 내겐 이어서 소개할 또 다른 종류의 징계가 필요했다.

외적 징계

외적 징계는 하나님의 '플랜 B'이다. 하나님께서는 우리의 외부(환경, 상황)를 다루어 내적 징계에 집중하게 하신다. 이때, 우리의 관심을 끌기 위해 하나님께서 사용하시는 도구는 참으로 다양하다. 우리를 거절하는 사람들, 재정 문제, 질병, 희미해지는 내적 확신, 친구를 잃어버리는 상황 등,

하나님께서 사용하시는 도구의 목록에는 끝이 없다.

아마도 과거 고린도 교회의 성도들이 이 같은 징계를 경험했던 것 같다. "그러므로 너희 중에 약한 자와 병든 자가 많고 잠자는 자도 적지 아니하니"(고전 11:30). 고린도 교회의 성도들은 오랫동안 성찬을 능욕해 왔다. 하나님께서는 이 문제를 지적하시며 그들이 깨닫도록 질병과 죽음의 징계를 내리셨다.

요나의 경우는 어떤가? 그가 하나님의 말씀을 거절하자 하나님께서는 특단의 조치를 취하셨다. 요나를 통째로 삼킬만한 큰 물고기를 준비하신 것이다. 물고기에 삼켜진 경험은 요나로 하여금 하나님께로 눈을 돌리게 했다. 만약 이러한 경험이 없었다면, 그는 하나님을 찾지 않았을 것이다. 물고기 뱃속에서 꼬박 3일 밤낮을 지낸 후 요나는 비로소 기도했다(욘 2:1).

당신은 어떤 상황과 맞닥뜨려야 기도하겠는가? 우리 중 대다수에게는 어떤 형태로든 외적 징계가 필요한 것이 사실이다. 다윗이 말한 '하나님께서 얼굴을 감추시는 일'이 우리에게 필요한 외적 징계이다. 마틴 루터가 말했다. "하나님을 친구로 여기기 위해, 우리는 먼저 그분을 원수로 여겨야만 할 것이다."

> 구원자 이스라엘의 하나님이여 진실로 주는 스스로 숨어 계시는 하나님이
> 시니이다 _사 45:15

하나님의 징계가 보여 주는 아이러니는, 그분이 곁에 계시지 않은 것 같을 때 가장 가까이 계신다는 것이다. 감춰진 하나님의 얼굴은 '부지중

의 임재'이다. 부지중의 임재를 과소평가하지 말라. 오히려 그것에 대해 감사하라. 답답하긴 하지만, 부지중의 임재는 우리에게 꼭 필요한 것이다.

궁극적 징계

이것은 간단히 말해서 당신의 시간이 끝났다는 뜻이다. 크리스천이 상상할 수 있는 최악의 시나리오가 바로 궁극적 징계이다. 궁극적 징계에는 크게 두 가지 방식이 있는데, 둘 중 하나로 혹은 두 가지가 동시에 이뤄지는 경우도 있다.

궁극적 징계의 첫 번째 방식은 '때 이른 죽음'이다. 고린도 교회의 성도 중 일부가 성찬을 능욕한 까닭에 때 이른 죽음을 맞았다. "그러므로 너희 중에 약한 자와 병든 자가 많고 잠자는 자도 적지 아니하니"(고전 11:30). 오랫동안 참아 주신 하나님께서 결국 그들을 '집'으로 불러들이신 것이다. 물론 그들은 구원받았다. "우리가 판단을 받는 것은 주께 징계를 받는 것이니 이는 우리로 세상과 함께 정죄함을 받지 않게 하려 하심이라"(고전 11:32). 하지만 그들의 죄는 '죽음'에 이르게 할 만큼 심각했다(요일 5:16).

나는 아나니아와 삽비라에게 일어난 일이 이와 비슷하다고 생각한다. 그들은 좋은 의도로 자신의 재산을 팔아 교회에 헌납하려 했을 것이다. 하지만 자기 이름을 드러내려는 욕심과 물욕이 발동했다. 결국 그들은 사도들 앞에서 공공연한 거짓말을 내뱉고 만다. 그러나 성경은 그들이 속였던 대상이 성령님이었다고 말한다. 하나님은 범죄의 현장에서 즉시 부부의 목숨을 거둬 가셨다(행 5:1-11).

두 번째 방식의 궁극적 징계는 '내버려둠'이다. 그 영혼이 다시는 회복되지 못하도록 회개하지 않은 상태로 그냥 살아가게 놔두시는 것이다. 이러한 성도는 하나님께서 정해 두신 수명대로 산다. 하지만 이 땅을 사는 동안 '영광에서 영광에 이르는' 변화의 기쁨을 두 번 다시 맛보지 못한다. 히브리서 6장 4-6절에 소개된 사람이 그렇다. 그들은 구원받은 사람이지만, 성령의 음성에 완전히 귀가 닫힌 상태이다. 그러므로 그들의 심령은 회복되지 않는다. 심령이 회복되지 않기 때문에 회개할 수도 없다. 솔직히 나는 이러한 사람들을 보았다.

이 두 가지 범주에 모두 속하는 성경인물을 말하라면, 사울 왕을 꼽고 싶다. 그는 20년 넘도록 심령의 회복 없이 회개하지 않은 채로 살다가 비참한 죽음을 맞았다(삼상 31장).**4)**

하나님은 왜 얼굴을 감추시는가?

히브리서 12장 1-11절에서 우리는 하나님의 징계와 관련된 중요한 사실들을 발견할 수 있다. 히브리서 12장은 용기를 북돋워 주는 내용으로 가득하다. 저자는 11장에서 믿음의 용사들을 소개한 후 그들을 '세상이 감당해내지 못할 사람'으로 정의하며 편지의 수신자들에게 "그들을 따르라"고 격려했다. "이러므로 우리에게 구름같이 둘러싼 허다한 증인들이 있으니 모든 무거운 것과 얽매이기 쉬운 죄를 벗어 버리고 인내로써 우리 앞에 당한 경주를 하며"(히 12:1). 이후 그는 예수님을 믿는 유대인들(히브리인 크리스천)이 아직까지 '믿음' 때문에 피 흘린 일이 없음을 언급하며 그들을 '아들'로 규정한 구약의 말씀을 상기시켰다(히 12:5-6).

내가 할머니의 침대에 누워 있을 때, 하나님께서는 이 구절을 말씀해 주셨다. 이 말씀에서 우리는 어떤 사실을 발견할 수 있는가? 앞에서 나는 하나님의 징계가 미래의 사역을 위한 '준비과정'임을 이야기했다. 즉, 하나님께서는 앞으로 우리가 해야 할 사역을 위해 우리를 준비시키려고 징계를 주신다는 것이다. 그러므로 우리가 징계를 받는다면, 이는 아직 하나님께서 우리를 포기하지 않으셨다는 뜻이다. 이와 동시에, 우리 안에 하나님께서 다루셔야 할 영역이 아직 남아 있다는 뜻이기도 하다. 그 외에 징계에 대해 배울 수 있는 것은 무엇인가?

징계는 하나님께서 우리를 사랑하신다는 증거이다

하나님은 오직 사랑하는 자녀만 징계하신다. 앞서 이야기했듯이 나는 1955년 10월 31일 운전하던 중 하나님의 놀라운 사랑을, 이전에는 경험해 보지 못한 사랑을 맛보았다. 정말 문자 그대로 그 사랑을 '느꼈다.'

하지만 할머니는 그 자동차를 가져가셨다. 이내 사랑받는다는 느낌은 사라져 버렸다. 왜 이런 일이 일어난 것일까?

하나님은 우리가 성경을 펼치고 "너를 사랑한다"는 말씀을 읽는 것이 명백한 임재 안에서 "너를 사랑한다"는 음성을 듣는 것만큼이나 생생하다는 사실을 알려 주시려고 징계를 허락하신다. 물론 그분의 임재 안에서 직접 사랑을 체험하는 것과 성경을 펼쳐 '하나님의 사랑'을 읽는 것은 천지 차이일 것이다. 하지만 우리는 성경을 읽을 때에도 하나님의 생생한 사랑을 맛볼 수 있다. 당신은 명백한 임재를 느낄 때 기뻐하는 것처럼 성경 말씀을 읽을 때에도 기뻐할 수 있는가?

하나님은 여러 가지 목적으로 우리를 징계하시는데, 그중 중요한 것 하나는 이것이다. "하나님께서 얼굴을 감추실 때에도 우리는 성경을 읽고, 말씀을 믿음으로써 명백한 임재를 누릴 수 있다." 이를 위해 하나님은 우리를 징계하신다. 우리는 징계의 훈련을 통해 하나님께서 얼굴을 감추실 때에도 그분의 임재를 누리며 기뻐할 수 있다.

하나님께서 얼굴을 드러내실 때에는 우리가 즐겁다. 그분이 우리에게 기쁨을 주시기 때문이다. 그러나 우리가 성경 말씀을 붙잡으면, 그분의 명백한 임재를 느낄 수 없어도 성경을 읽고 믿으면, 하나님께서 즐거워하신다. 우리가 하나님을 즐겁게 해드리는 것이다. 그러므로 징계가 시작되는 순간, 하나님을 기쁘게 해드릴 수 있는 기회의 문이 열린다.

그러나 이처럼 하나님을 기쁘게 해드릴 때, 정작 기쁜 것은 우리다. 당신은 하나님께서 우리를 기쁘게 해주실 때보다 훨씬 더 큰 기쁨을 맛보게 될 것이다. 이때 중요한 것은 믿음이다. 믿음이 없이는 하나님을 기쁘게 해드릴 수 없다. "믿음이 없이는 하나님을 기쁘시게 하지 못하나니"(히 11:6).

하나님이 얼굴을 보여 주시면, 우리는 기쁨을 얻는다. 그러나 그 얼굴을 감추며 "내가 너를 사랑한다"고 속삭이실 때, 우리가 성경을 펼쳐 그 말씀을 읽고 믿으면 하나님은 우리 때문에 기뻐하신다. 이때 우리는 '소원 성취'보다 '하나님과의 만남'을 더욱 갈망하게 된다. 그리고 하나님의 뜻대로 행하길 소망하게 된다. "원하건대 주의 길을 내게 보이사 내게 주를 알리시고"(출 33:13). 우리는 하나님이 주실 '선물'보다 '하나님'을 더 갈망하게 된다.

당신은 하나님을 원하는가, 아니면 하나님이 주실 무언가를 원하는가? 이 질문에 대한 당신의 대답은 무엇인가? 하나님께서 얼굴을 감추실 때, 하나님이 느껴지지 않을 때, 당신은 여전히 성경 말씀을 즐기며 그분을 기쁘게 해드릴 수 있는가? 그렇다면 당신은 '하나님을 더 원하는' 사람일 것이다. 하나님께서 징계하실 때(얼굴을 감추실 때), 우리는 진심으로 하나님을 기쁘게 해 드리며 긍정적으로 반응할 수 있다.

질문 하나만 더 해 보겠다. 당신은 하나님을 기쁘게 해 드릴 때가 더 좋은가, 아니면 하나님이 당신을 기쁘게 해주실 때가 더 좋은가? 언제 더 만족스러운가?

나는 상쾌한 기분으로 잠에서 깰 때가 참 좋다. 숙면이 관건이다. 조금도 방해받지 않고 푹 잔 후, 하나님과 조용한 시간을 보내는 아침의 일상은 내게 너무나 소중한 기쁨이다. 질 좋은 잠을 한 시간 더 잔 날은 더더욱 기쁘다! 어느 날 아침, 나는 평소보다 한 시간이나 일찍 잠에서 깼다. 그래서 매우 실망스러웠다. 내겐 충분한 잠이 필요했다. 하루 종일 이 책의 내용을 집필해야 했기 때문이다. 그러나 한 번 깨고 나니 다시 잠들기가 쉽지 않았다. 나는 하나님께 간청했다. "하나님, 한 시간만 더 재워 주세요. 깊이 잠들고 싶습니다. 한 시간이 아니어도 좋습니다. 30분만이라도 자게 해주세요." 나는 멍하니 앉아 있었다.

다시 잠이 오지 않아서 어쩔 수 없이 침대를 박차고 일어났다. 늘 하던 대로 성경을 펼쳐 하나님과 시간을 보냈다. 몸은 무척 피곤했다. 그러나 매우 만족스러웠다. '어쨌든 나는 할 수 있는 만큼 오랫동안 진심으로 기도했잖아!' 바울은 "때를 얻든지 못 얻든지" 준비하라고 했다(딤후 4:2). 이것은 하고 싶은 생각이 들지 않더라도, 하고 싶은 마음이 강렬한 때와 마찬가지로 부지런히 최선을 다해야 한다는 뜻이다. '때를 얻든지'에 해당하는 때는 '명백한 임재'의 때이다. 이때는 기도를 하거나 주의 일을 행하기가 비교적 수월하다.

물론 '때를 얻든지'는 몸의 컨디션이 좋을 때를 지칭하기도 한다. 그러나 나는 '때를 얻지 못해도' 그래서 몸이 찌뿌드드하더라도 성실하게 기도함으로써 하나님을 기쁘게 해 드리고 싶다. 하나님께서 나 때문에 기뻐하신다는 생각에(특히 몸의 컨디션이 그리 좋지 않을 때) 내 마음도 뿌듯해지기 때문이다. 신약성경에서 가장 중요한 구절들을 뽑으라면, 그중 하나는 에녹을 소개한 히브리서 11장 5절일 것이다. "하나님을 기쁘시게 하는 자라 하는 증거를 받았느니라." 당신이 하나님을 기쁘게 해 드린다는 사실에 기뻐하고 즐거워하라.

한 번 솔직해지자. 우리는 왜 명백한 임재를 갈망하는가? 혹시 하나님을 사랑해서가 아니라 '믿음'을 회피하고 싶어서가 아닌가?

그렇다. 우리가 잘 아는 바와 같이, 믿음의 훈련(믿음을 연습하는 것)은 그리 재미있지 않다. 때때로 우리는 믿음을 선택해야 하는 절체절명의 상황과 마주하게 된다. 그런 상황에 맞닥뜨리면, 대체로 눈앞이 캄캄해질 것이다. 모든 일의 구성과 구조가 눈앞에 펼쳐진다면(앞일을 알 수 있다면), 굳이 믿음을 붙들 필요도 없다. 그러나 현실은 그렇지 않다. 때때로 우리는 두 눈을 질끈 감고 믿음으로 무언가를 선택해야만 한다. 그러니 믿음의 훈련이 재미있을 리 없다.

물론 하나님께서는 성령의 강력한 역사를 통해 우리의 믿음을 한층 격상시키실 수 있다. 그렇다면, 우리 입장에선 걱정할 일이 없다. 믿음이 고조되므로 아무 갈등 없이 믿음의 길을 선택할 것이기 때문이다. 안타까운 것은 이러한 일이 흔치 않다는 것이다. 그래서 믿음을 선택하기가 쉽지 않다.

사람들은 믿음의 선택을 회피하고픈 마음에 하나님의 임재와 기적을 갈망한다. 당신은 기적을 갈망하는가? 믿음의 길을 선택하는 것이 두려워서 그런가? 다시 한 번 말하지만, 하나님께서 명백한 임재를 나타내신다면, 그때는 그분이 우리를 기쁘게 해주시는 때이다. 그러나 하나님께서 얼굴을 감추신다면, 그때가 바로 절호의 찬스다. 우리는 하나님을 기쁘게 해 드릴 수 있다! 부지중에 임재하시는 때, 하나님을 믿기로 선택하라. 이것으로 당신은 하나님을 기쁘게 해 드릴 수 있다.

앞에서 내가 하나님의 안식에 들어갔던 경험을 이야기했는데, 그때 내게는 믿음이 거의 필요하지 않았다. 하나님이 실제적으로 느껴졌기 때문이다. 오! 그날처럼 하나님께서 나를 기쁘게 해주신 적이 있었던가! 그러나 그때의 기쁨이 영원히 지속되지는 않는다. 때때로 막다른 골목에 이르러 '오! 하나님이 나를 배반하시다니!' 라고 불평하기도 했다.

하나님의 안식을 느낀 후, 그 엄청난 내면의 기쁨은 10개월간 지속되었다. 그러다가 갑자기 끝나 버렸다. 그리고 축복된 시간의 끝자락에 "이제부터는 하나님을 기쁘게 해 드리라"는 초대장을 발견했다. 오랫동안 하나님께서 나를 기쁘게 해주셨다. 나는 '이제 내 차례군'이라고 생각했다. 나는 '감춰진 하나님의 얼굴'을 손으로 더듬으며 그분을 기쁘게 해 드려야 했다. 그때, 히브리서 12장 6절 말씀이 내 마음에 와닿았고, 감사하게도 나를 지탱해 주었다.

징계는 고통스럽지만, 하나님의 자녀라면 피할 수 없다

히브리서 기자는 다음과 같이 말했다. "너희가 참음은 징계를 받기 위함이라"(히 12:7). 그는 징계를 받는 일이 쉽지 않다는 것을 인정했다. "무릇 징계가 당시에는 즐거워 보이지 않고 슬퍼 보이나"(히 12:11). 누가 뭐래도 징계는 슬프다. 게다가 위 구절에 '당시에는'이라는 시간 부사가 사용된 것을 보아, 징계가 단기간에 끝나지 않는다는 사실도 알 수 있다. 그래서 히브리서 기자는 "참으라"고 명령한 것이다.

도대체 얼마나 오랫동안 참아야 하는가? 징계가 지속되는 만큼 견뎌야 한다. 부모가 자녀를 훈계하듯이 하늘 아버지께서도 우리를 훈계하신다. 우리의 삶에 고쳐야 할 잘못이 남아 있는 한, 하나님의 징계는 계속될 것이다. 징계를 통한 교정 절차는 결코 신나지도, 재미있지도 않다. 하지만 그 과정이 우리의 마음을 회복시킨다.

하늘 아버지는 우리를 징계하면서 기뻐하시는 분이 아니다. 다만 필요하기 때문에 징계하시는 것이다. 어린 시절 아버지는 나를 체벌하실 때마다 이렇게 말씀하셨다. "아들아, 너보다 내가 더 아프단다." 그때마다 나는 이렇게 생각했다. '맞는 것은 나인데, 아버지가 아프다니? 그것도 나보다 더 아프다고? 말도 안 돼.'

나는 결혼을 하고 부모가 된 후에야 아버지의 말씀을 이해할 수 있었다. 좋은 부모 중 자녀를 체벌하면서 쾌감을 느끼는 사람이 있을까? 좋은 부모가 자녀의 잘못을 꾸짖으며 징계하는 것은 그들을 향한 사랑 때문이다. 이것이 제임스 돕슨 박사가 말한 '거친 사랑'(tough love)이다.

우리 모두에게 징계가 필요한가? 혹시 이와 같은 훈련이 필요 없는 사람도 있지 않을까? 답은 간단하다. "우리는 모두 죄인이기 때문에 누구나 징계가 필요하다!"

> 만일 우리가 죄가 없다고 말하면 스스로 속이고 또 진리가 우리 속에 있지 아니할 것이요 _요일 1:8

> 만물보다 거짓되고 심히 부패한 것은 마음이라 누가 능히 이를 알리요마는 _렘 17:9

부모라면 자녀를 징계해야 옳다. 왜냐하면 우리 모두가 악인이며, "악인은 모태에서부터 멀어졌고 나면서부터 곁길로 나아가 거짓을 말하"기 때문이다(시 58:3). 하늘 아버지는 우리에게 필요한 징계를 내리시는 분이다. 그분이 우리를 징계하시는 것은 우리에게 징계가 필요하기 때문이다. 시작부터 끝을 내다보시는 하나님께서는 (욥의 경우처럼) 우리 안에 죄가 잠재되어 있음을 아셨다.

이 땅을 살아가는 사람 중 욥과 같은 시련을 견뎌낼 이는 없을 것이다. 성경은 그를 '온전한'(perfect) 사람'이라고 말했다(욥 1:1). 게다가 그는 '자기 의'를 드러내는 추태도 부리지 않았다. 그런데도 하나님은 필요에 따라 그에게 징계를 내리셨다.

징계의 때, 우리는 '자기 중심'의 태도에서 벗어난다. 하나님께서는 우리가 자기 중심주의에 빠지지 않도록 징계하신다. 그리고 징계를 견딜 수 있도록 사랑의 손으로 붙들어 주신다.

징계를 받지 않으면, 하나님의 자녀가 아니다

"징계는 다 받는 것이거늘 너희에게 없으면 사생자요 친아들이 아니니라"(히 12:8). 하나님이 자녀 된 자를 징계하지 않으시는 경우는 없다.

이 가르침은 구원의 확신이 없는 사람들에게도 도움이 된다. 수년 동안 나는 자신이 구원받지 못했다며 두려워 떠는 사람들을 만나 보았다. 나는 그들에게 이같이 묻곤 했다. "하나님의 징계를 받으신 적이 있습니까? 하나님께 벌 받는 느낌이 든 적이 있습니까?" 만일 그가 "그럼요. 당연하죠!"라고 대답하면, 나는 이렇게 말해 준다. "그렇다면 이 말이 위로가 될 것입니다. 하나님은 자녀 된 자들을 반드시 징계하시는 분입니다."

오래전에 우리 가족이 플로리다 주 포트 로더데일에서 살 때, 우리 집 앞마당에 아주 예쁜 난초가 한 그루 있었다. 그런데 어느 날 창밖을 내다보니 그 모든 꽃이, 심지어 꽃망울까지 죄다 잘려나가 있는 게 아닌가? "TR의 짓이군!" 나는 그것이 다섯 살 된 내 아들 TR의 소행임을 눈치챘다. 나는 즉시 아들을 불러 호되게 나무랐다. 그러자 아이가 내게 대꾸했다. "빌리도 그랬는데, 왜 걔는 혼내지 않죠?"(참고로 빌리는 옆집에 사는 아이였다.) 내 답은 간단했다. "빌리는 내 아들이 아니야. 하지만 넌 내 아들이잖아!"

징계는 우리가 하나님의 자녀임을 알려 준다. 그뿐 아니라 우리에게 미래가 있음을 보여 준다. 왜냐하면 징계는 미래의 효용성을 극대화하기 위한 '준비과정'이기 때문이다.

하늘 아버지는 완벽하신 분이다

부모는 '나름 가장 좋은 방식으로' 자녀를 징계한다(히 12:10). 자녀의 잘못을 바로잡기 위해 나름 애써 노력하지만, 그 와중에 실수를 저지르곤 한다. 그중 가장 일반적인 여섯 가지 실수를 꼽으면 다음과 같다.

- 주위 사람들에게 잘 보이고 싶어서 자녀를 징계하는 경우 – 남에게 '무책임한 부모'로 보이기 싫어서 자녀를 징계하는 것이다.

- 자녀 교육에 실패했다는 좌절감 또는 분노 때문에 자녀를 징계하는 경우

- 조용히 논리적으로 자녀와 대화하며 문제를 해결하는 대신 무작정 윽박지르고 보는 경우

- 자녀가 최선을 다하도록 두려움이나 공포심을 조장하는 경우

- 자녀에게 비현실적인 목표를 설정해 주는 경우

- 자녀와 충분한 시간을 보내지 않는 경우(참고로, 어린아이는 '사랑'을 '시간'과 동일시한다)

하늘 아버지 안으로 들어가서 그분의 양육법을 배우라. 일단 하나님

은 (천사들까지 포함하여) 피조물 중 그 누구에게도 잘 보이실 필요가 없다. 하나님께서 우리를 징계하신 후 천사들을 돌아보시며 "나 잘한 거 맞지?"라고 물어보실까? 절대로 그렇지 않다. 이사야 선지자가 말했다. "그가 누구와 더불어 의논하셨으며 누가 그를 교훈하였으며 그에게 정의의 길로 가르쳤으며 지식을 가르쳤으며 통달의 도를 보여 주었느냐"(사 40:14). 하나님이 누구와 의논하셨는가? 그 누구도 아니다!

둘째, 하늘 아버지는 우리를 징계하실 때 이성을 잃지 않으신다. 하나님은 분노나 좌절감으로 자녀를 징계하시는 분이 아니다. 말씀하실 때나 일하실 때, 하나님은 완전한 '평정심'을 유지하신다. 성경은 이러한 하나님을 '평강의 주'라고 부른다(살전 5:23, 살후 3:16). 그렇기 때문에 우리의 생각이 하나님께 고정될 때, '완전한 평안'을 보장받는 것이다.

셋째, 하늘 아버지께서는 훈계하실 때 윽박지르지 않으신다. 요나는 하나님의 명령에 화를 내며 불순종했지만, 하나님은 그에게 살며시 다가가 차분히 물으셨다. "네가 이 박넝쿨로 말미암아 성내는 것이 어찌 옳으냐"(욘 4:9). 하나님은 엘리야에게도 온화한 목소리로 속삭이셨다. "또 지진 후에 불이 있으나 불 가운데에도 여호와께서 계시지 아니하더니 불 후에 세미한 소리가 있는지라"(왕상 19:12).

넷째, 하늘 아버지께서는 순종을 요구하시지만, 결코 공포감이나 두려움을 안기지는 않으신다. 하나님께서 예레미야에게 말씀하셨다. "너는 그들 때문에 두려워하지 말라 내가 너와 함께하여 너를 구원하리라"(렘 1:8).

다섯째, 하나님은 우리에게 '성공'을 요구하시지 않으신다. 다만 말씀을 성실하게 전할 것을 요구하실 뿐이다. "가서 이 백성에게 이르기를." 하나님께서 이사야에게 명령하셨다. "너희가 듣기는 들어도 깨닫지 못할 것이요 보기는 보아도 알지 못하리라"(사 6:9).

여섯째, 하나님은 언제든 우리를 위해 시간을 내주신다. 사실 그분은 우리를 홀로 남겨 두지도, 버리지도 않으신다(히 13:5). 시편 139편 7절을 보라. "내가 주의 영을 떠나 어디로 가며 주의 앞에서 어디로 피하리이까." 다음의 구절들도 살펴보라. "너는 내게 부르짖으라 내가 네게 응답하겠고 네가 알지 못하는 크고 은밀한 일을 네게 보이리라"(렘 33:3). "볼지어다 내가 세상 끝날까지 너희와 항상 함께 있으리라"(마 28:20).

한마디로 요약하면, 하나님은 '우리의 유익을 위해' 징계하신다(히 12:10).

하나님은 '그의 거룩하심에 참여하도록' 우리를 징계하신다(히 12:10)

우리 모두는 선천적으로 '거룩'에 알레르기 반응을 보인다. 어떤 면에서 이것은 당연하다. 본질상 우리는 "각기 제 길로" 가는 사람들이기 때문이다(사 53:6). "다 치우쳐 함께 무익하게 되고 선을 행하는 자는 없나니 하나도 없도다"(롬 3:12).

하나님은 거룩하시다(레 11:44). 그리고 주님은 우리가 거룩해야 한다고 말씀하셨다(벧전 1:16). 만일 우리가 "거룩하라"는 명령을 열린 마음으로 받아들인다면, 우리에게서 '거룩함'이 나타날 것이다. 그렇다. 우리 안에는 거룩한 영(성령)이 계시다. 하나님의 징계를 받아들이도록 우리를 이끄시는 분이 바로 성령님이다.

그러나 여전히 이 사실 하나가 남는다. "우리 모두에게는 어떤 형태로든 징계가 필요하다." 그리고 대부분의 사람들에게 플랜 B의 징계가 필요하다. 하나님은 우리의 관심을 끌기 위해, 우리가 무릎 꿇고 말씀에 순종하게 하시려고 필요한 모든 조치를 취하실 것이다.

징계는 의도된 효과를 보장한다

나는 앞에서 '징계'로 번역된 헬라어의 의미가 '강제 학습'이라고 말했다. 징계는 고통스럽다. 그렇다. 히브리서 기자도 다음과 같이 말했다. "무릇 징계가 당시에는 즐거워 보이지 않고 슬퍼 보이나." 하지만 징계로 연단받은 사람들은 "의와 평강의 열매를" 맺는다(히 12:11). 바꿔 말하면, 우리가 당하는 것이 아무 목적 없는 징계가 아니라는 뜻이다. 하나님의 징계에는 뚜렷한 목적이 있다.

하나님은 슬픔을 안기기 위해 우리를 징계하시는 분이 아니다. 하나님은 우리가 상처받는 것을 원하지 않으신다. 육신의 부모가 자녀의 유익을 위해(자녀가 더 나아지도록) 징계하듯, 하나님 역시 '의도된 목적'을 이루기 위해 우리를 징계하신다.

징계는 우리를 연단하고, 우리로 하여금 제자리를 지키게 한다

지금까지 나는 하나님이 얼굴을 감추심으로 어떤 목적을 이루려 하시는지 이야기했다. 여기에 세 가지 목적이 더 있다.

첫째, 우리의 헌신을 시험하기 위해 하나님은 얼굴을 감추신다.

둘째, 우리가 제자리를 지키게 하시려고 하나님은 자신의 얼굴을 감추신다. 성경은 히스기야 왕에 대해 이같이 말했다. "하나님이 히스기야를 떠나시고 그의 심중에 있는 것을 다 알고자 하사 시험하셨더라"(대하 32:31). 하나님은 우리를 '유혹'(temptation)하지 않으신다(약 1:13). 다만 우리를 '시험'(test)하신다! 극심한 시험은 자신도 인지하지 못하던 내면의 깊은 죄를 표면으로 떠오르게 한다. 그래서 시험의 때, 우리는 종종 이렇게 고백한다. "나에게 이런 죄가 있다니!" "아, 내가 이런 사람이었다니!" 이러한 사실과 마주하는 것은 매우 당황스럽고 또 고통스러운 일이다. 자신의 실체를 깨닫게 된 욥이 손으로 자신의 입을 가린 것도 이해할 만하다(욥 40:4). 이처럼 하나님의 징계는 '죄를 고백'하게 인도하여 우리로 하여금 제자리를 지키게 만든다.

셋째, 우리가 하나님을 너무 익숙하게 대하지 못하도록 하나님께서는 자신의 얼굴을 감추신다. 한동안 하나님께서 명백한 임재를 드러내셨을 때, 나는 무의식중에 '자부심'이 커졌다. 고백하기 부끄럽지만, 그 당시 우쭐거렸던 것이 사실이다. 하나님을 너무 친근하게 대했던 탓이다. 심지어는 내가 원하는 만큼의 친밀감을 느끼지 못한 경우, 나는 그것을 (주제넘게) 내 책임으로 여겼다. 내게 하나님의 역할은 중요하지 않았다. 오로지 내 역할만이 중요했을 뿐이다. 오, 하나님은 우리를 겸손하게 하신다. 스스로를 '너무 중요한' 사람으로 여기지 못하게 우리를 징계하신다. 하나님이 우리를 징계하실 때, 우리는 자기 중심성을 탈피하게 된다.

하나님이 우리와 함께하신다

하나님께서 우리를 징계하시는 것과 우리가 자녀를 징계하는 것에는 한 가지 큰 차이점이 있다. 바로 자녀가 성장하는 동안, 부모는 그들과 서서히 거리를 두게 된다는 것이다. 일단, 자녀가 청소년기에 돌입하면, 부모는 손에서 힘을 빼기 시작한다. 그러다가 결국 자녀를 완전히 놓아 준다. 부모와 함께 지내는 동안 아이 안에 견고한 성품이 형성되었으리라 기대하면서 말이다.

그러나 하나님은 우리를 놓지 않으신다. 내게 주어진 권위로 분명하게 말하는데, "하나님은 절대 포기하시는 법이 없다!" 이 글을 쓰고 있는 지금, 나는 81세의 노인이다. 그럼에도 여전히 하나님의 징계를 체험하고 있다. 지금도 나는 내 안에 머물러 있었던(전혀 인식하지 못했던) 죄를 새롭게 깨닫는다. 스스로를 너무 중요하게 여기려는 성향과 하나님보다 앞서가려는 태도는 나를 엉뚱한 방향으로 이끄는 쌍두마차이다. 이러한 이유로 오늘도 하나님은 나를 돌보느라 바쁘시다.

하나님께서 얼굴을 감추시는 까닭은, 우리를 사랑하시기 때문이다. 그러나 사실, 하나님은 한 번도 얼굴을 감추신 적이 없다. 다만 그렇게 보일 뿐이다. 하나님은 항상 우리와 함께 계신다.

1956년에 가족들은 나를 거절했다. 한참 후에야 깨달았지만, 당시 나는 가족으로부터 거절당할 필요가 있었다. 거절의 시간은 꽤 오랫동안 이어졌다. 할머니는 경건하게 신앙 생활을 하시다가 1972년에 돌아가셨다. 숨을 거두실 때까지 내게 실망감을 드러내셨기에, 나는 결국 할머니의 상례식을 집례하지 못했다. 그러나 다행히도 아버지와의 갈등은 '해피엔딩'으로 끝났다.

1978년, 그러니까 내가 웨스트민스터 채플의 담임이 되고 1년이 지날 무렵, 아버지께서 입장을 바꾸신 것이다. 나는 아버지와 함께 런던 킹스 크로스 기차역에서 대기하고 있었다. 기차가 서서히 플랫폼으로 진입하는데, 그때 아버지께서 말씀하셨다. "아들아, 네가 자랑스럽구나. 네가 옳았다. 그동안 내가 틀렸었다는 것을 이제 알았다." 나는 그 순간을, 그 한 마디를 참으로 오랫동안 기다려 왔다. 그 말을 듣기까지 꼬박 22년이 걸렸다. 그러나 충분히 기다릴 만한 가치가 있었다.

CHAPTER 3

시간과 시간 사이

너는 여호와를 기다릴지어다 강하고 담대하며 여호와를 기다릴지어다 _시 27:14

사도와 함께 모이사 그들에게 분부하여 이르시되 예루살렘을 떠나지 말고 내게서 들은 바 아버지께서 약속하신 것을 기다리라 _행 1:4

CHAPTER 3
시간과 시간 사이

우리는 하나님께서 일하시기를, 나타나시기를, 개입하시기를, 장악하시기를, 이루어 주시기를 기다려야 한다. 그러나 기다림은 가장 어려운 훈련이다.

성경에 하나님을 기다리라는 명령은 (명시적이든 암시적이든) 수없이 등장한다. 우리가 포기하지 않고 기다릴 경우, 반드시 받게 될 복의 약속도 여러 번 등장한다.

> 오직 여호와를 앙망하는(기다리는) 자는 새 힘을 얻으리니 독수리가 날개 치며 올라감 같을 것이요 달음박질하여도 곤비하지 아니하겠고 걸어가도 피곤하지 아니하리로다 _사 40:31

> 나를 바라는(기다리는) 자는 수치를 당하지 아니하리라 _사 49:23

주 외에는 자기를 앙망하는(기다리는) 자를 위하여 이런 일을 행한 신을 옛부터 들은 자도 없고 귀로 들은 자도 없고 눈으로 본 자도 없었나이다 _사 64:4

당신은 이렇게 물을 것이다. "우리는 언제까지 기다려야 합니까?" 이에 대한 나의 답은 이것이다. "하나님께서 기다리라고 명령하신 이유를 알게 될 때까지!" 만일 하나님의 마음속 계획이 기다릴 만한 가치가 없는 것이라면, 하나님은 애초에 기다리라고 명령하지 않으셨을 것이다.

아내와 내가 맨 처음 영국으로 이주했을 때, 우리 부부는 영국인들의 질서정연함에 감탄했다. 아무리 대기자가 많아도 줄이 흐트러지지 않았다. 그들은 불평하지 않고 차분히 기다린다. 하지만 미국인들은 좀 다르다. 줄 서서 기다리는 일이 쉽지 않다.

한 시간 또는 두 시간 정도는 기다릴 수 있다. 대기자가 많다면 어쩔 수 없지 않은가? 또 한두 시간 정도는 너끈히 기다릴 수 있지 않은가? 하지만 만일 하나님께서 수년간 기다리라고 하신다면 어떻게 하겠는가?

아내 루이스와 결혼한 후, 나는 판매원으로 일했다. 처음엔 유아용품을 팔다가 보험에 이어 진공청소기를 팔았다. 가정을 방문하여 진공청소기를 판매하던 시절(그 기간은 대략 8년이나 지속되었다), 나는 줄곧 무릎을 꿇고 주님께 간구했다. "주님! 언제까지 기다려야 합니까? 도대체 언제까지입니까? 제게 주신 약속이 성취되기까지 도대체 얼마나 더 기다려야 합니까?"

진공청소기 판매를 그만둔 후, 오하이오 주 칼라일에 소재한 작은 교회를 담임하기까지 나는 18개월을 쉬어야 했다. 하지만 그 교회에서의 상황도 그리 좋지는 않았다. 나는 그곳에 딱 2년 동안 머물렀다.

그러나 칼라일에 있는 동안, 나는 하나님께서 다음과 같이 약속하셨음을 확실히 느꼈다. "보라, 그날이 오고 있다. 여호와께서 말씀하신다. '내가 이스라엘 집과 유다 집에 대하여 일러 준 선한 말을 성취할 날이 이르리라'(렘 33:14)." 나는 여기서 말하는 '선한 일'이 1955-1956년에 받은 약속과 환상들이 성취되는 것이라고 믿었다.

그 약속과 환상은 칼라일에서 이루어지지 않았다. 1964년 1월 1일, 우리 부부는 플로리다 주 포트 로더데일로 돌아왔다. 나는 거기서 4년 동안 또다시 진공청소기를 판매했다.

"지금은 여호와께서 일하실 때니이다." 이것은 시편 119편 126절 말씀이다. 나는 이 구절을 읽으면서 생각했다. '시인은 지금이 하나님께서 일하실 때인 줄 안 것일까? 아니면 하나님께서 일하실 때 같다고 느낀 것일까?' 기도할 때마다 나는 이렇게 외치고 싶었다. "하나님, 지금은 여호와께서 일하실 때니이다!" 하지만 이같이 기도해도 되는지, 하나님께서 이 기도를 허락하실지 확신하지 못했다. 확실한 것은 수없이 그렇게 기도하고 싶은 충동을 느꼈다는 것뿐이다.

시의적절한 두 사람의 말

그 오랜 기간 두 사람의 말이 내 마음을 차분히 가라앉혔고, 내게 용기를 북돋워 주었다. 하나는 켄터키 루이빌 남침례 신학교의 구약학 교수인 클라이드 프랜시스코 박사의 말이다. 그는 이렇게 말하곤 했다. "우리는 종종 '시간이 없어', '시간이 부족해'라고 말하지만, 사실 하나님은 우리 모두에게 넉넉한 시간을 주셨습니다." 나는 이 말을 여러 번 곱씹어 보았다. 특히 나이가 들면서 내 부르심(내 생각 속의 사명)을 온전히 이룰 시간이 많이 남지 않았다는 생각에 두려워졌는데, 그럴 때마다 프랜시스코 박사의 말을 더 많이 되새겼던 것 같다.

두 번째는 영국 요크 지역의 경건한 평신도 테리 아크릴의 말인데, 그는 내게 "시간은 하나님의 영역입니다"라고 말하곤 했다. 나는 이 말을 듣고 정신을 차렸다. 그의 말은 프랜시스코 박사의 말과 짝을 이루었다. "하나님은 우리 모두에게 넉넉한 시간을 주셨습니다." "시간은 하나님의 영역입니다." 시간이 하나님의 영역이라는 말은 (우리 삶 속의 일들을 포함하여) 이 땅에서 일어나는 모든 일의 타이밍을 하나님께서 정해 놓으셨다는 뜻이다. 그러므로 내 시간표를 들고 가서 하나님을 재촉하지 않는 것이 중요하다.

이 세상에서 우리가 가장 쉽게 저지르는 일은 주님보다 앞서가는 것이다. 이것이 죄인가? 당연하다! 요셉과 마리아도 이런 우를 범했다. 열두 살의 소년 예수가 그 부모와 함께 명절을 지키러 예루살렘에 올라갔는데, 명절을 지킨 후 요셉과 마리아는 예수가 갈릴리로 돌아가는 행렬에 있는 줄 알고 발걸음을 옮겼다. 하나님보다 앞서간 것이다! 예수는 그들과 함께 있지 않았다. 그는 예루살렘에 남아 있었고, 부모는 그 사실을 알지 못했다. 그들은 당황했다. "동행 중에 있는 줄로 생각하고 하룻길을 간 후"(눅

2:44). 그렇게 그들은 하나님보다 앞서갔다. 나는 이 이야기를 내 책《성령을 소멸치 않는 삶》(The Sensitivity of the Spirit, 순전한 나드)에서 자세히 설명했다.

"하나님보다 앞서지 않게 해주소서!" 이것은 내가 매일같이 하나님께 올려 드린 기도제목이었다. 나는 꽤 오랫동안 이 기도를 드렸다. 하지만 너무나 많이 하나님보다 앞서가는 죄를 범했다.

우리 대다수는(특히 내가) '일을 이루려고 애쓰는 큰 실수를 범한다'. 우리는 종종 하나님보다 앞서감으로 무언가를 이루려고 한다. 나는 아브라함과 사라가 여종 하갈과의 동침을 결정하면서 '앞서가는 죄'를 범했다고 생각한다(창 16:2-4). 그 심정은 이해한다. 왜냐하면 그들에겐 자녀가 없었고, 아들을 주시겠다는 하나님의 약속은 이뤄질 기미가 보이지 않았기 때문이다. 결국 그들은 하나님께서 주신 약속을 스스로 이루려고 시도했다. 당시 아브라함은 75세, 사라는 65세였다. 약속은 이뤄지지 않고 나이가 들자 사라는 결국 모든 소망을 포기한 채 아브라함에게 하갈과 동침할 것을 제안했다. 아브라함은 그 제안을 받아들였다. 물론 이 사건 역시 하나님의 주권적 계획임은 틀림없는 사실이다. 하지만 하갈이 이스마엘을 임신한 순간, 아브라함과 사라 부부에게 엄청난 고통이 예고되었다. 그리고 온 세상도 그로 인해 고통받게 될 것이었다.

"하나님을 사랑하는 자 곧 그의 뜻대로 부르심을 입은 자들에게는 모든 것이 합력하여 선을 이루느니라"(롬 8:28). 얼마나 아름다운 말씀인가! 모든 것이 합력하여 선을 이루는 것은 맞다. 하지만 순간순간 우리가 행하는 모든 일이 '옳은' 것은 아니다.

1956년 집을 떠나 판매원의 길에 들어섰을 때, 나는 어마어마한 빚을

졌다. 참 어리석었다. 값비싼 오디오도 샀고, 포드의 신형 자동차도 한 대 구입했다. 심지어 세스나 120도 샀다(세스나 120 모델은 저렴한 가격에 출시된 경비행기로, 비슷한 기종이 오늘날 대략 3-4억 원에 매매되고 있다 – 역자 주). 빚이 눈덩이처럼 불어나서 전임사역은 꿈도 못 꿨다. 갚지 못할 부채를 안고 살았으니, 참 어리석은 인생 아닌가?

하지만 그 끔찍한 경험도 결국엔 '합력하여 선'을 이루긴 했다. 왜냐하면 빚에 허덕이던 나날들은 내게 돈의 무서움을 알려 주었기 때문이다. 1962년 이후 나는 누구에게도 돈을 꾸지 않았다.

판매원으로 일하던 오랜 세월의 기다림도 '합력하여 선'을 이루었다. 나는 사람들과 함께 일하는 법도 배웠고, 경영자로서의 삶도 배웠다. 그러나 무엇보다 '마냥 하나님을 기다리는 일'에 큰 상급이 따른다는 사실도 배웠다. 그 시간들이 결코 헛되지는 않았다. 그야말로 모든 것이 합력하여 선을 이루었다.

당신에게도 마찬가지이다. 지금 당신은 하나님께서 개입해 주시기를 기다리고 있는가? "얼마나 오래 기다려야 합니까?"라고 외치고 있는가? 기다려라! 용기를 가져라! 때가 되면 하나님께서 자신의 모습을 나타내실 것이다. 너무 늦지 않게, 너무 이르지 않게, 정확한 때에 말이다.

리처드 뷰이스에게서 배운 말을 빌리자면, 사실 우리 삶의 대부분은 '시간과 시간 사이'에 놓여 있다. 리처드는 이렇게 말했다. "우리 삶의 대부분은 '시간 사이'(기다림의 시간 동안)에서 지연된다. 물론 '성취'의 시간도 있다. 그러나 성취의 시간에는 인격이 형성되지 않는다. 우리의 인격은 '사이의 시간' 동안 형성된다. 그리고 그 시간에 무엇을 하느냐에 따라 인품이 달라진다."

시간

시간(times)이란 무엇인가? 이 세상에서 가장 유명한 신문 이름이 바로 '타임즈'(시간)이다. 이를테면 런던 타임즈, 뉴욕 타임즈 등이 있다. 하지만 이 장에서 내가 말하는 '타임즈'는 신문이 아니라, 잊지 못할 정도로 명확하게 '하나님께서 임재하시는 때'를 가리킨다. 예를 들어 노아의 홍수 사건이 그렇다. 하나님께서 아브라함과 언약을 맺으실 때도 그렇고, 유월절 사건과 홍해 사건, 이스라엘 백성이 시내 산에서 십계명을 받은 일, 그들이 요단을 건너 가나안에 들어간 사건 등이 '타임즈'이다. 사무엘 사사의 활약, 다윗이 골리앗을 죽인 사건, 갈멜 산에서 엘리야가 바알의 사제들과 겨루던 일, 예수님의 죽음과 부활 그리고 오순절 사건 등이 명백한 하나님의 임재에 속한다.

교회사 속에서 이러한 시간들을 찾자면, 공의회를 통해 니케아 신조가 채택되던 때(325), 아타나시우스의 영향력이 발휘되던 때(아타나시우스, 296-373), 어거스틴이 여러 글을 기록하던 때(어거스틴, 354-430), 칼케돈 신조가 채택되던 때(451), 마틴 루터(1483-1546)와 존 칼빈(1509-1564)의 활약으로 종교개혁이 일어나던 때, 미국의 대각성(1730-1750), 케인 릿지 부흥(1801), 웨일즈 부흥(1904-1905), 아주사 거리 부흥(1906), 그리고 토론토 블레싱이 일어난 때(1994) 등을 꼽을 수 있다. 이 굵직굵직한 사건들은 '타임즈'에 걸맞은 놀라운 일들이다. 그러나 이를 제외하면, 교회사의 대부분(혹은 우리 인생의 대부분)은 '기다림'의 시간이었다. 즉, '사이의 시간'이었다.

당신은 사이의 시간 속에서 살아가는가? 나는 당신이 그렇게 살아가고 있으리라 생각한다. 당신은 교회사 속에서, 또 자신의 인생 속에서 '그 다음'의 위대한 사건이 일어나길 기다리고 있는가? 나는 기다리고 있다!

기다려라, 예배하라, 깨어 있으라

'사이의 시간' 속에서 당신은 어떻게 하는가? 기다리는 동안에는 아무 일도 일어나지 않는다. 이때 당신은 어떻게 하겠는가? 시간과 시간 사이에서 인생은 지루해 보인다. 아무것도 이뤄 놓지 못한 느낌이 든다. 열심히 일하지만, 만족할 만한 결과가 보이지 않는다. 열심히 기도해 보지만, 아무런 감흥이 없다. 당신은 하나님께 순종하며 그분을 기쁘게 해 드리기 위해 최선을 다한다. 그러나 그 모든 노력이 헛수고로 전락하는 느낌이다. 하나님의 얼굴을 구하지만, 그분은 얼굴을 감추신다. 당신이 의지하던 그분, 당신이 기쁘게 해 드리려던 바로 그분에게 버림 받은 것 같다.

포기하겠는가? 기도를 멈추겠는가? 화가 난 상태로 있겠는가? 하나님을 향해 주먹을 휘두르겠는가? 물러서겠는가? 멀리 떠나겠는가? '난 상처받았어', '난 좌절했어' 등과 같은 메시지를 전달하기 위해 의기소침해 있겠는가?

부활 후 40일 동안, 예수님께서는 세사들 앞에 모습을 드러내셨다가도 갑자기 사라지기를 반복하셨다. 당시 베드로는 모든 꿈을 접고 이전에 하던 일을 다시 하고 있었다. "나는 물고기 잡으러 가노라"(요 21:3). 베드로의 결정이 옳든 그르든지, 예수님께서는 그 앞에 또다시 나타나셨다(요 21:4-22). 결국은 예수님을 만났으니 물고기를 잡으러 가겠다는 베드로의 결정은 옳았는가? 제자의 길을 포기했으니 잘못된 결정이었는가? 상관없다. 예수님께서 그들 앞에 다시 나타나셨다는 사실이 중요하다. 모든 일이 합력하여 선을 이룬다!

우리의 인생 대부분의 사건은 '사이의 시간' 속에서 일어난다. 그러므로 아무 일도 일어나지 않는 것처럼 보일 때, 과연 우리가 어떻게 해야 하는지 아는 것이 중요하다.

내가 처음 설교를 시작한 때로부터 벌써 60년이 지났다. 나는 오랜 시간 판매원으로 일하는 동안에도 라디오 방송에 출연해 말씀을 전하곤 했다(내가 비용을 지불하고 출연한 것이다). 또 '구원받은 자의 증언'이라는 작은 신문을 발간하기도 했다. 그리고 대부분의 주일에는 어디에선가 말씀을 전했다. 하지만 그 기간은 그야말로 '시간과 시간 사이'의 시간이었다. 이 내용을 읽는 지금, 당신이 이러한 시간대를 살아가고 있다면, 내가 당신에게 해주는 조언은 이것이다. "기다려라! 예배하라! 깨어 있으라!"

기다려라

당신에게는 기다리고자 하는 갈망이 있는가? 그렇다면 그 갈망은, 당신이 하나님을 진심으로 사랑한다는 것을 보여 준다고 할 수 있다. 앞에서 나는 이사야 64장 4절을 인용했다. "주 외에는 자기를 앙망하는 자를 위하여 이런 일을 행한 신을 옛부터 들은 자도 없고 귀로 들은 자도 없고 눈으로 본 자도 없었나이다"(사 64:4). 이 구절은 하나님을 갈망하는 사람들에 대해 언급하고 있는데, 바울은 고린도 교회에 보내는 서신에서 이 구절을 인용하며 특히 한 단어에 자신의 해석을 가미했다. "기록된 바 하나님이 자기를 사랑하는 자들을 위하여 예비하신 모든 것은 눈으로 보지 못하고 귀로 듣지 못하고 사람의 마음으로 생각하지도 못하였다 함과 같으니라"(고전 2:9). 눈치챘는가? 바울은 '앙망'(기다림)을 '사랑'으로 치환했다. 바울의 입장에서는 하나님을 기다리는 것이 결국 하나님을 사랑하는 것과 같았기 때문이다. 바꿔 말하면, 하나님을 향한 우리의 사랑은 그분을 '기다리는' 행위로 입증된다. 당신에게는 하나님을 기다리고자 하는 갈망이 있는가?

기다림에는 두 종류가 있다. 첫째, 당신은 아무거나 기다릴 수 있다. 그러나 이 경우 당신은 아무런 기대 없이 무한정 기다릴 뿐이다. 기다림은 이어지고, 이어지고, 또 이어진다. 당신이 붙들 만한 '약속'은 없다. 그야말로 기약 없이 기다리는 경우이다. 당신은 아무런 목적 없이 기다리며 시간을 보낸다. 무언가를 기대하기는 하지만, 실제로는 아무것도 기대하지 않는다.

이런 기다림은 좋지 않다. 왜냐하면 우리 모두는 무언가를 기대하며 살아야 하기 때문이다. 우리에겐 살아야 할 이유가 필요하다. 만일 지금 당신에게 아무런 목표가 없다면, (그렇다 해도) 매일같이 하나님과 함께 보낼 시간을 기대하라. "여호와의 인자와 긍휼이 무궁하시므로 … 이것들이 아침마다 새로우니 주의 성실하심이 크시도소이다"(애 3:22-23).

나는 이 책을 통해 독자들에게 새로운 기대를 안겨 주고 싶다. 잠시 미래의 계획은 잊으라. 그리고 지금 '하나님과의 관계'에 집중하라. 나는 당신이 매일같이 하나님과 만나고, 그분의 임재를 생생하게 체험하길 기도한다. "하나님과 만난다고요? 그것은 다른 사람에게나 가능한 일입니다." 정말 그렇게 생각하는가? 아니다. 하나님께서 다른 사람에게 행하신 그 일을 당신을 위해서도 동일하게 이루어 주실 것이다. 하나님은 사람을 차별하시는 분이 아니다. 당신을 위해 한 마디 하겠다. 이 말을 마음에 새기기 바란다. "너희가 온 마음으로 나를 구하면 나를 찾을 것이요 나를 만나리라"(렘 29:13). 이것이 바로 당신이 품고 살아야 할 목적이다.

나는 다음의 사실을 분명히 보증한다. "하나님은 신실하시다!" 우리를 만나 주시겠다는 그분의 약속을 믿으라. 하나님은 우리가 의심조차 할 수 없는 방식으로 만나 주실 것이다.

물론 우리의 마음을 테스트하기 위해 좌절감을 안기실 수도 있다. 심지어 고난을 주실 수도 있다. 하나님께서 히스기야의 마음속 생각을 살피기 위해 그를 시험하셨다는 사실을 기억하라(대하 32:31). 하나님은 내게도 이 같은 시험을 주셨다. 그리고 당신에게도 동일하게 행하실 것이다.

그러나 하나님의 시험과 관련된 또 다른 구절에도 주목하기 바란다. "모든 은혜의 하나님 곧 그리스도 안에서 너희를 부르사 자기의 영원한 영광에 들어가게 하신 이가 잠깐 고난을 당한 너희를 친히 온전하게 하시며 굳건하게 하시며 강하게 하시며 터를 견고하게 하시리라"(벧전 5:10). 킹제임스성경은 이 구절을 다음과 같이 번역하였다. "너희가 잠깐 고난을 당한 후엔 하나님께서 너희를 안정시키실 것이다." 나는 하나님께서 이

같이 행하신 것을 여러 번 경험했다. 당신도 그것을 체험하게 될 것이다.

시험을 받는 동안 우리는 어떻게 해야 하는가? 기다림! 이러한 기다림은 쉽지도, 즐겁지도 않다. 이러한 기다림이 쉽다고 말할 사람은 아무도 없다. 이 세상 그 누구도 몇 시간이고 오랫동안 줄 서서 기다리는 것을 좋아하지 않는다. 굳게 마음먹고 고급 레스토랑에 갔는데 카운터에서 한 시간 넘게 기다려야 한다면, 당신은 크게 실망할 것이다. 그러나 대안이 없을 경우엔 기다려야 한다. 병원에서 진료받기 위해 두 시간 넘도록 대기하는 일은 어떤가? 결코 즐거운 일이 아니다. 몇 년 전, 우리 부부가 타야 할 항공편이 갑자기 취소되는 바람에 디트로이트 공항에서 10시간을 대기한 적이 있는데, 결코 즐거운 일이 아니었다. 또 아내가 악천후로 항공편이 지연되는 바람에 시카고 공항 의자에 누워 쪽잠을 잔 적이 있었는데, 하나도 즐겁지 않았다고 한다.

누군가가 아주 오래전부터 내 인생을 지켜봤다면, 그는 나를 A형 성격의 소유자라고 할 것이다. 이유는 모르겠지만, 나는 모든 일에 과도할 정도로 서두른다. 나는 목적지에 늦게 도착하는 것을 싫어한다. 고속도로를 달리다가 주유하기 위해 도로를 이탈하는 것도 싫고, 주유하는 동안 그 모든 차들이 나를 앞질러 가는 것도 보기 싫다. 10분도 안 되어 다시 도로를 달리겠지만, 그래도 뒤처지는 것이 싫다. 나는 그게 무엇이든 기다리기 싫다. 그러나 하나님은 "기다리라"고 말씀하신다.

두 번째 종류의 기다림은 확실한 무언가가 있을 때이다. 이때 당신은 넋 놓고 기다리진 않을 것이다. 오랫동안 기다리다가도 "이제 곧 진료를 받게 될 것입니다", "조만간 테이블을 마련해 드리겠습니다", "어서 탑승하십시오" 등의 말을 들으면 갑자기 기분이 좋아진다. 마찬가지로 주님께서 이 같은 말씀을 하신다면, 적어도 당신은 속지 않았다는 사실을 알게 될 것이다.

바로 이것을 제자들이 체험했다. 예수님께서는 제자들에게 예루살렘에 머무르라고 말씀하셨다. "예루살렘을 떠나지 말고 내게서 들은 바 아버지께서 약속하신 것을 기다리라"(행 1:4). 일단 그들은 조금도 의심하지 않고, 하나님으로부터 무언가가 내려오리라 확신했다. 만일 하나님으로부터 이러한 말씀을 받았다면, 끝까지 기다려라. 결코 후회하지 않을 것이다.

그러나 제자들은 이 일이 언제 일어날지 알지 못했다. 그들은 오순절이 모세가 율법을 받은 것을 기념하는 절기라는 것을 알고 있었다. 그러므로 그날 하나님이 성령을 보내시는 것은 합당한 일이라고 생각했을 것이다. 하지만 이것은 어디까지나 사후(事後)의 깨달음일 뿐, 예수님께서 "기다리라"고 말씀하셨을 당시에는 언제 성령께서 강림하실지 예상하지 못했을 것이다.

사도행전 1장 15절에 따르면, 기다린 사람은 120명뿐이었다. 성경적 근거를 따져 보면, 예수님께서 "예루살렘에 머물며 기다리라"고 말씀하셨을 때 현장에 있던 추종자는 500명이 넘었을 것이다. 왜냐하면 바울은 500명이 넘는 성도가 부활하신 예수님을 일제히 만났다고 말하기 때문이다(고전 15:6). 그렇다면 그들 모두가 순종했다고 말할 수 없지 않은가? 어쩌면 처음 며칠 동안 기다리다가 대다수의 사람들이 포기하고 돌아갔을지도 모를 일이다. 어쨌든 다락방에 모여 있던 120명은 "마음을 같이하여 오로지 기도에"만 힘썼다(행 1:14). 그러나 그들도 그리 오래 기도하지는 못했다. 그들은 아직 성령님이 오시지도 않았는데 기도를 멈추었다. 그리고 열두 사도 중 유다를 대신할 사람을 뽑았다(행 1:15-16). 사실 그 120명의 제자들이 기도를 멈춘 채 사도를 선출한 일이 옳았는가에 대해 교회는 2천 년이 넘도록 논쟁하고 있다.

확실한 것은 기다린 사람이 보상을 얻었다는 것이다. 오순절이 되었다. "홀연히 하늘로부터 급하고 강한 바람 같은 소리가 있어 그들이 앉은 온 집에 가득하며"(행 2:2). 노파심에서 하는 말인데, 그들이 무릎을 꿇고 있지 않았다는 사실에 주목하라. 기도할 때의 자세는 그리 중요한 요소가 아니다.

그렇다면 기도할 때 가장 중요한 요소는 무엇인가? 그것은 '기다림'이다. 나머지는 하나님께서 알아서 해주신다. 무언가를 이루거나 일으키려 하지 않아도 된다. 오직 하나님만이 일을 이루시기 때문이다. 한번은 칼 F. H. 헨리에게 이같이 물은 적이 있다. "만일 인생을 다시 산다면, 바꾸고 싶은 것이 있습니까?" 그는 잠시 생각하더니 "만일 인생을 다시 산다면, 물을 포도주로 바꾸는 분은 오직 예수님뿐이라는 사실을 기억하려고 애쓸 것입니다"라고 대답했다.

예배하라

기다리는 동안 우리는 하나님을 예배할 수 있다. 오순절이 되기까지 120명의 제자들이 취한 기다림의 자세는 '기도'였다. 예수님은 그저 "기다리라"고 말씀하셨을 뿐, 기도하라고 따로 명령하시지는 않았다. 하지만 그들은 기도하기로 선택했다. 그들이 아는 바, 기다리며 할 수 있는 일은 기도뿐이었다. 그들은 기도하면서 하나님께 감사를 표하고 충만한 기대감으로 경배했을 것이다.

주님은 기도하라고도, 예배하라고도 명령하지 않으셨는데, 왜 그들은 하나님을 예배했을까? 예수님께서 기다리라고 명령하신 대상이 다름 아닌, '아버지의 약속'이었기 때문이다. 그들은 아버지의 약속에 걸맞은 기다림의 자세가 '기도'이고 '예배'라고 판단했던 것이다.

내가 아는 한, 예수님의 제자들이 이렇게 판단하고 실행한 것은 이때가 처음이었다. 물론 전에도 기도했겠지만(이 사실을 의심할 필요는 없다), 이때처럼은 아니었을 것이다. 정말 의아한 것은 예수님께서 육체로 함께 계셨는데도 이때처럼 기도하지 못했다는 것이다. 왜 그랬을까? 답은 간단하다. 일전에 사람들이 예수님을 찾아와 "세례 요한의 제자들은 금식하는데 왜 당신의 제자들은 금식하지 않습니까?" 하고 여쭌 적이 있는데, 이때 예수님이 하신 말씀에서 그 답을 찾을 수 있다. "혼인집 손님들이 신랑과 함께 있을 동안에 슬퍼할 수 있느냐 그러나 신랑을 빼앗길 날이 이르리니 그때에는 금식할 것이니라"(마 9:15).

그렇다. 예수님과 함께 있는 동안, 제자들은 진지하게 기도할 수 없었다. 그러나 이제 제자들은 신랑을 빼앗긴 상태다. 누가는 당시 120명의 제자들이 금식했는지 말해 주지는 않는다. 하지만 그들은 금식했을 것이다. 금식했을 가능성이 크다. 왜냐하면 당시 제자들에게 음식을 먹는 일은 전혀 중요하지 않았기 때문이다! 그들은 성령을 보내 주실 아버지의 약속에만 전념했다. 그 약속을 기다리는 내내 그들은 하나님을 예배했다.

예수님께서는 공생애 기간 중 기도에 대한 가르침을 수없이 전해 주셨다. 이것은 산상수훈만 봐도 알 수 있다. 예수님께서는 수많은 가르침을 전하시던 중 제자들에게 기도를 알려 주셨다. 그것이 우리가 잘 아는 그 유명한 '주기도문'이다(마 6:9-13). 예수님께서는 또 다른 장소(감람산 근처)에서 동일한 기도를 다시 한 번 가르쳐 주셨다(눅 11:2-4). 그뿐만이 아니다. 예수님은 포기하지 않고 끈질기게 기도해야 한다는 것을 가르치시기 위해 불의한 재판장과 과부의 비유를 말씀해 주셨다(눅 18:1-8). 산상수훈에서도 이와 동일한 가르침이 발견된다. "구하라 그리하면 너희에게 주실 것이요 찾으라 그리하면 찾아낼 것이요 문을 두드리라 그리하면 너희에게 열릴 것이니 구하는 이마다 받을 것이요 찾는 이는 찾아낼 것이요 두드리는 이에게는 열릴 것이니라"(마 7:7-8). 이 모든 것이 끈질긴 기도의 필요성과 중요성에 대한 가르침이다.

예수님이 승천하시고 오순절이 되기까지 열흘(사이의 시간)은 예수님의 가르침을 실행해 볼 기회였다. 예수님이 함께 계시지 않으므로, 이제 제자들 스스로 결정해야 했다. 예수님의 가르침이나 지도 편달은 기대할 수 없었다. "잘했어! 아주 좋아. 계속 하렴!" 이러한 칭찬도 들리지 않았다. 그럼에도 제자들은 기도하기 시작했다. 그리고 기도를 이어갔다. 끈질기게 말이다. "오로지 기도에 힘쓰더라"(행 1:14).

그들은 어떻게 기도했을까? 둥그렇게 둘러앉은 채, 대표기도 형식으로 한 사람씩 돌아가며 기도했을까? 아니면 열흘 동안 계속 통성으로 기도했을까?(일단, 유다를 대신할 사도를 뽑기 위해 잠시 기도를 멈춘 일은 논외로 하자.) 그들이 어떤 식으로 기도했을지, 과연 누가 확실하게 알 수 있겠는가? 하지만 내가 추측하기에 그늘 모두가 일제히 큰 소리로(통성으로) 기도했을 것이나. 그들은 옆 사람의 기도에 신경 쓸 겨를 없이 힘껏 목청을 높여 오로지 기도에 전념했을 것이다. 이것은 어디까지나 추측이지만, 근거 없는 억측은 아니다. 왜냐하면 이후 그들이 목소리를 높여 기도했다는 기록이 있기 때문이다. "그들이 듣고 한마음으로 하나님께 소리를 높여 이르되"(행 4:24).

120명의 제자들이 드린 기도는 분명 '예배'였다. 예배에는 찬양, 노래, 감사 등의 요소가 포함된다. 그들이 어떤 내용으로 기도했는지는 알 길이 없으나 예수님께서 가르쳐 주신 '주기도문'의 순서대로 기도했다면, 그들은 찬양, 경배, 송축으로 기도의 포문을 열었을 것이다(주기도문은 하나님 중심의 예배 기도이다). 그래서 나는 120명의 제자들이 찬양과 간구를 곁들인 예배로 열흘의 기도 시간을 채웠으리라 믿는다. 그들은 금식을 했을 수도, 하지 않았을 수도 있다. 그들이 다락방에서 잠을 잤는지, 집으로 돌아가 잠을 잤는지 알 수는 없지만, 어쨌든 잠 잘 시간은 확보했을 것이다. 화장실에도 가야 했을 것이고, 물도 마셔야 했을 것이다. 만약 금식을 하지 않았다면, 음식 먹을 시간도 필요했을 것이다. 하지만 그들의 유일한 관심은 '예배'였다.

과거에 나는 '예배'라는 주제로 책 한 권을 썼다. 빌립보서 3장 3절에 근거하여 써내려간 그 책은 처음부터 끝까지 '예배'를 논한다. "하나님의 성령으로 봉사(예배)하며"(빌 3:3). 120명의 제자들이 어느 정도 성령을 의지하여 예배했는지는 알 수 없다. 왜냐하면 아직은 성령으로 충만하지 못한 상태였기 때문이다. 그러나 그들 모두는 어느 정도 성령을 맛보았을 것이다. 그렇지 않으면 예수님을 따르는 일이 불가능했을 테니 말이다. 예수님은 아버지께서 이끌지 않으실 경우, 아무도 자신에게 나아올 수 없다고 말

씀하셨다. 여기서 주님이 말씀하신 '아버지의 이끄심'은 다름 아닌 '성령'
이다(요 6:44, 65). 부활하셔서 열한 제자들 앞에 나타나신 예수님께서 그들
을 향해 숨을 내쉬며 "성령을 받으라"고 말씀하셨다(요 20:22). 나는 그때 열
한 제자가 어느 정도는 성령을 체험했다고 생각한다.

 사이의 시간 속에서 기다리는 동안, 우리는 예배할 수 있다. 그렇다. 하
나님의 역사하심을 기다리는 동안 당신과 내가 할 수 있는 최고의 일은 '예
배'이다. 예배에는 기도, 찬양, 노래, 감사, 성경 읽기 등의 요소가 포함된다.
독자 중 더러는 "성경을 읽는 것이 예배라고요?" 하고 물을 것이다. 성경이
성령의 감동으로 기록되었다는 사실을 진심으로 믿는다면(성경 안에 '하나님
의 말씀'이 포함되어 있는 것이 아니라 성경 자체가 '하나님의 말씀'임을 믿는다면), 그래서
성경 읽기를 통해 하나님의 뜻을 깨달을 수 있다고 믿는다면, 성경 읽기
는 그 자체로 '예배'이다.

 당신은 좋은 책을 읽어야 한다. 양서를 통해 귀한 가르침을 받을 수도
있고, 또 하나님께서 그 책을 통해 당신에게 말씀하실 수도 있다. 그러나
오직 성경만이 무오(無誤)하다. 하나님께서 성경을 쓰셨으므로(딤후 3:16, 벧
후 1:21), 성경은 무오하다. 이 사실을 인정할 때, 비로소 당신은 성경을 읽
음으로 하나님을 예배할 수 있다.

 120명의 제자들이 구약성경의 사본을 읽었는지, 또 마가의 다락방에
두루마리 성경이 비치되어 있었는지 누가 알겠는가? 어쨌든, 확실한 것은
베드로가 구약성경을 매우 잘 알고 있었다는 것이다. 오순절 날 그가 전
한 설교에 이 사실이 잘 나타난다(행 2:14-36). 어쩌면 120명 모두 구약성경
내용을 꿰뚫고 있었을지도 모른다. 그렇지 않았다면, 그들은 예수님이 하

신 말씀을 그처럼 확신하지 못했을 테니 말이다. 어쨌든, 성경이 하나님의 말씀임을 믿을 때, 우리는 성경을 읽는 것으로 하나님을 예배할 수 있다.

당신은 지금 하나님을 기다리고 있는가? 하나님이 나타나시기를 바라는가? 지금 하나님께서 당신 앞에 나타나신다면, 당신은 하나님께 어떤 모습을 보여 드리겠는가? 기도하는 모습? 찬양하는 모습? 하나님을 찾으며 성경을 읽는 모습? 성경을 읽는 동안 하나님께서 성령을 부어 주신다면, 당신은 성령 충만한 모습을 그분께 보여 드릴 수 있다. 이때 당신은 이사야와 동일하게 외치게 된다. "이는 우리의 하나님이시라 우리가 그를 기다렸으니"(사 25:9). 예수님께서 우리에게 이렇게 말씀하셨다. "주인이 와서 깨어 있는 것을 보면 그 종들은 복이 있으리로다 내가 진실로 너희에게 이르노니 주인이 띠를 띠고 그 종들을 자리에 앉히고 나아와 수종들리라"(눅 12:37).

하나님을 만날 것을 기대하며 기다린다면(wait), 하나님께서는 이에 대한 보상으로 우리를 수종드실(wait) 것이다.

깨어 있으라

방금 당신이 읽은 성경구절을 다시 한 번 살펴보자. "주인이 와서 깨어 있는 것을 보면 그 종들은 복이 있으리로다"(눅 12:37). 이 말씀은 (예수님의 재림을 포함하여) 언제, 어느 때든 예수님께서 오실 수 있다고 믿고 기대하는 성도들을 대상으로 한 것이다.

여기, 이와 비슷한 내용의 말씀이 있다. "그러나 그날과 그때는 아무도 모르나니 하늘에 있는 천사들도, 아들도 모르고 아버지만 아시느니라 주의하라 깨어 있으라 그때가 언제인지 알지 못함이라 가령 사람이 집을 떠나 타국으로 갈 때에 그 종들에게 권한을 주어 각각 사무를 맡기며 문지기에게 깨어 있으라 명함과 같으니 그러므로 깨어 있으라 집주인이 언제 올는지 … 너희가 알지 못함이라 그가 홀연히 와서 너희가 자는 것을 보지 않도록 하라 깨어 있으라 내가 너희에게 하는 이 말은 모든 사람에게 하는 말이니라"(막 13:32-37).

앞서 인용한 누가복음 12장 37절은 '깨어 있으라'는 내용의 위 구절과 짝을 이룬다. 그런데 누가복음의 구절은 단지 예수님의 재림만을 준비할 것이 아니라 언제든 문 두드리는 소리가 날 수 있으니 항상 주의하라는 경고이다. 언제든 우리는 주님과 만날 준비를 해야 한다. 예수님은 이러한 준비 자세를 갖추라고 말씀하시며 우리 모두에게 경종을 울리셨다. "허리에 띠를 띠고 등불을 켜고 서 있으라 너희는 마치 그 주인이 혼인 집에서 돌아와 문을 두드리면 곧 열어 주려고 기다리는 사람과 같이 되라"(눅 12:35-36). 나의 책《교회를 깨우는 한밤의 외침》(Prepare Your Heart for the Midnight Crying, 순전한나드)에서 나는 '그레이스'라는 이름의 나이지리아 여성을 소개했다. 그레이스는 종종 이렇게 말하곤 했다. "저는 문 가까이에 머물고 싶어요." 이유는 간단했다. "너무 멀리 떨어져 있으면, 노크 소리를 듣지 못하니까요!"

누가복음 12장 35-36절은 한 마디로 말해 "들으라!"는 외침이다. 당신은 문 두드리는 소리를 들어야 한다. 요한계시록에 등장하는 라오디게아 교회는 부유했다. 그래서 교만했고 미지근한 신앙을 가졌다. 이러한 라오디게아 교회를 향해 예수님께서 말씀하셨다. "볼지어다 내가 문 밖에 서서 두드리노니 누구든지 내 음성을 듣고 문을 열면 내가 그에게로 들어가 그와 더불어 먹고 그는 나와 더불어 먹으리라"(계 3:20).

당신은 이처럼 미지근한 태도로 예수님을 대한 적이 있는가? 지금 당신의 신앙 온도는 몇 도인가? 뜨거운가, 아니면 차가운가? 예수님은 당신이 뜨겁거나 차갑기를 바라신다. 만일 당신이 미지근하다면, 당신에게 이뤄질 약속은 무척 비참하다. "내가 네 행위를 아노니 네가 차지도 아니하고 뜨겁지도 아니하도다 네가 차든지 뜨겁든지 하기를 원하노라 네가 이같이 미지근하여 뜨겁지도 아니하고 차지도 아니하니 내 입에서 너를 토하여 버리리라"(계 3:15-16).

다음은 우리의 온도가 미지근함을(뜨겁지도 차지도 않음을) 명시하는 여섯 가지 증상이다.

- 매일 성경을 읽지 않는다. 물론 가끔은 읽을 수도 있다. 그러나 매일은 아니다.

- 필요한 것이 있을 때, 기도한다. 그러나 그뿐이다. 매일같이 하나님 앞에 나아가지는 않는다. 매일 기도하고 예배함으로써 하나님을 기다린다는 생각은 당신의 마음에 아무 감흥도 주지 않는다.

- 환난이 닥칠 때, 그것을 참 기쁨으로 여기고 인내하는 대신 불평해 버리고 만다.

- 원수를 위해 기도하지 않는다. 그들을 향해 악감정을 품는다.

- 하나님께서 나타나시리라는(임재하시리라는) 기대감 없이 살아간다.

- 경제적 번영을 하나님께서 나와 함께하시는 증거로 삼는다. 하나님께서 물질을 주시는 이유는 우리에게 기쁨을 주시기 위해서라고 생각한다.

만일 당신이 위에 묘사된 사람과 같다면, 주님께서 당신을 토해 내실 것이다. 내침을 당하면, 너무 늦는다. 예수님의 비유를 들으라.

> 또 비유로 그들에게 말하여 이르시되 한 부자가 그 밭에 소출이 풍성하매 심중에 생각하여 이르되 내가 곡식 쌓아 둘 곳이 없으니 어찌할까 하고 또 이르되 내가 이렇게 하리라 내 곳간을 헐고 더 크게 짓고 내 모든 곡식과 물건을 거기 쌓아 두리라 또 내가 내 영혼에게 이르되 영혼아 여러 해 쓸 물건을 많이 쌓아 두었으니 평안히 쉬고 먹고 마시고 즐거워하자 하리라 하되 하나님은 이르시되 어리석은 자여 오늘 밤에 네 영혼을 도로 찾으리니 그러면 네 준비한 것이 누구의 것이 되겠느냐 하셨으니 _눅 12:16-20

이러한 일이 당신에게 일어나선 안 된다. 부디 '미지근한' 상태를 벗어나라! 이 책을 읽는 동안 하나님께서 당신에게 불을 지펴 주시길 바란다. 불이 당신을 뜨겁게 달궈 당신의 마음이 하나님을 향한 열정으로 가득 채워지길!

하나님을 기다리기 시작하면, 우리는 잠에서 깨어 그분의 음성을 듣게 된다. 예수님을 위해 문을 열어 드리기 전, 우리는 먼저 그분의 음성부터 들어야 한다. 소리를 들어야 문을 열 수 있지 않겠는가?

그러므로 잠잠하라. 고요하게 들리는 노크 소리를 놓치지 말라. 이찌면 예수님께서는 아주 작은 소리로 속삭이실지 모른다. 그야말로 온화한 읊조림이다. "너희는 가만히 있어 내가 하나님 됨을 알지어다"(시 46:10). 존 웨슬리는 이렇게 말했다. "사람들과 대화하느라 한 시간을 썼다면, 하나님과 대화하는 데는 두 시간을 써야 한다." 약 50년 전, 리처드 범브란트 목사와 이야기를 나눌 기회가 있었다. 당시 범브란트 목사는 내게 이같이 말했다. "이보게 젊은이, 하나님에 관하여 사람들과 이야기하는 시간보다 사람들에 대해서 하나님과 이야기하는 시간이 더 길어야 하네." 당신은 얼마나 오랫동안 하나님과 대화하는가?

우리는 기다리고, 예배하고, 깨어 있어야 한다. 잠잠히 그리고 조용히 머물러 있어야 한다. 잠잠하지 않으면, 하나님의 세미한 음성을 놓칠 수 있다. 물론 '조용히 머물러 있어야 한다'는 말을 오해하지는 말라. 당신은 걸으면서도 기도할 수 있고, 달리면서도 기도할 수 있다. 나는 매일같이 워킹머신에서 1.5킬로미터 이상 걷는 운동을 하는데, 그 위에서 걷는 동안 가끔씩 기도한다.

예수님은 "깨어 기도하라"고 말씀하셨다(마 26:41). 여기서 순서에 주의하라. "기도한 후 깨어라"가 아닌, "깨어(먼저 깬 후에) 기도하라"이다. 왜 이 순서가 중요한가? 만일 기도한 후 깬다면, 당신 안에 마귀가 틈탈 만한 구멍이 생길지도 모른다.

많은 사람이 나에게 이같이 말했다. "무언가를 위해 기도했는데, 그다음 기억나는 건 제가 곧바로 유혹에 넘어갔다는 것입니다." 이러한 이유로 예수님께서는 "깨어 기도하라"고 명령하셨을 것이다. 깨어 있을 때, 당신은 신중해진다. 육신의 일을 위해 애쓰지 않기로 일찍부터 작심했다면(이처럼 깨어 있다면), 당신이 유혹에 빠질 확률은 현저히 줄어들 것이다. "오직 주 예수 그리스도로 옷 입고 정욕을 위하여 육신의 일을 도모하지 말라"(롬 13:14).

　죄를 피하는 최상의 방법은 유혹에 넘어가지 않는 것이다. 우리들 대다수는 유혹에 매우 취약하다. 그러므로 그 근처에는 얼씬도 말라. "나는 어떤 유혹에 잘 넘어가는가?" 스스로 진지하게 질문해 보라. 자신에게 정직하다면, 이 질문에 쉽게 답할 수 있을 것이다. 당신이 쉽게 걸려 넘어질 만한 장소나 사람, 상황 등을 멀리하라. 그것이 섹스이든, 돈이든, 그 무엇이든 상관없다. 당신을 미혹할 만한 요소는 무조건 피하고 보는 것이 상책이다. 이제 예수님께서 왜 이렇게 말씀하셨는지 이해할 것이다. "시험에 들지 않게 깨어 기도하라 마음에는 원이로되 육신이 약하도다"(마 26:41).

　주님이 '깨어 있음'(watch)에 대한 보상으로 우리의 삶에 들어오셔서 우리를 다스려 주실 것이다! 당신은 마침내 그러한 순간을 '바라보게'(watch) 될 것이다. 그렇다! 오순절에 120명의 제자들이 그랬다. 강렬한 바람 소리가 들리더니 이윽고 그들은 불의 혀 같은 것이 각 사람 위에 내려온 것을 '보게'(watch) 되었다. "홀연히 하늘로부터 급하고 강한 바람 같은 소리가 있어 그들이 앉은 온 집에 가득하며 마치 불의 혀처럼 갈라지는 것들이 그들에게 보여 각 사람 위에 하나씩 임하여 있더니"(행 2:2-3). 이 얼마나 놀라운 광경인가! 그 순간에는 기도할 수가 없었다. 그저 그 광경을 '바라볼'(watch) 뿐이었다! 무언가를 기대한다는 것은 바라본다는(watch) 뜻이며, 무언가를 찾고 응시한다는 뜻이다.

　기다리는 동안, 우리는 깨어 있다(바라본다). 깨어 있음(바라봄)에 대한 보상은 당신을 대신하여 일하시는 하나님의 모습을 '바라보게' 된다는 것이다. 이러한 일이 일어나면, 당신은 비로소 '바라보는 자'가 될 수 있다!

당신은 1년 365일, 하루 24시간 내내 즐겁고 흥분되는, 소름 끼치게 활기 찬 기독교를 찾고 있는가? 혹시 찾으면 내게도 알려 주기 바란다. 만일 그러한 기독교를 찾았다고 생각한다면, (이런 말을 하게 되어 정말 미안하지만) 당신이 찾은 것은 성경적인 기독교가 아니다! 유명한 여배우 엘리자베스 테일러는 일곱 번 결혼했다. 그녀는 항상 자신을 만족시키고 행복하게 해 줄 '완벽한 남편'을 찾느라 일곱 명의 남자와 결혼식을 올린 것이다. 마틴 루터가 말했다. "하나님은 육체적 사랑(性)을 사용하여 사람들이 결혼하도록 동기부여 하시고, 야망을 사용하여 그들로 봉사하도록 동기부여 하시며, 두려움을 사용하여 믿음을 갖도록 이끄신다." 그러나 육체적 사랑이 결혼으로 이어지더라도, 그 안에는 반드시 '아가페 사랑'(이기적이지 않은 사랑)을 위한 자리가 마련되어 있어야 한다. 왜냐하면 우리를 결혼으로 인도하는 것이 육체적 사랑이어도, 그 관계를 유지시켜 주는 것은 아가페 사랑이기 때문이다.

우리 부부에게는 토비와 티모시라는 두 명의 손자가 있다. 이 둘은 끊임없이 즐거움을 원한다. 무언가로 아이들의 관심을 사로잡지 않으면, 곧바로 지루해하며 즐길 거리를 달라고 애원한다. 물론 아이들이 성장하면서 이러한 점은 바뀔 것이다.

안타깝게도 수많은 크리스천이 토비와 티모시처럼 아직 어린아이의 모습을 벗지 못한 상태이다. 그들은 기독교가 자신들을 항상 행복하고 즐겁게 해주기를 바란다. 크리스천의 성숙도를 가늠하는 척도는 그들이 과연 '시간과 시간 사이'를 버텨낼 수 있느냐는 것이다. 그러나 우리는 '기다림'에 익숙하지 않다. 그래서 "주님, 제게 인내심을 주세요"라고 기도하면서도 다음의 말을 덧붙인다. "지금 당장이요!"

히브리서 11장은 '믿음 장'으로 불린다. 여기에는 위대한 업적을 일구어낸 수많은 사람들의 이야기가 기록되어 있다. 물론 대부분은 '시간과 시간 사이'보다는 '성취의 때'에 일어난 사건들로 가득하다. 지금 히브리서 11장을 펼쳐 읽어 보라. 그리고 스스로에게 이 질문을 던져 보라. "과연 이 위대한 사람들이 놀라운 일을 해내기 전, 얼마나 오랜 시간을 기다렸을까?" "이들이 인내해야 했던 '사이의 기간'은 얼마나 오랫동안 지속되었을까?"

구약 인물 중 가장 위대한 사람 둘을 꼽으라면, 단연 아브라함과 모세일 것이다. 어느 날, 하나님께서 아브라함에게 나타나 "너는 너의 고향과 친척과 아버지의 집을 떠나 내가 네게 보여 줄 땅으로 가라"고 명령하셨다(창 12:1). 그는 가나안 땅을 유산으로 약속받았다. 그러나 생전에 그는 가나안 경내에서 발붙일 만큼의 땅도 받지 못했다. 스데반의 설교에 이 내용이 기록되어 있다. "그러나 여기서 발 붙일 만한 땅도 유업으로 주지 아니하시고"(행 7:5). 하나님은 아브라함에게 자녀의 약속도 주셨다. 그러나 그는 85세 되던 해에 사라에게서 상속자를 낳는 일을 포기해야 했다.

아브라함의 향년은 175세이다. 그런데 그의 인생 중 가장 눈부시게 빛나던 시간은 이삭을 하나님께 바치던 때(아마도 당시 그의 나이는 110세가 훌쩍 넘

없을 것이다)였다(창 22:16). 그때를 제외한 나머지 모든 시간에 아브라함은 기다려야 했고, 낙심해야 했으며, 어리둥절해했고, 고통스러웠다.

모세는 120년을 살았다. 그는 40세가 되던 해에 하나님께서 자신을 사용하실 줄 알았다. 그러나 하나님은 80세가 되도록 그를 사용하지 않으셨다. 이윽고 하나님께서 그를 부르셨다. 그렇게 그는 80세의 나이에 쓰임을 받기 시작했다.

하지만 향후, 그가 쓰임 받은 40년의 시간은 고통으로 가득했다. 이스라엘 백성은 밤낮으로 모세를 오해했고, 끊임없이 그의 지혜를 의심했다. 물론 유월절 사건이나 홍해가 갈라진 일, 십계명을 받던 순간, 구름기둥과 불기둥 등 하나님께서 임재를 나타내신 영광의 순간도 많았다. 그러나 모세는 대부분의 시간을 백성의 불신과 싸우는 데 사용해야 했다.

우리 모두는 하나님의 명백한 임재를 기대한다. 이를테면 아브라함의 경우처럼 하나님께서 나타나 우리와 언약을 맺으시거나 모세의 경우처럼 홍해를 가르고 마른 땅을 건너게 해주시길 바라는 것이다.

그러나 우리 인생 대부분은 '사이의 시간'으로 점철된다. 이때 우리는 명백한 임재를 기대하며 그 시간을 버텨야 한다. 시간과 시간 사이, 명백한 임재에 대한 기대가 우리를 지탱해 준다. 그래야 기다릴 수 있다!

예수님께서 제자들에게 예루살렘을 떠나지 말고 기다리라고 명령하셨을 때(눅 24:49, 행 1:4), 그것은 '사이의 시간'을 버티라는 말씀이었다. 그들의 경우 기다리는 시간이 열흘 정도였으니 그리 길지는 않았다. 하지만 만일 하나님께서 10년을 기다리라고 명령하신다면, 당신은 어떻게 하겠는가?

시간과 시간 사이에, 우리는 하나님을 기쁘게 해 드린다. 이것은 참으로 놀라운 특권이다. 우리는 기다림으로 하나님의 명령을 따르게 된다. 그리고 기다리는 동안 우리의 성품이 형성되고 다듬어진다.

The Presence of God

CHAPTER 4

거룩한 자극

나이가 사십이 되매 그 형제 이스라엘 자손을 돌볼 생각이 나더니 _행 7:23

당신의 마음에 있는 대로 다 행하여 _삼상 14:7

CHAPTER 4
거룩한 자극

아서 블레싯이 와서 역사적인 설교를 전하던 날 밤은 웨스트민스터 채플은 물론 내 사역의 전환점이 되었다. 그날 밤, 블레싯이 전한 설교 제목은 '왜 우리에게 십자가가 필요한가?'였다. 예배실은 사람들로 가득 찼다. 양쪽 복도는 물론, 벽에도 사람들이 빼곡히 들어섰다. 그의 설교는 한 시간 넘게 계속되었다. 설교 후 아서 블레싯은 예수 그리스도를 구세주로 영접하도록 사람들을 초청했다. 수십 명이 그 자리에서 일어났다. 사실, 그날 밤의 행사는 전도 집회가 아니라 '독립 복음주의교회 연합'의 연례 모임이었다. 그러므로 나는 결신자가 나올 거라는 생각은 하지도 못했다.

설교 전, 아서 블레싯은 내 사무실을 찾아와 "설교 말미에 결신 시간을 가질 생각입니다"라고 말했다. 당시 나는 그런 일을 받아들일 만한 준비가 되어 있지 않았다.

"블레싯 목사님, 우리는 그런 것을 하지 않습니다."

"안 하신다고요?" 블레싯 목사가 의심하는 눈초리로 되물었다. 나는 그의 얼굴을 쳐다보며 대답했다.

"그럼, 그렇게 하십시오. 뭐, 굳이 그렇게 하고 싶으시다면 말입니다."

"네, 하고 싶습니다." 그는 서슴없이 대답했다.

그날은 꽤나 특별한 밤이었다. 그리스도를 영접한 사람의 숫자도 놀라웠지만, 예배실 전체에 쩌렁쩌렁 울려 퍼지는 블레싯 목사의 메시지가 더더욱 내 가슴을 뛰게 만들었다. '저 성도는 교만하니까 부정적으로 반응할 게 분명해'라고 예상하던 사람마저 그날의 집회를 긍정적으로 평가했다.

다음 날 나는 잠시 스페인에 다녀올 일이 있어서 3일간의 여정에 올랐다. 3일 내내 나는 오직 한 가지만 생각했다. '전에는 이처럼 뼛속 깊이 뜨거움을 느껴 본 적이 없었어.'

나는 이것을 '거룩한 자극'(holy nudge)이라 부른다. '거룩한 자극'은 내 오랜 친구인 피트 캔트럴이 주로 사용하던 말이다.

여기서 '자극'(nudge)은 마치 팔꿈치로 툭 밀듯 외부에서 혹은 내면에서 책임감이 올라와 마음을 두근거리게 하는 것을 말한다. 그러므로 '책임감'이 '거룩한 자극'의 특징을 대변한다고 할 수 있다. 나는 어떻게 해서라도 아서 블레싯을 런던에 잡아 두고 싶었다. 웨스트민스터 채플에서 그와 동역해야겠다는 생각(책임감)에 사로잡혔기 때문이다. 다행히도 그는 한 번 더 말씀을 전해 주기로 되어 있었다.

1982년 4월의 어느 주일 밤, 예배가 시작되기 전에 나는 가까스로 입을 열어 내 마음속의 생각을 꺼내었다. 참으로 무거운 짐 같았다.

"다음 목적지로 가시기 전, 잠시 이곳에 머물러 주실 수 있으신지요?"

그의 다음 목적지는 노르웨이였다. 당시 그가 제시한 조건은 하나였다.

"한 가지 여쭤 보겠습니다. 만일 제가 여기 머무르겠다고 하면, 자유롭게 사역하도록 놔두시겠습니까? 아니면 제 두 손을 꽁꽁 묶어 두실 건가요?"

나는 웃으며 대답했다. "무엇이든 원하는 대로 하십시오!" 그는 머무르기로 했다. 이후 그는 연속으로 6주간 주일 저녁에 말씀을 전했다. 그의 연속 설교는 5월 말에 끝났다. 블레싯 목사의 사역을 통해 웨스트민스터 채플이 바뀌었고, 나도 바뀌었다. 이후 우리는 과거의 모습으로 다시는 되돌아갈 수 없게 되었다. 블레싯 목사와의 동역은 웨스트민스터 채플에서의 25년 사역 기간에 내가 내린 결정 중 가장 큰 논란을 일으켰다. 더 자세한 내용은 내 책 《하나님의 영광을 위하여》(In Pursuit of His Glory)에서 확인할 수 있다.

P-E-A-C-E

주님의 임재 안에 머물면, 우리는 거룩한 자극을 받게 된다. 그것은 '무언가를 해야만 하는' 의무감이다. 그러나 이러한 자극이 항상 거룩한가?

아니다. 수년 동안 나는 어떤 자극이 하나님에게서 온 거룩한 자극인지, 아닌지를 확인할 수 있는 일련의 지침을 두문자(頭文字) 단어(앞 글자를 조합하여 만든 단어)로 만들어 가르쳤다. 아래의 다섯 개 질문을 스스로에게 던져 보라. 곁길로 새지 않으려면, 다섯 개의 질문 모두에 "네"라고 대답해야 할 것이다.

- **Providential**(섭리) - 문이 열렸는가, 아니면 그 문을 부서뜨렸는가? 아서 블레싯이 "Yes"라고 답했을 때, 나는 그것을 섭리로 여겼다.

- **Enemy**(원수) - 사탄의 방해를 무시할 수 있는가? 사탄은 당신에게 무엇을 바라는가? 내 경우를 말하자면, 사탄은 내가 사람들을 두려워하여 아서 블레싯과의 동역을 포기하기를 바랐다. 그래서 6주 동안 머물러 달라는 부탁을 입 밖에 내지 못하게 막으려 했다.

- **Authority**(권위) - 당신이 하려는 일은 성경적인가? 성경은 어떻게 말하는가? 당신이 하고픈 일을 금하는 성경구절이 있는가?

- **Confidence**(확신) - 그 일을 하려고 생각할 때, 확신이 커지는가? 아니면 자신이 없어지는가? 이것은 매우 중요한 질문이다. 왜냐하면 당신이 확신을 잃는다면, 무언가가 잘못되고 있다는 뜻이기 때문이다. 아서 블레싯 목사에게 머물러 달라고 요청하는 순간, 나는 그처럼 용기가 솟는 것을 느껴 본 적이 없다.

- **Ease**(편안함) - 당신의 마음은 '정직함'을 외치는가? 마음은 정직함이 다스려야 하는 곳이다. 셰익스피어의 햄릿 중 한 대목을 인용하자면 "너 자신에게 정

직하라"이다. 만일 내가 아서 블레싯을 초청하는 일에 최선을 다하지 않았다면, 나는 결코 나 자신에게 떳떳하지 못했을 것이다.

"당신은 그들을 완전히 용서해야 합니다!" 이것은 내 친구 조셉 티손이 내게 던진 훈계의 말이다. 나는 그의 훈계를 받아들이기로 했고, 그것은 웨스트민스터 채플에서의 25년 사역 기간에 내가 내린 최고의 결정이었다. 이 내용은 내 책 《완전한 용서》(Total Forgiveness)의 배경이 되었다. 그 다음으로 내가 내린 훌륭한 결정이 바로 아서 블레싯을 초청한 일이다.

바울은 평화를 도모하기 위해 노력하라고 권면했다. "그러므로 우리가 화평의 일과 서로 덕을 세우는 일을 힘쓰나니"(롬 14:19). 하나님이 이끄시는 대로 행한다면, 당신은 내면의 평안을 잃지 않을 것이다.

이번 장에서 우리는 가장 알기 힘든, 그러나 매우 중요한 주제 하나를 자세히 살펴볼 것이다. 특히 하나님의 임재를 이해함에 있어서 그 민감한 주제의 중요성은 더욱 두드러진다. 그것은 다름 아닌 '인도하심'이다.

"어떻게 하나님의 뜻인지 알 수 있을까?" 이것은 지난 60년 동안 나 자신에게 끊임없이 던진 질문이다. 당신은 주위 성도들이 이같이 고백하는 것을 수없이 들어 보았을 것이다. "하나님께서 이 일을 하도록 인도하셨어요." "성령께서 이 말씀을 전하라고 하셨습니다." "하나님께서 당신에게 전할 말씀을 제게 주셨습니다."

나의 경우 주님으로부터 온 것이 확실시되던 '거룩한 자극'의 순간이 수없이 많았다. 그러나 그중에는 성령이 아닌 육신에 속한(그렇게 판명된) 자극도 많았다.

무언가를 해야 할 것 같은 압박감이 우리의 마음을 파고들 수 있다. 하지만 그것이 하나님으로부터 온 자극인지, 아닌지 어떻게 알 수 있을까? "만물보다 거짓되고 심히 부패한 것"이 우리의 마음 아닌가?(렘 17:9) 당신은 마음에 떠오르는 생각을 어떻게 신뢰할 수 있는가?

자극의 요인

자극을 일으키는 요인에는 육신, 마귀, 성령이 있다. 그런데 과연 어떻게 해야 각각을 분별할 수 있을까? 이것은 참으로 답하기 어려운 질문이다. 일평생 나는 무엇이 성령의 자극이고, 무엇이 나(육신)의 감정이며, 또 무엇이 마귀의 자극인지 분별하기 위해 애썼다. 내 일상의 기도제목 중 하나는 이것이다. "주님, 무엇이 육신의 생각이고, 마귀의 유혹인지, 무엇이 성령의 뜻인지 신속하게 감지하여 오직 성령의 자극만을 붙잡게 하소서." 매일 아침 이같이 기도한다고 해서 매 순간 내가 성령의 인도하심을 받는다는 보장은 없다. 그러므로 우리는 깨어 기도해야 한다. 특히 인도하심과 관련해서는 더욱 그렇다!

이를 위해 우리는 성경을 잘 알아야 한다. 또 건강한 신학의 기반 위에 굳건히 서 있어야 한다. 그리고 성령의 (즉흥적이고 직접적인) 음성에 열린 마음으로 반응해야 한다. 이럴 때, 우리는 비로소 깨어 있을 수 있다. 항상 정신을 가다듬고 준비태세를 갖춰야 한다.

"정신줄을 놓으면 안 돼!" 이것은 내 친한 친구가 입버릇처럼 하던 말이다. 교회 안에는 자신이 전능하신 하나님과 핫라인(직통계시)으로 교통한다고 믿는 순진한 사람들이 있다. 그동안 이러한 사람들이 내게 전해 준 '지식의 말씀'이나 '예언의 말씀'을 진지하게 받아들였다면, 나는 지금쯤 미쳤을 것이다.

좀 더 이야기해 보자. 나는 예언적인 사람으로 정평이 난 유명 인사들을 많이 알고 지냈다. 그들 중에는 지금까지 살아 있는 사람도 있고, 일찍이 소천한 사람도 있다. 나는 그들에게 예언의 말씀을 수없이 요청했다. 그런데 최고라고 손꼽히는 사람의 예언도 틀릴 때가 많았다. 때로 완전히 어긋난 경우도 있었다!

하나님께서 얼굴을 감추시는 이유 중 하나는 우리가 하나님을 너무 익숙하게 여기기 때문이다. 하나님은 우리가 익숙하게 대하는 것을 원치 않으신다. 하나님을 익숙하게 여기기는 참 쉽다. 특히 하나님께서 우리를 사용하실 때, 더욱 그렇다. 때로 우리는 하나님과 특별한 관계에 들어갔다고 착각하기 시작한다. 설교 중 강력한 기름부음을 느낄 때, 나 또한 이러한 잘못에 빠지곤 했다. 스스로 어느 정도의 궤도에 올라섰노라 자부했다. 그리고 그와 같은 기름부음이 영원히 지속될 것이라 생각했다. 하지만 결코 그렇지 않았다! 바로 그 다음 주일, 나는 기름부음을 전혀 느끼지 못했다. 설교를 망쳤다. 어찌나 부끄럽던지!

하나님은 우리에게 필요한 것을 잘 아신다. 우리는 지나치게 영적인 사람이 되어서는 안 된다. 이러한 필요를 아시기에 하나님께서는 종종 얼굴을 감추신다. 성경 말씀 중 내가 가장 흥미롭게 여기는 구절은 이것이다. "지나치게 의인이 되지도 말며 지나치게 지혜자도 되지 말라 어찌하여 스스로 패망하게 하겠느냐"(전 7:16). 만일 '하나님은 나를 가장 많이 사랑하셔'라고 생각한다면, 그분이 당신을 얼마만큼 사랑하시는지 제대로 보여 주시고자 당신 자신이 아무것도 아닌 것처럼 여겨지는 상황으로 몰아가실 것이다.

자신이 꽤나 의롭다고 생각하는가? 스스로 아주 중요한 사람이라 여기는가? 자신을 경건한 사람으로 생각하는가? 스스로 매우 영적인 사람이라고 생각하는가? 주변의 어떤 사람보다 하나님을 더 많이 사랑한다고 자부하는가?

베드로

시몬 베드로가 그랬다. 그는 다른 제자들보다 더 주님을 사랑한다고 말했다. 아니, 그들의 사랑을 다 합쳐도 자신의 사랑에 미치지 못할 것이라 확신했다. 예수님께서 제자들의 발을 씻겨 주실 때, 베드로는 이렇게 말했다. "내 발을 절대로 씻지 못하시리이다"(요 13:8). 그는 주님께 잘 보이려는 심산으로 이같이 말했다. 그의 의도는 분명했다. "저는 주님을 극도로 존경합니다! 그러므로 저처럼 늙고 보잘 것 없는 사람에게 몸을 숙이시는 일을 허락해 드릴 수 없습니다." 그러나 예수님은 이같이 답하셨다. "내가 너를 씻어 주지 아니하면 네가 나와 상관이 없느니라"(요 13:8). 그러자 베드로는 곧 태도를 바꾸었다. 하지만 그것은 여전히 예수님께 감동을 안겨 드리려는 욕심 때문이었다. "주여 내 발뿐 아니라 손과 머리도 씻어 주옵소서!"(요 13:9)

이번에도 예수님은 베드로의 허세 가득한 발언을 무시하셔야만 했다. 주님은 그가 말하는 내내 그의 눈을 응시하셨다. "주여 내가 지금은 어찌하여 따라갈 수 없나이까 주를 위하여 내 목숨을 버리겠나이다"(요 13:37). 물론 나는 이것이 베드로의 진심이었다고 생각한다. 우리도 때때로 이렇게 아뢰지 않는가?

강력한 설교, 영광스러운 찬양과 경배로 가득한 예배 중 당신은 마음에 큰 감동을 받는다. 이때 예배 인도자가 "당신은 죽기까지 예수님을 따를 수 있나요?"라며 도전한다. 이내 당신은 무릎을 꿇고 두 손을 들어 다짐한다. "네!" 그러나 얼마 지나지 않아 열정이 식으면, 우리 또한 베드로와 별반 다르지 않다. 예수님께서 그에게 말씀하셨다. "네가 나를 위하여 네 목숨을 버리겠느냐 내가 진실로 진실로 네게 이르노니 닭 울기 전에 네가 세 번 나를 부인하리라"(요 13:38). 그리고 실제로 베드로는 주님을 부인했다. 그것은 그의 생애 최악의 순간이었다. 닭 우는 소리가 그의 귓전을 때릴 때, 그는 예수님의 말씀이 생각나 통곡하였다(막 14:72).

부활하신 예수님은 이 땅에 머무시던 40일 가운데 어느 날, 물고기를 잡으러 간 베드로를 '깜짝 방문'하셨다. 베드로 곁에는 다른 제자들도 있었는데, 예수님은 베드로를 따로 지목하여 물으셨다. "네가 이 사람들보다 나를 더 사랑하느냐?"(요 21:15) 여전히 베드로는 자기가 예수님을 사랑한다고 생각했던 모양이다. "주님 그러하나이다 내가 주님을 사랑하는 줄 주님께서 아시나이다"(요 21:15). 베드로는 여전히 하나님께서 사용하실 수 없을 만큼 '자기 의'로 충만한 상태였다. 그럼에도 하나님은 그를 놀랍게 사용하셨다!

당신은 오순절 날, 베드로의 자기 의의 문제가 해결되었다고 생각할 것이다. 그날의 성령강림 사건은 베드로에게서 자기 의를 제거해낼 만큼 충분히 강력했다. 오, 그렇게 되었다면 좋았으련만! 수년 후 베드로는 또다시 자기 의를 드러냈다. 안디옥 교회에서 그는 이방인들과 즐겁게 교제하고 있었다. 그때까지는 좋았다. 하지만 예루살렘에서 온 (야고보와 함께 있었던) 유력한 유대인들이 그곳에 도착하자 베드로는 "할례자들을 두려워하여 떠나" 물러갔다(갈 2:12). 이에 바울은 분노했고, 면전에서 베드로를 호되게 질책했다(갈 2:14).

과연 우리가 자기 의의 문제를 완전히 해결할 수 있을까? 나는 불가능하다고 생각한다. '자기 의'는 누구도 길들일 수 없는 혀와 같다. 야고보 사도는 "만일 말에 실수가 없는 자라면 곧 온전한 사람이라 능히 온 몸도 굴레 씌우리라"(약 3:2)고 말했다. 과연 온전한 사람이 있는가? 당신은 온전한가? "만일 우리가 죄가 없다고 말하면 스스로 속이고 또 진리가 우리 속에 있지 아니할 것이요"(요일 1:8).

이 말씀은 내게 '격려사'와 같다. 만일 하나님께서 여전히 자기 의로 가득한 베드로를 사용하셨다면(하나님은 실제로 그렇게 하셨다), 당신과 나도 그와 같이 사용하실 것이다.

엘리야는 어떤가? 목숨의 위협을 느낀 순간, 그는 하나님 앞에서 자신의 실체를, 자기 의를 적나라하게 드러냈다. "여호와의 선지자는 나만 홀로 남았으나"(왕상 18:22). 그러나 그는 틀렸다! 그 일이 있기 전, 오바댜는 백 명의 선지자를 두 개의 동굴에 나누어 숨기고 먹을 것을 제공해 주었다(왕상 18:4). 이런데도 하나님은 엘리야를 사용하셨다. 만일 하나님께서 그를 사용하셨다면, 당신과 나도 그와 같이 사용하실 것이다.

그렇다. 하나님은 '엘리야 콤플렉스'를 지닌 사람들도 사용하실 수 있다. 물론 엘리야에게 하셨던 것처럼 징계해 가며 사용하실 것이다(왕상 19:9-18).

마음, 성품이 자리하는 곳

베드로와 엘리야는 자기 의를 내세웠다. 하나님이 보시기에 자기 의는 아주 혐오스러운 죄이다. 그러나 우리는 자기 의를 잘 분별하지 못한다. "자기 의? 글쎄, 나는 내가 항상 옳다고는 생각하지 않아!" 우리들 대부분은 이같이 말할 것이다. 과연 그런가?

욥도 마찬가지였다. 그는 자신의 문제가 자기 의라는 사실을 깨닫지 못했다. 그래서 그처럼 오랫동안 친구들과 논쟁하며 괴로워했던 것이다. 당신이 욥을 찾아갔어도 상황은 크게 다르지 않았을 것이다. 어쩌면 당신은 그에게 자기 의의 문제를 거론조차 못했을지도 모른다. 친구들이 와서 그의 마음에 비수를 꽂는다. 그리고 그의 마음 깊이 자리했던 '독'이 겉으로 드러난다. 그전까지는 누구도 욥에게 자기 의의 문제를 인식시킬 수 없었다.

당신은 자신의 마음을 신뢰할 수 있는가? 마음이 당신을 속인다는 사실을 알고 있는가? 그래서 성경은 마음(생각)을 의지하지 말라고 권면한다. "너는 마음을 다하여 여호와를 신뢰하고 네 명철(이해, 생각)을 의지하지 말라"(잠 3:5). 당신은 자신의 마음을 의지할 것이 아니라, 그 마음을 다해 여호와를 의지해야 한다. 자신을 전적으로 주님께 맡기고, 끊임없이 주님께 기대려고 노력해야 한다는 뜻이다.

히스기야의 경우처럼, 하나님은 우리의 마음을 살피고 테스트하시려고 우리를 방치해 두신다(대하 32:31). 물론 하나님은 히스기야의 마음을 낱낱이 알고 계셨다. 그의 마음속 생각에 대한 새로운 정보를 얻고자 그같이 하신 것이 아니다. 하나님께서 우리를 테스트하시는 이유는 따로 있다. 그것은 바로 우리 스스로 마음속의 죄악을 깨닫도록 하시기 위해서이다.

하나님의 테스트가 진행되는 동안(하나님이 멀리 계신 것처럼 느껴질 때), 우리는 자신의 마음속 죄악을 살피기 시작한다. 그러므로 하나님께서 히스기야에게 주신 시험은 그의 유익을 위한 것이었다. 하나님은 이미 우리의 마음속에 무엇이 들어 있는지 알고 계신다. 그럼에도 우리를 시험하시는 이유는 우리로 하여금 내면을 올바로 보게 하시기 위해서이다.

예수님은 자신에게 매료된 군중을 의지하지 않으셨다. "예수는 그의 몸을 그들에게 의탁하지 아니하셨으니 이는 친히 모든 사람을 아심이요 또 사람에 대하여 누구의 증언도 받으실 필요가 없었으니 이는 그가 친히 사람의 속에 있는 것을 아셨음이니라"(요 2:24-25). 이러한 이유로 예수님은 사람의 칭찬에 현혹되지도, 사람에게 헛된 기대를 걸지도 않으셨다. 파이오니아 미니스트리의 창시자인 제럴드 코츠가 말했다. "처음부터 예수님은 우리에게 헛된 기대를 걸지 않으셨다. 하나님은 어떤 일에도 놀라지 않으신다."

지금 당신은 무언가를 하고픈 자극을 받는가? 그 자극이 하나님으로부터 왔는가? 어쩌면 그럴지도 모른다. 그러나 만일 그것이 육신의 자극이거나 자신의 생각이라면, 혹은 마귀가 준 자극이라면 어떻게 하겠는가? 사탄은 빛의 천사로도 가장할 수 있다(고후 11:14). 이 사실을 절대 잊지 말라.

자, 다시 한 번 묻겠다. 당신은 자신의 마음을 신뢰할 수 있는가? 어떤 경우에도 이 부분과 관련해서 실수하지 않도록 주의하라!

예수님 이전, 세상에서 가장 위대한 사람이라고 할 수 있는 모세의 경우를 살펴보자. 그에게는 하나님으로부터 오는 자극을 분별하기 위해 특별한 가르침이 필요했다. 마흔 살이 되었을 때, 그는 자신의 때가 이르렀다고 생각했다. 무언가를 하고픈 자극을 느낀 것이다. 스데반의 설명에 의하면, 모세는 마흔 살 되던 해에 동족을 돌보고자 하는 자극을 느꼈다. "나이가 사십이 되매 그 형제 이스라엘 자손을 돌볼 생각이 나더니"(행 7:23).

성장하는 동안 모세는 자신이 히브리인임을 알게 되었다. 어떻게 알

앉을까? 누가 알려 줬을까? 일단, 그는 태어난 지 8일 만에 할례를 받았을 것이므로, 또래의 애굽 아이들과 다른 자신의 몸을 보며 정체성의 혼란을 겪었을 것이다. 그의 눈앞에서 히브리인들이 애굽 사람에게 매맞을 때마다 그는 무척 괴로웠을 것이다. 그것을 모른 척 떨쳐 내거나 자신의 감정을 억누른 채 아무렇지 않은 듯 살고 싶었겠지만, 그는 마음속의 고통을 떨쳐내지도 못하고 자신의 감정을 억누르지도 못했다. 바로 그 자리에서 그의 '강직한 성격'이 발동한 것이다.

인간의 마음과 관련하여 재미있지만, 마냥 웃고 넘길 수 없는 충격적인 사실이 있다. 그것은 우리의 마음에는 정직하고 올곧은 성품이 뿌리내릴 수도 있지만, 바로 그 자리에 거짓과 기만이 자리할 수도 있다는 것이다. 마틴 로이드 존스가 말했다. "우리의 마음은 '성품이 자리하는 곳'이다." 성경도 이와 동일한 말씀을 전한다. "대저 그 마음의 생각이 어떠하면 그 위인도 그러한즉"(잠 23:7). "네 마음을 바른 길로 인도할지니라"(잠 23:19). "모든 지킬 만한 것 중에 더욱 네 마음을 지키라 생명의 근원이 이에서 남이니라"(잠 4:23).

양심은 하나님께서 모든 사람에게 주신 선물인데, 양심이 자리한 곳이 바로 마음이다. 감정 또한 마음에서 발생한다. 자극(동기부여) 역시 마음에 뿌리내린다. 선한 감정은 물론 악한 감정(이를테면 시기와 질투)도 마찬가지이다. 예수님께서 말씀하셨다. "입에서 나오는 것들은 마음에서 나오나니 이것이야말로 사람을 더럽게 하느니라 마음에서 나오는 것은 악한 생각과 살인과 간음과 음란과 도둑질과 거짓 증언과 비방이니"(마 15:18-19). 그래서 성경은 우리를 향해 "마음을 다하고 (목숨을 다하고) 뜻을 다하고 힘을 다하여 네 하나님 여호와를 사랑하라"고 명령한다(신 6:5, 마 22:37).

당신은 자신의 마음을 얼마나 신뢰하는가? 성경은 "마음을 다하여 여호와를 신뢰하고 네 명철을 의지하지 말라"고 명령한다(잠 3:5). 이 말은 자신의 이해(명철)와 제한적인 지식을 의지하지 말라는 금령일 뿐 아니라 마음의 '속임수'에 넘어가지 말라는 경고이기도 하다. 당신은 마음을 신뢰하는가?

"네 마음을 지키라"(잠 4:23)는 명령이 가능한 까닭은 우리 존재의 일부분(이것을 '생각'이라 불러도 좋고 '의지'라 불러도 좋다)이 높이 올라가 마음을 살피고 객관적으로 평가할 수 있기 때문이다. 이처럼 생각 또는 의지가 마음을 지켜 확보한 객관적 평가 덕분에 감정은 판단의 자리에서 내려온다. 바울은 다음의 말로 이 사실을 이야기했다. "내가 자책할 아무것도 깨닫지 못하나"(고전 4:4).

하지만 이어서 다음과 같이 덧붙였다. "이로 말미암아 의롭다 함을 얻지 못하노라"(고전 4:4). 자신의 양심은 깨끗하지만, 그것으로는 스스로 의롭다고 평가할 수 없다는 뜻이다. 우리를 판단하실 분은 하나님이다. 마지막 때에 하나님은 "어둠에 감추인 것들을 드러내고 마음의 뜻을 나타내실" 것이다(고전 4:5). 그렇기 때문에 바울은 심지어 자기 자신도 판단하지 않겠노라 말했다. 우리에게는 애초부터 다양한 의견과 생각을 실수 없이 판단할 만한 능력이 없다. 오직 하나님만이 무오한 판단을 내리실 수 있다.

예레미야 17장 9절

마음으로 무언가를 느낄 때, 당신은 어떻게 하는가? 그 느낌을 신뢰할 수 있는가? 가장 안전한 답은 "매우, 매우 신중해야 한다"이다. 그 느낌이 옳을 수도 있고, 그를 수도 있기 때문이다.

당대에 홀로 하나님 앞에 서 있다가 동족에게 배신자로 내몰렸던 예레미야는 자신의 마음을 신뢰해선 안 된다는 사실을 깨달았다. 예레미야 17장 9절의 다양한 번역을 살펴보자.

만물보다 거짓되고 심히 부패한 것은 마음이라 누가 능히 이를 알리요마는

마음은 모든 것 위에 더욱 거짓되고 매우 사악하다. 그러니 누가 마음을 알 수 있겠는가? (KJV)

마음은 만물보다 거짓되다. 치료할 수 없을 정도이다. 그러니 누가 마음을 이해할 수 있겠는가? (NIV)

인간의 마음은 가장 거짓되고 심히 사악하다. 그러니 마음이 얼마나 나쁜지, 누가 알겠는가? (NLT)

어떤 생각이나 감동이 마음에 찾아올 때, 그것이 하나님으로부터 온

것임을 어떻게 알 수 있을까? 예레미야는 어떻게 분별할 수 있었을까? 이 것은 대답하기 쉽지 않은 질문이다. 우리는 역사와 성경의 기록을 보며 예레미야의 예언과 그가 받았던 감동이 옳았음을 안다. 그의 예언대로 이뤄졌기 때문이다. 그의 예언은 하나님으로부터 온 것이 확실한데, 왜 당대에는 그의 말에 동조하는 사람이 없었을까? 왜 예레미야 혼자만 그 감동을 붙들고 서 있었을까? 당연한 말이겠지만, 오직 예레미야만이 하나님의 말씀에 목숨을 걸고자 했기 때문이다. 그는 실제로 그렇게 했다!

당신에게 한 가지 묻겠다. 당신은 자신이 받은 자극을 붙잡고 끝까지 가볼 의향이 있는가? 만일 이 질문에 "아니요"라고 대답했다면, 당신은 그 자극의 출처가 과연 성령님이 맞는지 심각하게 따져 봐야 할 것이다.

모세

모세는 자신의 정체성을 행동으로 옮기기까지 40년을 기다렸다. 그리고 그의 마음에 동족을 돌보고자 하는 자극을 받았다. "나이가 사십이 되매 그 형제 이스라엘 자손을 돌볼 생각이 나더니"(행 7:23). 이것은 하나님께서 주신 자극이었는가? 그렇다. 그렇다면, 이후 모세의 모든 행동은 성령의 인도하심을 따른 것이었는가? 아니다.

동족을 돌보려는 마음이 들었을 때, 모세는 어떤 생각을 했을까? 히브리 민족의 영웅이 되리라 상상했을까? 자신이 앞장서면 사람들이 우르르 따르며 "만세! 마침내 하나님께서 우리를 풀어 주려고 구원자를 보내셨다!"고 외치리라 예상했을까? 이처럼 동족의 확고한 지지를 얻으리라 생각했을까? 바로의 궁을 박차고 나가 히브리인과 동고동락하면, 그 모든 백성이 고마워하며 자신의 발 앞에 엎드릴 것이라 예상했을까?

모세는 바로의 아들로서 세상의 정상에서 군림하며 호화롭게 살아갈 수 있지 않았을까? 앞으로도 계속 그렇게 살 수 있었을 테니, 백성을 위해 부와 명예를 포기할 경우 백성의 환호를 기대할 만하지 않은가? 동족을 위해 안락한 삶까지 포기하는데, 그들이 모세의 관대함을 고마워해야 옳지 않은가?

하지만 일은 그의 예상대로 진행되지 않았다. 하루는 그가 이스라엘 사람들의 노동 현장을 방문했다. 바로가 그들에게 고된 노동을 시켰기 때문에 그들은 무자비하게 학대당하며 고통스러운 삶을 살았다(출 1:14). 모세는 동족이 지고 있던 무거운 짐과 그들이 당하던 극심한 고통을 목격했다.

바로 그때였다. 그의 눈앞에서 한 애굽 사람이 자신의 동족을 학대하는 것 아닌가? 모세는 주위를 살폈다. 이제 곧 자신이 취할 행동이 발각되지 않기를 바라서였다. 주위에 아무도 없음을 확인한 모세는 그 애굽 사람을 죽였다(출 2:12). 비밀리에(적어도 그는 그렇게 생각했다) 사람을 죽인 것이다. 그의 마음에 파고든 '하나님의 자극'이 결국 '재앙'으로 탈바꿈해 버렸다.

다음 날, 모세는 또다시 히브리인들을 찾아갔다. 이번에는 히브리인 두 명이 심하게 다투는 것을 보았다. 모세는 두 사람 중 잘못한 이에게 말했다. "네가 어찌하여 동포를 치느냐"(출 2:13). 그러자 그가 모세에게 대꾸했다. "누가 너를 우리를 다스리는 자와 재판관으로 삼았느냐 네가 애굽 사람을 죽인 것처럼 나도 죽이려느냐"(출 2:14).

오, 세상에나! 모세의 온몸이 심하게 떨렸다. 전날 애굽 사람을 살해한 일이 발각된 것이다(출 2:14). 이것은 그가 예상한 시나리오가 아니었다. 그가 가장 두려워한 것은 자신의 살해 행각이 왕궁에 알려지는 일이었다. 그리고 실제로 그렇게 되었다. 이제 바로는 모세의 목숨을 노리게 되었다. 쉽게 말해, 이 일로 모세는 바로의 원수가 된 것이다. 모세는 왕궁으로 돌아갈 수 없었다. 그날 이후 그는 도망자 신세가 되었다.

동족을 돌보려는 마음이 생겼을 때, 모세는 어떤 생각을 했을까? 스데반은 이렇게 말하였다. "그는 그의 형제들이 하나님께서 자기의 손을 통하여 구원해 주시는 것을 깨달으리라고 생각하였으나"(행 7:25). 킹제임스성경은 이 구절을 다음과 같이 번역하였다. "그는 그의 형제들이 하나님께서 어떤 식으로든 자기의 손을 통해 구원해 주실 것을 이해했으리라고 생각하였으나." 모세는 이스라엘 사람들이 자신을 구원자로 여기리라 확신했던 모양이다.

그러나 사태는 그의 예상과 달랐다. 이 모든 참사는 모세가 느낀 자극에서 시작되었다. 그것은 거룩한 자극이었을까? 그렇다. 그러면 모세는 성령의 인도하심을 따랐는가? 아니다.

섭리의 신비

이외에도 모세가 동족을 돌보고자 했던 또 다른 이유가 있었을까?

그렇다. 히브리서 기자는 다음과 같이 설명했다. "이는 상 주심을 바라봄이라." 그렇다면, 그의 마음에 찾아든 생각은 출애굽기에서는 볼 수 없었던 또 다른 자극이었다. 히브리서의 기자는 모세의 동기에 대해 이같이 밝혔다. "믿음으로 모세는 장성하여 바로의 공주의 아들이라 칭함 받기를 거절하고 도리어 하나님의 백성과 함께 고난 받기를 잠시 죄악의 낙을 누리는 것보다 더 좋아하고 그리스도를 위하여 받는 수모를 애굽의 모든 보화보다 더 큰 재물로 여겼으니 이는 상 주심을 바라봄이라"(히 11:24-26).

모세는 충성심과 강직한 성품에 자신을 맡겼다. 그는 기꺼이 모든 것을 버리기로 마음먹었다. 이 말은 버려선 안 되는 것까지도 대의를 위해 희생하려 했다는 뜻이다! 그는 결국에는 자신의 선택이 옳았음을 인정받고 상급을 받게 되리라 확신했다. 그래서 결코 후회하지 않으리라는 것도 알고 있었다.

그가 애굽 사람을 살해한 일을 생각해 보자. 그것은 출발 신호보다 앞서 스타트를 끊은 부정 출발이었는가? 그렇다. 그러나 그 사건 이후 모세의 삶에 일어난 모든 일을 생각해 보라. 그 기저에는 자기 동족을 보살피려는 '거룩한 동기'가 깔려 있었다. 물론 모세가 행한 일이 모두 다 거룩했다고는 할 수 없다. 그러나 그 모든 일에 하나님의 섭리가 스며 있었다는 것은 부인할 수 없다. 나는 이것을 '섭리의 신비'라고 말한다. 하나님께서 모세에게 허락하신 일들의 면면을 살펴보면, 그 모든 것이 모세에게 필요한 '준비과정'이었음을 알 수 있다. 즉, 모세를 준비시키기 위해 하나님이 직접 고안하신 교육 방법이었던 것이다.

젊은 시절, 모세는 애굽의 학문을 통달하였기에 이미 말과 행동에 능했다(행 7:22). 외적인 능력만 따진다면, 그는 이스라엘을 인도하고도 남을 정도였다. 그러나 그에게는 무언가가 빠져 있었다. 애굽의 학식보다, 뛰어난 언변보다, 탁월한 업무능력보다 더 중요한 무언가가 필요했다. 그렇다. 모세에게는 '영적인 준비'가 필요했다. 이에 하나님께서는 그를 성령 학교에 입학시키셨다. 모세는 그 학교의 커리큘럼대로 40년간 애굽의 지식과는 다른, 전혀 새로운 지식을 습득해야 했다. 이것이 하나님의 신비로운 섭리가 아니고 무엇이겠는가?

18세기 찬송 작사가인 윌리엄 쿠퍼(1731-1800)는 자신의 찬송시 '주 하나님 크신 능력'에서 하나님이 일하시는 신비로운 방법을 다음과 같이 노래했다.

주 하나님 크신 능력 참 신기하도다
바다와 폭풍 가운데 주 운행하시네

참 슬기로운 그 솜씨 다 측량 못하네
주님 계획한 그 뜻은 다 이뤄지도다

요나단

거룩한 자극을 받아 행동에 옮긴 사람을 한 명 더 꼽자면, 사울의 아들 요나단이 있다. 그는 블레셋과의 전쟁 중 승리할 수 있다는 확신에 사로잡혔다.

당시 블레셋의 위협은 이스라엘에 큰 고통을 안겼다. 부끄럽게도 그들은 블레셋이 무서워 떨며 동굴과 바위틈에 숨어 지냈다. "이스라엘 사람들이 위급함을 보고 절박하여 굴과 수풀과 바위틈과 은밀한 곳과 웅덩이에 숨으며"(삼상 13:6). 사울을 따르던 군인들도 두려워 떨긴 마찬가지였다. "그를 따른 모든 백성은 떨더라"(삼상 13:7).

그러나 요나단은 위협에 굴하지 않았다. 당시 그의 마음에 한 가지 아이디어가 떠올랐는데, 그는 아버지에게 자신의 생각을 말하지 않고 곁에 선 호위병에게만 알렸다. "우리가 건너편 블레셋 사람들의 부대로 건너가자 … 이 할례 받지 않은 자들에게로 건너가자 여호와께서 우리를 위하여 일하실까 하노라 여호와의 구원은 사람이 많고 적음에 달리지 아니하였느니라"(삼상 14:1, 6). 그러자 신하는 이렇게 대답했다. "당신의 마음에 있는 대로 다 행하여 앞서 가소서"(삼상 14:7).

그러자 요나단은 오래전 기드온이 '양털'을 꺼내 놓았던 것처럼, 이같이 말했다. "보라 우리가 그 사람들에게로 건너가서 그들에게 보이리니 그들이 만일 우리에게 이르기를 우리가 너희에게로 가기를 기다리라 하면 우리는 우리가 있는 곳에 가만히 서서 그들에게로 올라가지 말 것이요 그들이 만일 말하기를 우리에게로 올라오라 하면 우리가 올라갈 것은 여호와께서 그들을 우리 손에 넘기셨음이니 이것이 우리에게 표징이 되리라"(삼상 14:8-10).

요나단의 계획은 적중했다. 요나단과 그의 호위병이 블레셋 군영에 모습을 드러내자 블레셋 군인들이 말했다. "보라 히브리 사람이 그들이 숨었던 구멍에서 나온다 … 우리에게로 올라오라 너희에게 보여 줄 것이 있느니라"(삼상 14:11-12). 요나단은 호위병과 함께 블레셋 군인들에게로 올라가 그들과 싸웠다. 대략 20명에 달하는 블레셋 군인들이 요나단 앞에서 엎드러졌다. 기습의 여파는 대단했다. "들에 있는 (블레셋) 진영과 모든 백성들이 공포에 떨었고 부대와 노략꾼들도 떨었으며 땅도 진동하였으니 이는 큰 떨림이었더라"(삼상 14:15, NIV는 '큰 떨림'을 '하나님이 보내신 공포'로 번역했다 – 역자 주). 이후 사울 왕이 자신의 군대를 모아 전장으로 올라갔다. 당시 블레셋 군인들은 큰 혼란에 빠져 서로를 칼로 찌르기 시작했다(삼상 14:20). 한 마디로 요약하면, "그날 하나님께서 이스라엘을 구원하셨다"(삼상 14:23).

이 큰 승리는 거룩한 자극에서 시작되었다. 요나단의 마음에는 하나님께서 이스라엘에게 승리를 주시리라는 확신이 가득했다.

오늘날에도 하나님께서는 거룩한 자극을 주시는가? 때때로 그렇다! 매일은 아닐 수 있겠지만, 오늘날에도 주신다.

마음을 지켜라. 우리의 마음이 거짓되고 부패했다는 사실을 절대 잊지 말라. 이 사실을 잊는다면, 우리는 참으로 어리석은 사람이다. 무엇보다 거룩한 자극을 따라 성공하고 싶다면, 더더욱 이 사실을 마음에 새겨라.

거룩한 자극과 거룩하지 않은 자극

랍비 데이비드 로젠 경과 나는 《기독교인과 바리새인》(The Christian and

the Pharisee)이라는 책을 공동 집필했는데, 이것은 어느 날 아침에 하나님과 시간을 보내던 중 느낀 자극 때문이었다. 나는 데이비드와 '서신을 주고받는 형태'의 책을 쓰는 것이 좋겠다는 생각을 했다. 그리고 데이비드에게 이를 권하고픈 자극을 느꼈다.

내가 데이비드를 만난 것은 전직 캔터베리 주교인 캐리 경, 대성당 참사원인 앤드류 화이트, 그리고 이스라엘 전 대통령 시몬 페레스가 주최한 '알렉산드리아 평화협상'에서였다(알렉산드리아 평화협상은 기독교, 유대교, 이슬람교의 지도자들이 이스라엘에 모여 진행한 '종교 간의 대화'이다 – 역자 주). 행사 기간 중 데이비드와 나는 예루살렘의 호텔에서 아침식사를 하기로 되어 있었다. 그때 나는 그에게 책을 쓸 것을 제안했다. 책에서 나는 예수님이 이스라엘의 메시아임을 말해 주는 성경적 근거를 제시할 것이고, 이에 대해 얼마든지 원하는 대로 답변하면 될 것이라고 말해 주었다. "지금 당장 결정하지 않으셔도 됩니다. 다만 한 번 생각해 보시라는 말씀입니다." 하지만 그는 그 즉시 대답했다. "좋습니다." 그래서 우리는 그 책을 함께 집필했다.

책은 내 기대와 달리 베스트셀러가 되지는 못했다. 하지만 대서양을 사이에 둔 두 대륙에서 출판되었고, 유대-크리스천들은 대체적으로 이 책을 반겼다. 그러나 나는 그것으로 만족할 수 없었다. 이 책을 통해 유대교인들 중 단 몇 사람이라도 구원받게 되기를 소망했기 때문이다. 내가 아는 바로는 아직까지 그런 일은 일어나지 않았다. 그러나 전설적인 야구선수 요기 베라가 말했듯이 "끝날 때까지는 끝난 것이 아니다!"[1)]

그 책은 '거룩한 자극'으로 시작되었다. 그러나 책이 출판된 후 나는 또 다른 자극을 느꼈다. 그것은 매우 큰 자극이었는데, 결국 거룩하지 않은 자극으로 드러났다.

《기독교인과 바리새인》을 읽은 독자의 리뷰가 발단이 되었다. 그의 리뷰 말미에는 무슬림까지 포함하여 새로운 책을 집필해 달라는 부탁이 담겨 있었다. 나는 그의 리뷰에 푹 빠졌다. 그래서 새 책을 집필하기로 마음먹었다. 내 마음에 떠오른 책의 주제는 '유대인, 크리스천, 팔레스타인 사람 중 예루살렘에 대한 권리는 누구에게 있는가?'였다. 데이비드는 유대인의 입장을 대변하기로 했다. 나는 예루살렘의 교회 리더들이 정보를 준다는 전제로, 크리스천의 입장을 대변하기로 했다.

나는 두루 존경받는 팔레스타인 해방기구 사무총장 겸 평화협상 대표 사에브 에레카트 박사에게 무슬림의 입장을 대변해 달라고 요청했다. 그는 공동 집필 제안에는 거절했지만, 책의 서문은 써주겠다고 했다. 나는 예루살렘에 있는 교회의 리더들을 만나 인터뷰하느라 많은 시간을 보냈다. 내가 인터뷰한 교회 리더에는 러시아 정교회, 시리아 정교회, 아르메니아 정교회, 그리스 정교회, 성공회, 로마 가톨릭 리더들도 포함되었다. 인터뷰를 통해 나는 많은 것을 배웠다.

이제 남은 것은 무슬림 리더를 찾는 일이었다. 가장 유력한 무슬림 리더를 공동 집필자로 초대하기 위해 나는 이집트로 향했다. 다행히도 몇몇 유력한 후보들과 연락이 닿았다. 처음에는 그럭저럭 상황이 괜찮게 돌아가는 것 같았다. 나는 카이로로 가는 내내 이슬람 종법 권위자와 만날 수 있으리라 예상했다. 그러나 내 모든 노력은 막다른 골목에 다다랐다. 처음에는 그들로부터 긍정적인 답을 전해 들었지만, 결국 그들 모두가 이렇게 최종 답변을 건넸다. "안 되겠습니다."

나는 내가 받은 자극이 하나님으로부터 온 것이 아님을 인정해야 했다. 당시에는 웅장하고 숭고한 아이디어 같아서 좋아갔는데, 그것은 그저 '웅장해 보이는 아이디어' 그 이상도, 이하도 아니었다.

누군가는 이렇게 말할 것이다. "어쨌든 당신은 무언가에 이끌려 책을 쓰려고 하지 않았습니까? 자극 자체는 문제가 없습니다. 무슬림 지도자들이 집필 제안을 거절한 것이 문제이지요." 어쩌면 이 말이 맞을지도 모르겠다. 그러나 예루살렘의 교회 리더들과 진행한 인터뷰도 녹록치 않았다. 사실, 어떤 과정도 자연스럽지 않았다. 이 일을 위해 나는 많은 시간과 돈을 투자했다. 이러한 모험 자체는 결코 해롭지 않다. 그러나 돌이켜 보니, 하나님께서 허락하시지도 않은 일을 목표로 삼고 거세게 밀어붙인 꼴이다. 결국, 이 사실을 깨닫게 되었다.

처음에 긍정적인 반응을 보이던 무슬림 지도자들을 한 명 한 명 찾아다닐 때만 해도 희망이 보이는 듯했다. 그러나 결국 그들 모두 나를 실망시켰다. 무슬림 고위 지도자 중 공동 집필에 응한 사람은 한 명도 없었다. 해야 할 말이 한 가지 더 있는데, 나는 그들 중 몇몇과 인터뷰할 때, 설교자이자 사역자인 존 폴 잭슨을 대동했다. 당시 존은 나에게 이렇게 경고했다. "목사님의 자아는 지금 목사님을 정치 영역으로 몰고 갑니다. 그러나 지금 성령께서는 목사님이 '구원'에 집중하기를 원하십니다." 나는 그의 경고를 듣고 마음을 접었다. 중동지역의 정치 문제는 물론 국내의 정치 문제에도 관심을 갖지 않기로 결심했다. 그때의 자극으로 시작된 여정이 새로운 책의 출판으로 이어지지 않은 것은 참으로 다행스러운 일이다.

랍비 데이비드 로젠과 《기독교인과 바리새인》을 집필했을 때 내가 받았던 자극과 두 번째 책을 집필하려 했을 때 받았던 자극의 차이는 무엇인가? 처음에는 어떤 차이도 느끼지 못했다. 그러므로 우리는 감정을 테스트해 봐야 한다. 이 장의 앞부분에 소개한 PEACE를 기억하라. 어떤 것이 하나님의 자극인가? 이를 확실히 알 수 있는 방법은 무엇인가? 만일 하나님께로부터 온 자극이라면, 당신은 그것을 실행에 옮기기 위해 굳이 법석을 피우지 않아도 된다. 하나님이 주신 자극은 우리를 평안으로 인도하기 때문이다.

삶의 커다란 전환점

지금부터 내가 하려는 이야기는 독자들이 받아들이지 못할 수도 있다. 혹여 그렇다고 해도 나는 그것을 충분히 이해한다. 이제 소개하려는 이야기는 오래전 내게 일어났던 일에 관한 것이다. 1970년 6월, 아내와 나는 콜로라도 덴버에서 열린 남침례교 컨퍼런스에 참석했다. 나는 아내와 나란히 앉아 있었는데, 갑자기 내 마음속에서 강력한 자극이 일어났다. 그 순간 성경을 펼치고 싶었다.

나는 트레베카 대학에서 학위를 끝마치지 않은 것을 아주 오랫동안 고민했다. '이제 결정해야만 해. 다시 학교로 돌아가 학사 과정을 마치든지, 아니면 포기하고 영원히 잊든지 해야지.'

내가 처한 딜레마는 이것이다. 당시 나는 책임져야 할 가정이 있었고, 나이도 서른다섯이나 되어서 다시 학교에 다닌다는 것이 무척 부담스러웠다. 게다가 포트 로더데일 교회에서의 사역도 만족스러웠다. 하지만 사역자들 대다수가 학위를 갖고 있는 반면, 나에게는 학위가 없었다. 이 점이 매우 불편했다.

교회 사역을 포기하고 학부를 마쳐야 하는가? 이후에는 신학대학원에 가야 하는가? 그렇게 결정하면, 적어도 향후 5년간 나는 전임 사역 근처에는 얼씬도 못 한다. 즉, 마흔 살이 되기까지는 사역에 헌신할 수 없다. 나는 40이라는 숫자를 묵상했다. '마흔, 다시 전임 사역을 하기까지 5년을 기다려야 하다니, 이것이 내가 진심으로 원하는 일일까?'

나는 복음을 알고 있고, 설교 경험이 많으며, 하나님의 말씀을 잘 알고 있었다. '이런데도 내게 교육이 더 필요한가? 학교에 가면 내게 부족한 것들을 배울 수 있을까?' 솔직히 회의적인 생각이 들었다. 게다가 로더데일의 침례교회 사역에 잘 적응하고 있었으니, 학교로 돌아가는 일은 매우 큰 부담일 뿐 아니라 그야말로 소용없는 짓처럼 느껴지기까지 했다. '지금 내 삶은 매우 안정적이야. 그런데 학교로 돌아가면 어떻게 될까?' '40살이 되어 학위를 얻는다고 하자. 그때 내가 이 선택을 후회한다면 어쩌지?'

그러나 이상하게도 내 마음은 학업을 선택하는 쪽으로 기울었다. '그래, 학업을 선택한 일을 기뻐하게 될 거야!' 나는 확신했다. 그러나 주님으로부터 명확한 말씀을 듣고 싶었다. 내겐 주님이 주시는 확신이 필요했다. 왜냐하면 학업을 선택할 경우, 트레베카 대학에서 학사 과정을 마무리하기 위해 포트 로더데일을 떠나 내슈빌로 이주해야 했기 때문이다. 어디 그뿐인가? 이후에는 남침례 신학교에서 목회학 석사 과정을 밟기 위해 켄터키 루이빌로 이주했다가, 결국 영국으로 건너가야 했다. 참으로 큰 결정이었다.

나는 계속 '하나님께서 한 마디라도 말씀해 주시면 좋겠는데'라고 생각했다. 하나님께서는 전에도 중대한 결정을 앞둔 내게 '확신의 말씀'을 주셨다. 따라서 이번에도 하나님께서 기꺼이 말씀해 주실 것이라는 생각이 들었다.

내 앞에 놓인 조그마한 신약성경을 펼치고픈 자극은 더더욱 강해졌다. 이쯤에서 독자들에게 경고하는데, 무언가를 결정하기 위해 성경을 펴고 몇몇 구절을 읽는 일은 바람직하지 않다. 이것은 매우 조심해야 할 일이다. 평상시라면 이렇게 하지도 않았을 것이다. 나는 이렇게 하는 것을 결코 권하지 않는다. 하지만 그날은 무슨 이유에서인지 그 자극을 따라가 보기로 결심했다.

내가 주님께 구한 것은 한 가지였다. "주님, 제 눈에 들어오는 성경구절이 구체적이고 확실하고 결정적이길 원합니다." 이내 심장은 두근거리기 시작했다. 그러나 평안했다. 이유는 알 수 없지만, 나는 이제 곧 펼쳐볼 말씀을 통해 내 미래가 환히 드러날 것임을 직감했다.

그렇게 나는 성경책을 펼쳤다. 당시 내 눈에 들어온 구절은 이것이었다. "모세가 애굽 사람의 모든 지혜를 배워 그의 말과 하는 일들이 능하더라 나이가 사십이 되매 그 형제 이스라엘 자손을 돌볼 생각이 나더니"(행 7:22-23).

이 구절만큼 당시 내가 품었던 마음속 열정에 딱 들어맞는 말씀이 또 있을까? 그 말씀을 보는 순간, 모든 것이 제자리를 찾는 느낌이었다. 훗날 영국에 와서 배운 표현으로 그때의 심정을 표현한다면, 한 마디로 말문이 턱 막혔다!

나는 고개를 돌려 루이스를 한참 쳐다보았다. "왜요?" 그리고 방금 어떤 일이 일어났는지 설명했다. 그 자리에서 우리 부부는 포트 로더데일의 교회를 사임하기로 결정했다. 나는 학교로 돌아갔고, 후회는 없었다.

The Presence of God

CHAPTER 5

성령의 리더십에 의문을 품다

성령의 감동으로 (시므온이) 성전에 들어가매 _눅 2:27

성령이 아시아에서 말씀을 전하지 못하게 하시거늘 그들이(바울과 동행자들이) 브루기아와 갈라디아 땅으로 다녀가 무시아 앞에 이르러 비두니아로 가고자 애쓰되 예수의 영이 허락하지 아니하시는지라 _행 16:6-7

보라 이제 나는(바울은) 성령에 매여 예루살렘으로 가는데 거기서 무슨 일을 당할지 알지 못하노라 오직 성령이 각 성에서 내게 증언하여 결박과 환난이 나를 기다린다 하시나 _행 20:22-23

그 제자들이 성령의 감동으로 바울더러 예루살렘에 들어가지 말라 하더라 _행 21:4

CHAPTER 5

성령의 리더십에 의문을 품다

하나님의 임재와 성령의 임재는 동일하다. 그런데 성령께서 임하셨는데도 사람들이 느끼지 못할 때가 많다. 하나님의 임재를 감각할 때, 우리는 그것을 '명백한 임재'라고 말한다. 우리가 체험하기 원하는 임재는 명백한 임재이다. 하나님의 임재는 거룩한 자극으로 나타날 수 있다. 내가 데이비드 로젠에게 공동 집필을 요청하게 된 것도 그러한 자극을 느꼈기 때문이다. 물론 두 번째 책을 쓰려고 했던 이유 역시 결국은 자극이었다. 왜냐하면 거룩한 자극을 느꼈다고 착각했기 때문이다.

거룩한 자극과 성령의 인도하심은 어떻게 다른가? 객관적으로 보면, 그 둘은 같다. 하지만 주관적으로 본다면, 그 둘이 꼭 같다고 말할 수는 없다. 객관성은 사실에 의존한다. 반면 주관성은 느낌이나 인식에 의존한다. 하나님의 인도하심을 느낀다고 말하기 전, 우리는 이에 연관된 수많은 요소를 고려해야 한다. 그리고 성령께서 실제로 하신 말씀과 우리가 바라거나 사실이길 소망하는 것을 구분해야 한다. 성령은 분명하게 말씀하신다. 그러나 우리의 마음(생각)이 어두울 경우, 명백한 하나님의 말씀을 놓쳐 버리기 쉽다. 그러므로 진리(사실)를 원한다면, 일단 주관성을 내려놓고 객관성부터 붙잡아야 한다.

예를 들어, 나는 주관적으로 앞에서 언급한 두 번째 책을 써야 한다고 느꼈다. 그러나 객관적으로는 이렇게 결론 내려야 했다. "나는 성령의 인도를 따르고 있지 않다." 이것을 어떻게 아는가? 일이 제대로 돌아가지 않았기 때문이다. 나는 두 번째 책에 대한 확신을 점점 잃고 있었다. 그리고 결국 집필을 포기했다. 부끄럽지만, 나는 성령의 인도하심을 따르지 않았다는 사실도 인정해야 했다.

때로는 객관성을 견지하기가 참 어렵다. 특히 어떤 일에 확고한 느낌이나 강력한 의지를 갖게 될 때 더더욱 그렇다. 본래 우리는 자신의 의견과 느낌이 옳다고 생각하는 존재이다. 언제나 그렇듯, 문제는 교만이다. 그러므로 우리는 진리를 붙들기 위해 어느 한쪽에도 치우치지 않아야 하며, 중립을 지켜야 하고, 자아로부터 거리를 두어야 한다. 심지어 다른 사람의 신랄한 비판까지 겸허하게 받아들여야 한다. 아니, 비판해 달라고 요구해야 한다. 바꾸어 말하면, 내가 언제든 틀릴 수 있다는 점을 기꺼이 인정해야 한다. 이것은 자신을 낮춰야 가능한 일이다.

당신은 하나님의 임재를 원하는가? 자신이 잘못했고 일을 그르쳤음을 기꺼이 인정하기까지, 하나님의 임재를 갈망하겠는가? 참된 하나님의 임재가 당신에게는 얼마나 중요한가? 당신은 자신의 그름을 인정하면서까지 그분의 영광을 갈망하겠는가? 아니면 어떻게는 자신의 옳음을 입증하겠는가?

　이 책은 하나님의 임재에 대해 알려 줄 뿐 아니라 우리가 그 임재 안으로 들어갈 때 어떤 일이 일어나는지도 알려 준다. 나는 이 책을 읽은 독자들이 이 세상 그 무엇보다 하나님의 임재를 더욱 갈망하게 되길 기대한다. 우리는 이 질문으로 스스로를 괴롭혀야만 한다. "나에게는 하나님의 임재가 중요한가, 아니면 나 자신이 더 중요한가?" "나는 사람들의 칭찬을 원하는가, 아니면 하늘 아버지께서 주시는 상급을 원하는가?" 예수님께서는 자신을 믿지 않는 유대인들에게 이같이 물으셨다. "너희가 서로 영광을 취하고 유일하신 하나님께로부터 오는 영광은 구하지 아니하니 어찌 나를 믿을 수 있느냐"(요 5:44).

　네 개의 성경 본문을 이번 장의 서두에서 소개했는데, 전부 누가가 저술한 본문에서 발췌한 성령의 리더십에 대한 내용이다. 각각의 본문을 읽고 나면, 당신은 성령의 리더십에 의문을 제기하게 될 것이다.

누가복음 2장 27절

성령의 감동으로 (시므온이) 성전에 들어가매 _눅 2:27

　누가복음의 초반부에는 성령의 이끌림을 받은 시므온의 이야기가 나온다. "예루살렘에 시므온이라 하는 사람이 있으니 이 사람은 의롭고 경건하여 이스라엘의 위로를 기다리는 자라 성령이 그 위에 계시더라 그가 주의 그리스도를 보기 전에는 죽지 아니하리라 하는 성령의 지시를 받았더니"(눅 2:25-26). 그가 성령의 인도를 따라 기다린 대상은 메시아였다. 우리는 시므온의 나이를 알 수 없다. 다만 꽤 나이가 많은 사람이었다고 유추해 볼 뿐이다.

경건한 크리스천 중 시므온처럼 "주님의 재림을 보기 전, 나는 죽지 않을 것이다"라고 말할 뿐만 아니라 그렇게 믿은 사람이 많았다. 시므온이 메시아의 초림을 보기 전에는 죽지 않으리라 느꼈던 것처럼 그들 역시 살아서 예수님의 재림을 목격하리라 믿었던 것이다. 그러므로 그들에게 시므온은 이러한 기대감을 북돋워 준 자극과 같았다.

하지만 그들 중 내가 아는 사람들은 모두 하나님의 품으로 돌아갔다. 결국 그들의 생각(느낌)은 틀렸다. 이 사실이 우리에게 무엇을 말해 주는가? 실제로는 하나님의 음성을 듣지 못했지만, 하나님의 음성을 들었다고 '신실하게' 착각하는 경우가 있다는 것이다. 그들은 모두 살아서 그리스도의 재림을 보고 싶었기 때문에 그같이 믿었던 것이다.

그들의 생각은 그릇된 것이었다. 이를 보면서 우리는 객관적인 하나님의 말씀과 우리가 소망하는 것의 차이를 어떻게 인식해야 하는지 배우게 된다. 특히 "정말 그랬으면 좋겠어", "그것이 사실이면 좋겠어"라고 하며 갈망할 경우, 우리의 믿음과 객관적 사실 사이에 괴리가 발생하기 쉽다.

그동안 나는 수없이 틀렸다. 내가 열일곱 살 되던 해에 어머니는 심각한 병에 걸리셨다. 나는 성령께서 당시 43세이셨던 어머니가 죽지 않을 것이라 말씀하셨다고 생각했다. 그러나 어머니는 두 달 만에 돌아가셨다. 또한 나는 금발의 여성과 결혼할 것을 확신했다. 그러나 내 아내 루이스는 갈색머리이다. 또한 나는 하나님께서 플로리다 홀랜데일 비치에 소재한 교회의 담임목사로 부르셨다고 확신했다. 하지만 그 교회는 다른 목회자를 청빙했다. 이러한 예는 수없이 많다. 이 모든 실망의 원인은 내가 성령의 객관적 음성이 아닌 내 마음의 소원에 귀를 기울였기 때문이다.

누가는 시므온에 관한 몇 가지 사실을 알려 준다. 그는 의롭고 경건한 사람으로, 오랫동안 이스라엘의 위로를 기다려 왔다. 그는 메시아와 연관된 예언이 이뤄지기를 바라던 사람이었다. 그의 위에 성령께서 머물러 계셨는데, 어느 날 시므온은 성령에 이끌려 성전으로 들어가게 되었다(눅 2:27). 그는 정말 성령의 감동대로 성전 안에 들어가 메시아를 만났다. 그는 성령의 말씀대로, 죽기 전에 두 눈으로 메시아를 보았다.

어떤 사람은 이렇게 의문을 제기한다. "오순절 성령강림 사건 이전인데, 어떻게 성령의 감동을 체험할 수 있다는 말입니까?" 그러나 성부와 성자가 영원하시듯 성령 또한 영원하시다. 사실 그들이 의문을 제기하는 것도 이해할 만하다. 심지어 요한은 오순절 성령강림 사건을 넌지시 언급하며 "예수께서 아직 영광을 받지 않으셨으므로 성령이 아직 그들에게 계시지 아니하시더라"라고 말했다(요 7:39). 그러므로 오순절 이전, 사람들이 어느 정도 성령을 체험할 수 있었는지는 유추할 수밖에 없다. 그러나 오순절 이전에도 성령을 체험한 사람들이 있었다. 어쩌면 그들은 아주 놀라울 정도로 성령을 체험했을지 모른다.

누가는 성령이 시므온 위에 머물러 계셨고, 그가 성령의 감동을 받아 성전 안에 들어갔다고 설명한다. 시므온은 의식이 깨어 있는(황홀한 상태가 아닌) 상태로 성령의 인도를 받아 성전에 들어갔다. 물론 그가 "나는 성령에 이끌림 받았어"라고 말했을 리는 만무하다. 심지어 그는 성령이라는 단어를 사용해 본 적도 없었을 것이다. 오순절 성령강림 사건은 그로부터 30년 후에나 일어났기 때문이다. 아기 예수를 품에 안아 본 시므온은 그저 이렇게 말했을 뿐이다. "주재여 이제는 말씀하신 대로 종을 평안히 놓아 주시는도다 내 눈이 주의 구원을 보았사오니 이는 만민 앞에 예비하신 것이요 이방을 비추는 빛이요 주의 백성 이스라엘의 영광이니이다"(눅 2:29-32). 시므온은 자신이 들은 말씀이 틀리지 않았음을 깨달았다.

오순절 이전에도 성령께서 사람들에게 임하셨고, 그들 안에서 역사하셨다. 그러므로 오순절을 성령의 첫 번째 임재 사건으로 제한하지 말라. 이미 성령께서는 창조의 현장에서도 활발하게 역사하셨다(창 1:2). 오래전, 다윗은 "주의 성령을 내게서 거두지 마소서"라고 기도했다(시 51:11). 이 기도는 성령께서 다윗 안에 임하셨음을 반증하는 말씀이다. 게다가 예수님께서는 다윗이 시편 110편을 기록했을 때, 그가 성령에 감동되었다고 말씀하셨다. "그러면 다윗이 성령에 감동되어 어찌 그리스도를 주라 칭하여 말하되"(마 22:43).

이처럼 구약에도 성령님은 수없이 등장하신다. 이는 삼위의 세 번째 위격이신 성령님이 영원한 하나님이심을 말해 준다. 히브리서 기자는 이 사실을 다음과 같이 담대한 어조로 표현했다. "영원하신 성령"(히 9:14). 그렇다. 성령님은 시작점도 없고, 끝도 없는 영원한 하나님이시다.

오순절로부터 50일 전, 예수님은 십자가에서 돌아가셨다. 그가 십자가에서 이루신 그 일은 오직 성령을 통해서만 가능했다. 영원하신 성령을 힘입을 때, 비로소 그리스도께서 자신을 흠 없는 제물로 내어 드리실 수 있었기 때문이다.

모세는 광야에서 성막을 세웠다. 그런데 성막의 제작 과정 배후에도 성령님이 계셨다. 성막의 목적과 제반 디자인 및 제작은 오직 성령의 리더십 아래 진행되었다. "성령이 이로써 보이신 것은 첫 장막이 서 있을 동안에는 성소에 들어가는 길이 아직 나타나지 아니한 것이라"(히 9:8).

그러므로 시므온에게 일어난 일에 의아해할 필요가 없다. 비록 시므온이 성령이라는 단어를 사용하지는 않았지만, 누가는 시므온에게 역사하신 분의 이름을 분명히 알고 있었다. 성령의 무오한 감동 아래 서신을 적어 내려간 누가는 시므온이 성령의 감동을 받아 성전 안으로 이끌려 들어갔다고 말했다.

성령의 영감

성경이 기록될 때, 성령의 역할은 무엇이었는가? 바로 성령의 영감이었다. 나는 성령의 무오한 영감을 믿는다. 특히 성경의 진정성과 신뢰성을 생각하면, 성령의 영감이 무오함을 믿을 수밖에 없다. 아래에서 보겠지만, 작가 자신이 "이것은 성령에게서 받은 영감이다"라고 직접 기술하는 경우와 "내가 그 영감을 성령에게서 받았다"고 주장하는 사람의 말을 인용하는 경우에는 차이가 있다. 시므온의 경우를 보자. "성령이 그 위에 계시더라." 이것은 누가가 시므온의 주장을 인용한 것이 아니다(시므온은 자신에게 성령이 임했다고 주장하지도 않았다). 누가는 성령께서 주신 영감대로 자신의 생각을 직접 기술하였다. 시므온이 성전에 들어간 이유가 성령의 인도하심이었다는 신학적 입장을 설명한 것이다.

사도행전 16장 6-7절

성령이 아시아에서 말씀을 전하지 못하게 하시거늘 그들이(바울과 동행자들이) 브루기아와 갈라디아 땅으로 다녀가 무시아 앞에 이르러 비두니아로 가고자 애쓰되 예수의 영이 허락하지 아니하시는지라 _행 16:6-7

어떤 사람은 이 말씀을 받아들이기 어려워한다. 전에 예수님께서는 제자들에게 "온 세상에 복음을 전하라"고 말씀하셨다(마 28:19, 막 16:15). 그런데 성령께서 아시아에 복음이 전파되는 것을 불허하시다니, 의아해할 수밖에 없다. 뿐만 아니라 하나님께서는 온 세상 모든 민족에게 회개를 촉구하셨다. "이제는 어디든지 사람에게 다 명하사 회개하라 하셨으니"(행 17:30). 그러므로 성령께서 아시아와 비두니아에 복음이 퍼지는 것을 막으신 일은 더더욱 이해하기 어렵다.

누가는 바울과 그 일행이 성령의 제재를 받아 아시아에서 말씀을 전하지 못했다고 확실하게 말한다. "성령이 아시아에서 말씀을 전하지 못하게 하시거늘"(행 16:6). 이 사건은 누가의 신학적 입장을 적나라하게 보여 주고 있다. 당시 누가 외에 성령의 만류를 감지한 사람은 없었던 것 같다. 물론 누군가는 감지했을지도 모른다.

성령께서는 어떤 방식으로 이들의 아시아행을 말리셨을까? 바울 일행이 성령의 내적 감동을 주관적으로 듣고 순종하는 차원에서 아시아행을 포기했을 수도 있다. 또는 여건이 안 되어 아시아행을 포기했을 수도 있다. 즉, 객관적 장벽에 부딪혀 더 이상 전도를 진행할 수 없었는데, 이를 성령의 역사로 간주한 것일지도 모른다.

물론 우리는 정확한 상황을 알 수 없다. 확실한 사실은 자신이 감지한 성령의 감동을 입으로 말하고, 그 말에 책임지려 한 사람은 누가뿐이었다는 것이다. 그가 성령의 영감을 받아 이 글을 적어 내려갔기 때문에 나는 그의 말이 객관적 사실임을 믿는다. 정말 성령께서 바울 일행의 아시아 전도 계획을 막으셨다! 누가는 단순하면서도 단호하게 다음과 같이 말했다. "성령이 아시아에서 말씀을 전하지 못하게 하시거늘."

이 본문을 제자들의 입장에서, 그들이 느낀 대로 고쳐 보겠다. "성령께서는 우리가 계획한 곳으로 나아갈 자유를 주지 않으셨다." 이것은 당시 하나님께서 그들을 위해 또 다른 계획을 세워 놓으셨다는 뜻이기도 하다.

많은 사람들이 묻는 질문이 있다(다소 재미있기도 하지만, 마냥 수수께끼 같은 질문이기도 하다). "어떤 일이 일어날 때, 그것이 사탄의 방해공작인지, 아니면 하나님(성령님)의 섭리인지 어떻게 알 수 있습니까?" 이에 대한 이해를 돕기 위해 예를 들어 보겠다. 바울은 데살로니가로 가는 길이 막혔다고 말한 적이 있는데, 당시 그의 발을 묶은 것은 사탄의 방해공작이었다(살전 2:18). 그런데 이와 유사한 상황이 한 번 더 펼쳐졌다. 바울은 로마로 보내는 서신에서 이같이 말했다. "지금까지 길이 막혔도다"(롬 1:13). "너희에게 가려 하던 것이 여러 번 막혔더니"(롬 15:22). 그러나 이번에는 사정이 다르다. 로마로 가는 길이 막힌 이유는 사탄의 방해가 아니었다. 바울이 다른 지역에서 복음을 전하느라 바빴기 때문이다(롬 15:19-23). 바울은 그 두 경우를 분별했다. 우리도 이처럼 확실히 분별할 수 있으면 좋으련만! 안타깝게도 어떤 일은 영원토록 수수께끼로 남을 것이다. 이 사실이 당신의 마음에 들든, 그렇지 않든 상관없다. 우리가 모든 것을 다 알 수는 없다. 또 그 모든 것을 다 알 필요도 없다.

어쨌든 아시아와 비두니아행을 접어야 했던 바울 일행의 경우를 보며, 누가는 그 모든 상황의 전개가 성령의 전적인 주권 때문이라고 확언했다. 예수님은 성령을 '바람'에 비유하셨다. 바람은 임의로 분다. 그래서 우리는 바람이 어디서 불어오는지, 또 어디로 가는지 알 수 없다(요 3:8). 이 말씀은 사람들의 마음 안에서 일하시는 성령의 역사와 하나님의 주권적 섭리를 설명해 준다.

내겐 그 정도면 충분하다. 나는 하나님께서 그들의 전도사역을 막으셨다는 누가의 진술을 있는 그대로 믿는다. 그것은 어디까지나 하나님께서 계획하신 일이다. 하나님의 뜻이었으므로, 결국 하나님이 책임지실 일이었다.

ESV성경은 그분을 '예수의 영'으로 소개했는데, 성경에서 '예수의 영'이라는 표현은 아주 드물게 쓰였다. 바울은 그분을 '하나님의 영'(롬 8:9), '예수 그리스도의 성령'(빌 1:19)으로 불렀다.

어쨌든 그분은 성령이시다. 그들은 성령의 리더십 안에서 아시아로도, 비두니아로도 향할 수 없었다. 계획에 차질이 생겼다. 그렇다고 해서 그들의 사역이 실패로 끝났다거나 그들이 실망했다는 내용은 눈 씻고 찾아 봐도 없다. 누가는 이 모든 일이 하나님의 시나리오대로 착착 이루어졌음을 분명한 어조로 말했다.

누가는 자신이 이해한 '하나님의 주권' 신학을 사도행전 곳곳에 소개해 두었다. 저자가 직접 설명한 경우이다. 반면 등장인물들이 하나님의 주권에 대해 언급한 것을 저자가 인용한 곳은 딱 두 군데뿐이다. 먼저 오순절 날 베드로가 전한 설교를 보자. 설교 중 그는 예수님의 십자가를 언급했는데, 베드로는 십자가 사건을 이같이 해석했다. "그가 하나님께서 정하신 뜻과 미리 아신 대로 내준 바 되었거늘 너희가 법 없는 자들의 손을 빌려 못 박아 죽였으나"(행 2:23). 베드로의 설명에 따르면, 예수님이 십자가에 달리신 이유는 하나님의 주권 때문이었다. "하나님께서 정하신 뜻과 미리 아신 대로." 물론 그는 사람들의 책임도 간과하지 않았다. "너희가…못 박아 죽였으나." 그러나 핵심은 하나님의 주권이다.

하나님의 주권에 대한 언급이 인용된 또 다른 곳은 사도행전 4장이다. 사도들이 복음을 전하다가 유대인의 공회에 끌려가 협박당한 일이 있었다. 후에 풀려난 그들은 동료 성도들에게로 돌아가 함께 기도하며 하나님을 찬양하였다. 그런데 찬양의 내용 중 예수님의 십자가 사건이 등장한다. 특히 그들은 예수님의 사형집행에 관여한 사람들을 언급하며, 그들이 예수님을 못 박은 일은 하나님의 주권적 계획에 따른 것이었다고 해석했다. "(헤롯과 빌라도와 이방인과 이스라엘 사람들은) 하나님의 권능과 뜻대로 이루려고 예정하신 그것을 행하려고 이 성에 모였나이다"(행 4:28).

이제 누가가 사도행전 곳곳에 소개해 둔 하나님의 주권 신학을 살펴보자. 첫째, 교회의 성장은 전적으로 하나님의 주권에 따른 일이다.

누가는 예루살렘 교회의 성장을 언급하며, 그 이유를 하나님의 주권으로 규정했다. "주께서 구원 받는 사람을 날마다 더하게 하시니라"(행 2:47). 또한 이방인의 회심에 대해서도 하나님의 주권을 말한다. "이방인들이 듣고 기뻐하여 하나님의 말씀을 찬송하며 영생을 주시기로 작정된 자는 다 믿더라"(행 13:48). 만일 누가가 "믿은 사람은 다 영생을 받도록 작정하시니라"고 말했다면, 우리는 이 말씀을 좀 더 쉽게 이해했을 것이다. "그렇지. 하나님은 믿는 사람에게 영생을 주시지! 누가가 참 진리를 말하는군!" 하지만 누가의 말을 자세히 들여다보라. "영생을 주시기로 작정된 자는 다 믿더라." 여기에서 누가의 신학이 두드러진다. 그는 하나님의 주권적 선택을 믿었다. 쉽게 말해, 하나님께서는 어떤 사람이 예수를 믿게 될지 미리 예정해 놓으셨다는 것이다. 예수님을 믿는 사람이 영생을 얻는 것이 아니라 영생을 얻기로 예정된 사람이 예수님을 믿게 된다는 뜻이다.

오래전, 남침례 신학교에서 공부할 때였다. 당시 이 학교는 자유주의 학풍을 강하게 드러냈다. 나는 헬라어 교수님에게 '누가의 하나님의 주권 신학'에 대해 질문했다. 사도행전 13장 48절을 인용하며 "누가는 '영생을 받기로 작정된 자가 믿게 되었다'고 말했는데, 이것을 하나님의 예정으로 볼 수 있습니까? 이 구절을 통해 누가가 말하려 한 바는 무엇입니까?"라고 물었다. 그러자 교수님은 이렇게 대답했다. "나는 누가의 신학에 동의하지 않네." 사실 그는 누가의 예정 교리 신학에 별 관심이 없었다. 다만 "우리는 성경 위에 올라서서 자유롭게 성경을 판단할 줄 알아야 하네"라고 덧붙였다. 오! 내게는 그러한 자유가 없다. 나는 누가가 성령의 감동으로 적어 내려간 글을 문자 그대로 수용해야 했다.

독자들이 "왜 예수의 영은 아시아에서의 복음 전도를 막으셨습니까?"라고 묻는다면, 나는 이렇게 답하겠다. "잘 모르겠습니다." 나는 다만 그 당시에는 하나님께서 그들을 위해 또 다른 계획을 갖고 계셨을 것이라고 추측할 뿐이다(그 이후에 복음은 아시아와 비두니아 지역에 당도했다).

사도행전 16장 6-7절은 사도들이 성령의 주권 아래에서 온전히 이끌림 받았다는 사실을 보여 주고 있다. 그것이 거룩한 자극이든, 막다른 골목이든 말이다.

사도행전 20장 22절과 21장 4절

> 보라 이제 나는 성령에 매여 예루살렘으로 가는데 거기서 무슨 일을 당할 는지 알지 못하노라 _행 20:22

바울은 에베소 교회의 장로들을 불러 작별을 고하며 이같이 말했다. 그는 예루살렘으로 가야 한다는 열정에 사로잡혀 있었는데, 다름 아닌 성령의 인도하심 때문이었다. "나는 성령에 매여 예루살렘으로 가는데." 바울은 아주 강한 어조로 이같이 말했다. ESV성경은 이 구절을 이렇게 번역하였다. "나는 성령에 속박되어." 쉽게 말해, 하나님께서 바울을 예루살렘으로 끌어가신다는 뜻이다.

그러나 바울이 자신의 결정을 성령의 인도하심으로 착각한 것은 아닐까? 자신의 생각을 성령의 뜻으로 착각한 것은 아닐까? 아무리 위대한 사도였다고 해도 바울이 실수할 수 있지 않은가?

만일 사도행전이 거기서 끝나고 20장 이후가 없었다면, 우리는 이 문제로 씨름하지 않았을 것이다. 사실, 바울은 우리의 의문을 하나도 해결해 주지 않았다. 자신의 향후 여정은 성령의 계획대로 진행될 것을 주장하면서도, 그것이 성령의 계획임을 입증할 근거는 전혀 제시하지 않았다. 그는 그저 에베소 교회의 장로들을 불러 앞으로 자신에게 닥칠 일에 대해 이야기했을 뿐이다. 앞으로 바울은 험난한 일을 많이 겪게 될 것이다. 그 자신도 이 사실을 잘 알고 있었다.

바울이 에베소 교회의 장로들에게 작별을 고하며 "이제 나는 성령에 매여 예루살렘으로 가는데"라고 말했을 때, 누가는 그 자리에 함께 있었다. 그러므로 위 구절은 바울의 말을 있는 그대로 지면에 옮긴 것이지, 누가의 해석이 아니다. 실제로 바울은 자신이 성령에게 속박되어 예루살렘으로 가게 되리라 믿었던 것이다. 바울은 직설적으로 표현했고, 누가는 그 말을 그대로 지면에 옮겨 적었다(그렇다고 해서 누가가 바울의 말에 동의했다는 뜻은 아니다. 다만 자신의 소견을 배제한 채, 그의 발언을 기계적으로 받아 적었을 뿐이다).

그러나 21장 4절 이후를 보면, 누가가 바울의 견해에 조용히 반박하고 있음을 알 수 있다. 누가 옳은가? 바울인가, 아니면 누가인가?

그 제자들이 성령의 감동으로 바울더러 예루살렘에 들어가지 말라 하더라 _행 21:4

이 말씀은 이번 장을 시작하면서 인용한 네 번째 구절이다. 네 개의

Chapter 5 성령의 리더십에 의문을 품다 | 157

구절 중 이 말씀이 가장 이해하기 어렵다. 누가는 성령의 감동을 받은 몇몇 제자들이 바울더러 "예루살렘에 가지 말라"고 조언했다고 말했다. 그런데 바로 이 '성령의 감동'이란 표현 때문에 이 구절이 난해한 것이다.

당시 바울은 두로에 7일 정도 머물고 있었다. 그때 지역의 제자들이 찾아와 경고의 말씀을 전했다. 어떤 사람은 이 구절을 누가의 부주의한 발언으로 여긴다. 또 어떤 사람은 그 제자들이 성령의 감동인 줄 착각하고 자신들의 생각을 말했는데, 누가가 그들의 선한 의도를 후하게 인정해 주었다고 생각한다. 이 주장이 옳다면, 이 구절은 '성령의 오류 없는 영감'으로 쓴 것이 아니라고 결론내릴 수도 있다.

만일 누가가 성령의 감동이라는 표현만 사용하지 않았어도, 이 구절을 두고 고민하지는 않았을 것이다. 그저 '경건한 성도들이 바울을 걱정해서 인간적인 조언을 건넸구나!'라고 생각하면 그만인 것이다. 하지만 누가는 분명히 그들이 성령의 감동으로 경고했다고 말했다. 만일 이 진술이 객관적 사실이라면, 이는 사람이 아닌 하나님께서 직접 바울에게 경고의 말씀을 전하신 경우라고 할 수 있다.

어쨌든 이 구절은 단순하게 받아 적은 것이 아닌, 누가의 신학적 해석이다. 즉, 성령의 영감으로 사도행전을 기록한 누가의 설명인 것이다. 어쩌면 그 제자들이 성령을 언급했을지도 모른다. "바울 선생님, 우리가 믿기로 지금 성령께서는 선생님더러 예루살렘에 가지 말라고 말씀하시는 것 같습니다." 혹은 "바울 선생님, 지금 우리는 성령의 인도하심에 따라 말씀드립니다. 예루살렘으로 가시면 안 됩니다"와 같은 식으로 말이다. 그들이 성령을 언급했는지, 안 했는지는 알 수 없다. 중요한 것은 누가의 판단이다. 그는 제자들이 성령의 감동으로 예언했다고 확언했다. 우리는 이 중요한 구절을 두고 씨름해야 한다.

제자들이 바울을 만류했을 때, 누가는 그 현장에 있었다. 그는 자신이 목격한 것을 성령의 조명 아래 해석했다. 다음 구절을 보면 누가가 현장 목격자임을 알 수 있다. "이 여러 날을 지낸 후 우리가 떠나갈새"(행 21:5). 여기서 '우리'라는 대명사를 주목하라(참고로 사도행전을 읽을 때, '우리'라는 대명사를 주목할 필요가 있다). 누가가 '우리'라고 명시한 부분은 그가 그 현장에 있었음을 알려 준다.

이후, 바울과 누가는 두로를 떠나 가이사랴에 도착하여 빌립의 집에 머문다. 누가는 빌립의 딸들을 다음과 같이 소개한다. "그에게 딸 넷이 있으니 처녀로 예언하는 자라"(행 21:9). 분명 그들은 바울에게 무언가를 말했을 텐데, 안타깝게도 그들이 어떤 예언을 전했는지 알 수 없다. 누가가 말해 주지 않았기 때문이다. 그런데 많은 학자들은 그들이 두로의 제자들과 동일한 말씀을 전했으리라 추측한다. 그렇지 않고서야 누가가 이들을 소개할 때 "예언하는 자라"라고 말할 이유가 있었겠는가?

그뿐만이 아니다. 누가는 아가보가 바울을 찾아와 전한 예언을 기록했는데, 그것은 예루살렘으로 가지 말라는 경고의 말씀이었다.

> 아가보라 하는 한 선지자가 유대로부터 내려와 … 바울의 허리띠를 가져다가 자신의 손과 발을 묶고는 우리(바울과 누가)에게 예언하기를 성령이 말씀하시되 예루살렘에서 유대인들이 이같이 이 띠 임자를 결박하여 이방인의 손에 넘겨주리라 하니 우리(바울을 제외한 나머지 사람들)가 그 말을 들

고 그곳 사람들과 더불어 바울에게 예루살렘으로 올라가지 말라 권하니
_행 21:10-12

(어쩌면 당신은 누가의 의견에 동의하지 않을 수도 있다. 하지만) 누가는 바울이 예루살렘으로 가서는 안 된다고 확신했다. 우리는 누구를 믿어야 하는가? 바울인가, 누가인가? 사도행전의 저자인 누가는 이 사안에 대해 사도 바울보다 훨씬 더 나은 결정을 내렸는가? 누가는 어떻게 해서든 사도 바울의 예루살렘행을 만류해야 하는가?

여기, 아가보의 예언에 대한 바울의 답변이 있다.

여러분이 어찌하여 울어 내 마음을 상하게 하느냐 나는 주 예수의 이름을 위하여 결박당할 뿐 아니라 예루살렘에서 죽을 것도 각오하였노라 _행 21:13

전에 바울은 데살로니가의 성도들에게 "예언을 멸시하지 말라"고 했다(살전 5:20). 하지만 그렇게 말했던 그가 아가보의 예언을 거절했다. 참고로 아가보는 극심한 기근이 닥칠 것을 예언했고, 누가는 그의 예언이 그대로 성취되었다고 설명했다(행 11:28). 이처럼 누가는 의도적으로 아가보 선지자에게 아주 높은 신뢰성을 부여하였다. 그럼에도 바울이 아가보의 예언마저 거절하자 누가는 다음과 같이 기술하며 이 사안을 일단락 지었다.

그가 권함을 받지 아니하므로 우리가 주의 뜻대로 이루어지이다 하고 그쳤노라 _행 21:14

어쨌든 누가는 바울더러 예루살렘에 내려가서는 안 된다고 말한 사람들의 편을 들었다. 이러한 누가의 입장이 그와 바울의 관계에 어떤 영향을 미쳤는지는 아무도 모른다.

이처럼 뒤엉킨 실타래를 푸는 일이 쉽지는 않다. 바울이 이들의 권면을 거절하고 예루살렘에 간 것은 옳은 일인가? 예루살렘에 가기로 결정한 것은 성령의 뜻이었는가? 혹시 바울의 결정 과정에 실수가 있지는 않았는가? 성령의 영감을 따라 사도행전을 기술한 누가의 권위(행 21:4)가 바울의 말(행 20:22)보다 우위에 있는가?

당신은 어떻게 생각하는가? 대다수의 성도들처럼 "바울은 위대한 사도니까 성령의 말씀을 오해할 리 없어"라고 말하겠는가?

하나마나한 말이지만, 확실한 것은 성령께서 바울의 예루살렘행을 지지하셨거나 반대하셨다는 것이다.

이 사건에서 우리가 알 수 있는 두 가지 사실은 다음과 같다. 첫째, 누가는 두로의 제자들이 성령의 감동으로 말했다고 했다. 둘째, 누가는 바울이 예루살렘에 가서는 안 된다는 사람들과 입장을 같이했다. 뿐만 아니라 바울의 예루살렘행을 반대했던 두로의 제자들과 빌립의 딸들(그들은 분명히 반대했을 것이다), 그리고 아가보 선지자에게 많은 지면을 할애했다. 그렇다면, 바울이 실수한 것인가? 아니면 누가가 실수했는가?

다시 본질적인 질문으로 돌아가 보자. 주관적으로 느낀 거룩한 자극과 객관적으로 성령에게 이끌림 받는 것의 차이는 무엇인가? 바울은 거룩한 자극을 느꼈다고 주장할 수도 있다. 그러나 그를 저지했던 사람들도 마찬가지 아니겠는가?

양측 모두 옳을 수 있을까? 바울의 예루살렘행을 반대하던 사람들은 그가 예루살렘에서 당할 극심한 고난을 미리 보았기 때문에 그리로 가지 말라고 경고했을 것이다. 만일 성령께서 이들을 강권하여 바울에게 "가지 말라"고 경고하게 하셨다면, 이것은 성령께서 직접 바울에게 "가지 말라"고 말씀하신 것과 같다. 이 경우 바울은 성령의 말씀에 불순종한 것이다.

이와 관련하여 우리가 알 수 있는 것은 없다. 다만 우리는 "하나님을 사랑하는 자 곧 그의 뜻대로 부르심을 입은 자들에게는 모든 것이 합력하여 선을 이루느니라"(롬 8:28)는 말씀을 믿을 뿐이다. 물론 이 말씀의 전제는 "순간순간 우리가 행하는 모든 일이 옳다고는 말할 수 없다"이다.

여기, 누구도 이의를 제기할 수 없는 10가지 사실이 있다.

- 바울은 예루살렘으로 갔다.

- 예루살렘에 도착했을 때, 바울은 자신을 반대하는 유대인들을 안심시키기 위해 무언가를 해야 했다. 그는 자신의 결백을 입증함으로써 그들의 의혹을 불식시키려 했다(행 21:20-26).

- 그는 성전 안으로 이방인을 데리고 들어갔다는 거짓 고소를 당하여 유대인들에게 붙잡혔다(행 21:27-29).

- 그는 군중들에게 거의 죽을 지경이 되도록 심하게 맞았다(행 21:30-32).

- 왜 이런 소동이 일어났는지 알지 못했던 로마 군대가 바울을 체포하였다(행 21:33-36, 그래서 바울은 군중에게 맞아 죽을 고비를 가까스로 넘길 수 있었다).

- 마침내 그는 유대인에게 말할 기회를 얻어 자신의 이야기를 전했다. 그러나 그가 이방인에게 전도했다는 말을 듣자마자 군중은 다시금 요동하며 "저 사람은 죽어야 마땅하다"고 외쳤다(행 21:37-22:22).

- 바울이 로마 시민권자라는 사실이 드러나자 로마 군인들은 그의 신변을 보호했다. 바울은 산헤드린 공회 앞에서 자신을 변호할 기회를 얻었다. 하지만 공청회는 아무런 결정을 내리지 못하고 논란으로 끝나 버렸다. 로마군 지휘관은 바울이 찢겨 죽을까 두려워 그를 병영으로 데려가 보호했다(행 22:23-23:10).

- 한밤중에 바울의 조카가 와서 유대인들의 바울 암살 계획을 로마군에 보고했다. 이에 로마 군대는 그가 암살당하지 않도록 비밀리에 그를 호송했다.

- 바울은 헤롯 아그립바 앞에서 자신을 변호했다(행 26장).

- 바울은 또한 베스도와 벨릭스 총독 앞에서 자신을 변호했다. 마침내 그는 가이사(시저) 앞에서 재판을 받겠다고 말했다. 결국 바울은 로마로 가는 배에 올랐다(행 24-28장).

바울의 예루살렘행과 관련하여 적어도 세 가지 견해가 존재한다.

- 바울은 자신이 말한 것처럼 성령의 인도하심을 따라 예루살렘으로 갔다.

- 바울은 성령의 경고에 불순종했다.

- 하나님은 이 모든 시나리오를 수수께끼로 남겨 두셨다.

비단 바울뿐 아니라 우리에게도 이처럼 이해되지 않는 일들이 발생할 수 있다. 이러한 때 우리가 낙심하지 않도록 하나님은 우리를 위해 선례를 만들어 주셨다. 이제 이 세 가지 입장을 각각 변호해 보겠다.

바울이 성령의 말씀에 순종했다는 견해

바울은 경고의 말씀이 주어졌는데도 예루살렘으로 갔다. 그가 이처럼 강행한 일이 옳다는 견해에 대해 변호하겠다. 첫째, 자신이 지닌 사도적 권위 때문에 바울은 예루살렘에 가는 것이 성령에 매인 결과라고 담대히 말할 수 있었다(행 20:22). 이것은 매우 설득력 있는 주장이다. 둘째, 그는 예루살렘으로 가서 수많은 유대인들에게 말씀을 전했다(행 22:2-22). 이것은 그가 오랫동안 바라던 일이었다. 그는 산헤드린 공회 앞에서도 변론했는데(행 23:1-9), 이 또한 그가 바라던 일이었다. 셋째, 그는 벨릭스 총독 앞에서 증언했다. 바울이 "의와 절제와 장차 오는 심판을 강론하니" 벨릭스는 두려움을 느꼈다(행 24:25). 참고로 바울이 '장차 오는 심판'을 강론했다는 증언은 참으로 중요하다. 이것은 오직 이 사건을 통해서만 볼 수 있는 바울 설교의 한 측면이다. 넷째, 바울이 헤롯 아그립바 앞에서 증언한 일은 그가 여러 왕들 앞에 서게 될 것이라는 예언의 성취였다(행 9:15, 26:1-32). 그리고 마지막으로, 바울이 산헤드린 앞에서 증언하고 로마 군영에 감금된 후, 예수님께서 나타나 그의 곁에 서서 말씀하셨다. "담대하라 네가 예루살렘에서 나의 일을 증언한 것같이 로마에서도 증언하여야 하리라"(행 23:11). 예수님의 이 말씀은 바울의 결정이 옳았음을 입증해 주는 최종 판결처럼 보인다.

바울이 성령의 말씀에 불순종했다는 견해

이것에 대해서는 일반적인 내용에서 시작하여 특수한 내용으로 논의를 전개하겠다. 첫째, 바울이 예루살렘행을 결정했는데, 이로써 빚어진 결과 중 선한 것은 거의 없다. 사실 그 결정으로 인해 얻은 결과 중 선하다고 볼 만한 것은 전무하다. 둘째, 그가 예루살렘에 도착한 순간부터 쉬지 않고 문제가 발생했다. 어떤 사람도 그의 예루살렘 방문을 달가워하지 않았다. 그는 예수님을 믿는 유대인에게 좋은 인상을 주고 싶었고, 예수님을 믿지 않는 유대인에게는 복음을 전하고 싶었다. 그러나 그들 중 누구도 바울을 반기지 않았다. 바울이 산헤드린 앞에 섰을 때도 그리 좋은 모습은 아니었다. 그는 대제사장 앞에서 평정심을 잃었다. 대제사장에게 화를 낸 후 질책을 받자 바울은 그가 대제사장인지 알지 못했노라고 말했다(행 23:3-5). 셋째, 그는 이방인의 사도로 부름 받았지만, 여전히 그의 마음은 유대인에게로 향했기 때문에 예루살렘행을 강행한 것이다. 쉽게 말해, 그는 하나님의 부르심 때문에 심한 내적 갈등을 겪었던 것이다. 바울은 이방인 사역에서 큰 성공을 거두었다. 왜냐하면 그가 받은 부르심이 '이방인의 사역자'이기 때문이다. 그러나 그의 마음은 여전히 유대인에게로 향해 있었다.

바울이 스스로 결심했다는 견해

나는 바울이 스스로 예루살렘행을 결심했다는 견해를 취한다. 그는 예루살렘 교회의 가난한 사람들에게 연보를 전달하고자 그같이 결심했다(행 24:17). 바울은 자신이 성령님께 순종하고 있음을 확신했다. 그는 질대 고의로 불순종할 사람이 아니다. 바울의 마음엔 어떤 대가를 치르더라도 예루살렘으로 가고픈 열정이 가득했다. 그가 일신의 안위를 돌보지 않았음은 확실하다. "내가 달려갈 길과 주 예수께 받은 사명 곧 하나님의 은혜의 복음을 증언하는 일을 마치려 함에는 나의 생명조차 조금도 귀한 것으로 여기지 아니하노라"(행 20:24). 그렇기 때문에 그는 예루살렘에서 자신에게 닥칠 일을 크게 신경쓰지 않았다. 그러나 훗날 그는 하급심으로는 이 상황을 타개할 수 없음을 보고 가이사에게 상소한다(행 25:12). 가이사에게 상소한 일은 결국 예루살렘으로 가지 말라고 했던 예언이 옳았음을 말해 준다고 할 수 있다. 어쩌면 바울은 "그들의 예언이 옳았다"고 말했을지 모른다.

하지만 이 말도 덧붙였을 것이다. "그들의 예언이 옳았지만, 내 결정도 옳았다." 나는 개인적으로 바울에게 전달된 사람들의 경고(행 21장)가 성령님의 말씀이었다고 생각한다.

수수께끼

내 친구 피트 캔트럴은 이렇게 말했다. "가장 큰 자유는 아무것도 입증할 필요를 느끼지 않는 것이다." 확실히 알아야만 하는가? 살아가는 동안 우리는 수차례 원인을 알 수 없는 일들과 만난다. 이와 관련하여 천국에 가서 하나님께 여쭙고 싶은 질문이 많다. 때로 나는 하나님의 임재 안에 있었다. 또 때로는 하나님의 임재 안에 있었음을 확신했지만, 그렇지 않았다.

바울이 자신에게 전달된 예언을 두고 고심했을까? 그가 내세운 원칙은 이것이다. "형제들아 내가 당한 일이 도리어 복음 전파에 진전이 된 줄을 너희가 알기를 원하노라"(빌 1:12). 이 정도면 충분하지 않은가?

우리는 바울이 서신서에 적은 그 모든 말을 신뢰할 수 있다. 그가 하나님의 말씀을 적었기 때문이다. 하지만 사도행전의 등장인물로서 바울을 본다면, 우리는 그가 완벽하지 않은 인간임을 알게 된다. 그런데 왜 우리는 그를 완벽한 사람인 것처럼 생각하는가? 구약에서 가장 위대한 인물인 모세도 불완전한데, 왜 바울은 완전한 사람인 것처럼 여기는가?

The Presence of God

CHAPTER 6

진실성

끝으로 형제들아 무엇에든지 참되며 무엇에든지 경건하며 무엇에든지 옳으며 무엇에든지 정결하며 무엇에든지 사랑 받을 만하며 무엇에든지 칭찬 받을 만하며 무슨 덕이 있든지 무슨 기림이 있든지 이것들을 생각하라 _빌 4:8

진리가 너희를 자유롭게 하리라 _요 8:32

CHAPTER 6
진실성

　가장 오래된 어린 시절의 기억 하나를 소개하겠다. 여섯 살의 어느 주일 저녁, 켄터키 애슐랜드 배스 애비뉴에 소재한 나사렛 교회에서 예배를 드린 기억이 뇌리에 깊이 새겨져 있다. 그날의 예배는 일상적인 예배였다. 사람들은 소리치고 뛰며, 큰 소리로 울고 이리저리 돌아다니며 하나님을 찬양했다. 어머니는 교회 뒤쪽에서 강단 앞으로 달려가며 큰 소리로 기도하셨다. 손수건을 쥔 손을 하늘 높이 흔들며 외치셨다. 일상적인 예배였지만, 어머니가 그런 행동을 보이신 것은 그때가 처음이자 마지막이었다. 그래서 나는 그날의 예배를 잊지 못하는 것 같다.
　어린 나이였지만, 나는 그런 어머니의 모습에 마음이 불편해졌다. 그래서 예배 중인데도 교회 밖으로 나왔다. 건물을 관리하시는 분이 나를 보고는 "여기서 뭐하는 거냐?"고 물으셨다.
　"저 안은 시끄러워서요." 나는 이렇게 대답했다. 부모님이 알아채지 못하게끔 교회 밖으로 빠져나오는 데 성공했지만, 아마 그분이 아버지께 말씀을 드렸던 것 같다. 이후 아버지는 내게 그날의 일을 수차례 말씀하셨다.

예수님께서는 어린아이와 같지 않으면, 아무도 천국에 들어갈 수 없다고 말씀하셨다(마 18:3). 우리는 아이들의 일반적인 특성 몇 가지를 예수님의 말씀에 적용한다. "어린아이의 이러이러한 특성 때문에 예수님은 우리가 어린아이 같아야만 천국에 갈 수 있다고 말씀하셨을 거야." 예수님께서 그렇게 말씀하신 이유를 전부 알 수는 없지만, 한 가지는 확실하다. 어린아이는 자신의 감정을 억누르지 않는다. 상황에 어울리는 말을 고르느라 애쓰지 않는다는 뜻이다. 그렇다. 어린아이는 가면을 쓰지 않는다. 투명하리만큼 진실하다. 예배 중 교회 건물 밖으로 뛰쳐나온 여섯 살배기 아이처럼 말이다.

나는 나의 모교회를 비판할 생각이 없다(누군가는 내가 그 교회를 비판한다고 생각할 수도 있으나 그렇지 않다). 내가 자란 애슐랜드의 교회는 20세기 초반의 나사렛 교인들의 열정과 케인 릿지 부흥의 흔적을 담고 있었다. 참고로, 케인 릿지는 애슐랜드로부터 160킬로미터 정도 떨어져 있다.

애슐랜드 사람들은 우리 교회의 별명을 '노이지린즈'(Noisyrenes, 나사렛 교인을 뜻하는 '나자린즈'[Nazarenes]와 '소란스러운'의 '노이지'[noisy]를 합쳐서 만들어낸 우스개 말장난 – 역자 주)라고 지었다. 그들의 말이 맞다. 당시 나사렛 교인들은 소란스러웠다.

그러나 더 이상은 아니다. 소란스럽던 시절은 지나갔다. 좋아진 것인지, 나빠진 것인지 판단할 수 없지만, 나사렛 교인들의 시끌벅적함이 사라

Chapter 6 진실성 | 171

져 버렸다. 그것도 아주 오래전에 말이다.

나는 이러한 모교회의 과거를 수없이 떠올려 보았다. "그들은 무엇 때문에 소란을 떨었을까?" "왜 그들은 큰 소리를 질렀을까?" "왜 그들은 장의자 사이를 이리저리 뛰어다녔을까?" "왜 그들은 울었을까? 왜 시끄러운 소리를 내었을까?"

이에 대한 나의 솔직한 답은 이것이다. "그때는 '진짜'였으니까!" 나는 그것을 진정한 부흥이라 부른다. 1801년, 케인 릿지 부흥(미국의 2차 대각성 운동의 일환)의 영향인지, 아니면 나사렛 교단(1909년, 감리교 리더인 피니어스 브레시가 시작함)의 황금기여서 그런 것인지 알 수 없지만, 그들의 모습은 '진정한 부흥'이었다. 참고로 케인 릿지 부흥과 나사렛 교회의 황금기는 은사주의 운동이나 오순절 운동과는 거리가 멀다.

케인 릿지 부흥과 나사렛 교회의 황금기, 이 두 부흥은 그들만의 독특한 특징을 보였다. 케인 릿지 부흥의 참가자들은 현장의 소음을 "나이아가라 폭포의 굉음"으로 묘사했다.[1] 나이아가라 폭포에서 엄청난 양의 물이 한꺼번에 떨어질 때, 수 킬로미터 밖에서도 그 소리가 들리듯이 케인 릿지 부흥 참가자들의 굉음도 아주 멀리 퍼져 나갔다. 이 소음의 정체는 무엇일까? 사람들의 함성이었다. 영국의 축구경기장이나 미국의 야구경기장에서 홈팀이 점수 낼 때를 생각하면 쉽게 이해할 수 있다. 황금기의 나사렛 교인들도 교회 안에서 그렇게 환호성을 질렀다.

그런데 왜 그랬을까? 하나님을 기뻐했기 때문이다! 하나님의 임재가 너무나 강력해서 사람들은 체면을 잊어버렸다. 사람들의 시선 따위는 안중에도 없었다. 그들은 소리 지르고 웃고 뛰면서 기쁨을 표현했다.

나는 이렇게 해본 적이 없다. 왜 그런지는 알 수 없지만, 나는 예배 중 단 한 번도 소리를 지르거나 웃거나 뛰어 본 적이 없다. 물론 그렇게 하는 사람들의 진실성을 의심하지는 않는다.

이 장의 목적은 나의 모교회의 소란스러움을 평가하는 것이 아니다. 이 장은 '진실성'(integrity)에 관한 것이다. 진리가 우리를 어디로 이끌어가든지, 혹은 진리를 알기 위해 우리가 어떤 희생을 치러야 하는지와 상관없이 진리를 얻고자 하는 갈망에 대해, 그 진실성에 대해 이야기할 것이다.

진실을 따르는 일은 진리를 추구하는 것이다. 우리를 자유케 하는 것은 오직 진리뿐이다(요 8:32). 그리고 성령께서 임하셨음을 알려 주는 참된 증거는 자유이다. "주는 영이시니 주의 영이 계신 곳에는 자유가 있느니라"(고후 3:17). 그러므로 진리를 추구할 때, 성령께서 우리를 자유롭게 하신다.

핵심은 이것이다. "과연 우리는 진리를 원하는가?" 당신에겐 진리를 얻으려는 갈망이 있는가? 아니라면, 지금 당신은 이러한 갈망으로부터 얼마나 멀리 떨어져 있는가?

맹세

매사에 진실하려는 노력은 하나님의 임재 안에 거한다는 자의식에서 나온다. 어떻게든 하나님의 임재 안에 머무르려고 몸부림치는 일은 엄중한 맹세를 하는 것과 같다.

하나님의 임재를 걸고 맹세하는 경우를 상정해 보자. 만일 당신이 이같이 맹세하려면, 먼저 자신에게 그러한 자격이 있는지부터 확인해야 할 것이다. 사무엘 선지자는 자신의 진실성을 선포(맹세)하기 위해 하나님의 임재를 거론했다. "내가 여기 있나니 여호와 앞(임재)과 그의 기름부음을 받은 자 앞에서 내게 대하여 증언하라 내가 누구의 소를 빼앗았느냐 누구의 나귀를 빼앗았느냐 누구를 속였느냐 누구를 압제하였느냐 내 눈을 흐리게 하는 뇌물을 누구의 손에서 받았느냐 그리하였으면 내가 그것을 너희에게 갚으리라 하니"(삼상 12:3). 사무엘은 누구에게도 책잡힐 것이 없었으므로, 그가 하나님의 임재를 걸고 발언하였을 때 백성은 그의 진실성을 인정했다.

예레미야 선지자를 대적한 사람 중 하나냐가 있다. 예레미야는 유다의 바벨론 포로기가 70년 동안 지속될 것을 예언했다. 이때, 하나냐는 여호와 임재를 걸고 바벨론 포로기가 2년 안에 끝나리라 선포했다. 하나냐의 용감한 발언을 들어 보자. "여호와께서 이와 같이 말씀하시니라 내가 이 년 안에 모든 민족의 목에서 바벨론의 왕 느부갓네살의 멍에를 이와 같이 꺾어 버리리라 하셨느니라"(렘 28:11). 이에 예레미야가 하나냐에게 이같이 답했다. "하나냐여 들으라 여호와께서 너를 보내지 아니하셨거늘 네가 이 백성에게 거짓을 믿게 하는도다 그러므로 여호와께서 이와 같이 말씀하시되 내가 너를 지면에서 제하리니 네가 여호와께 패역한 말을 하였음이라 네가 금년에 죽으리라 하셨느니라"(렘 28:15-16). 그리고 예레미야의 말대로 하나냐는 그해 일곱째 달에 죽었다(렘 28:17).

만일 누군가가 하나님의 임재를 걸고 무언가를 말하고자 한다면, 그는 먼저 자신이 악령에게 속은 것은 아닌지 점검부터 해야 할 것이다. "여호와께서 가라사대"라고 운을 띄우며 말하는 것은 참으로 무서운 일이다. 잘못을 저지르느니, 차라리 이런 말을 입에 담지 않는 것이 낫다.

바울은 사도의 권위를 발휘하여 교회 내의 근친상간 상습범을 사탄에게 내어주면서 하나님의 임재를 꺼내들었다. "내가 실로 몸으로는 떠나 있으나 영으로는 함께 있어서 거기 있는 것같이 이런 일 행한 자를 이미 판단하였노라 주 예수의 이름으로 너희가 내 영과 함께 모여서 우리 주 예수의 능력으로 이런 자를 사탄에게 내주었으니 이는 육신은 멸하고 영은 주 예수의 날에 구원을 받게 하려 함이라"(고전 5:3-5).

이처럼 하나님의 임재를 거론하여 맹세하려면, 먼저 자신이 누구에게도 책잡힐 일 없는 진실한 사람이어야 한다. 웨스트민스터 채플에서의 25년 사역 기간에, 나는 딱 한 번 이같이 했다. 성도 중 몇몇이 공공연하게 죄를 범하고도 회개하지 않으려 했을 때였다.

우리가 저지를 수 있는 최악의 잘못은, 진리는 추구하지도 않으면서 하나님의 임재를 들먹이는 것이다. 그렇게 할 때, 하나님의 보좌로부터 심판이 임할 것이다.

바울이 하나님의 임재를 거론하며 근친상간하는 사람을 질책한 결과, 그는 정신 차리고 회개했을 것이다. 내가 하나님의 임재를 거론하며 웨스트민스터 채플의 성도들을 훈계했을 때, 그들은 회개하며 교만의 자리를 떠나 경건한 삶으로 돌아왔다.

핵심은 우리가 진리를 추구하느냐이다. 진리를 추구하는 열정이 당신의 삶을 어디로 인도하든 상관하지 않고 진리를 추구할 수 있는가?

많은 사람들이 병원에 가서 건강검진 받기를 두려워한다. '검사 결과가 안 좋게 나오면 어쩌나' 염려하느라 의사를 찾지 않는 것이다. 이것은 분명 잘못이다! 자신의 몸에 문제가 있는지 없는지, 혹 문제가 있다면 어떤 문제인지 확인하고 싶어야 정상이다. 두려움을 직면하는 대가를 치러야 자신의 건강에 대한 사실을 깨달을 수 있다.

진리를 추구하는 여정도 이와 같다. 진리를 얻으려면 반드시 치러야 할 대가가 있는데, 그 대가를 치르기 전까지 우리는 결코 진리(자신에 대한 진리, 사람들에 대한 진리, 성경에 대한 진리, 신학에 대한 진리 등)를 향해 한 걸음도 내딛을 수가 없다. 어떤 대가를 치러야 하는가? 어느 쪽으로도 치우치지 않고 자신을 공정하게 바라보는 시선, 멀찍이서 자신을 관찰하는 태도, 객관적 사실을 깨닫기 위해 비판을 수용하려는 마음가짐 등이다. 객관적으로 자신을 바라보는 과정은 극도로 고통스럽다. 비판을 수용할 때는 엄청난 수치심을 느낄 것이다. 하지만 그 뒤에 따라올 자유와 해방감은 이보다 훨씬 더 크다.

나는 여섯 살 때 겪은 일 때문에 이후 오랫동안 극도로 주의하게 되었다. 내 친구들이 예배 중 손을 들거나 큰 소리로 기쁨을 선포할 때, 나는 그들을 유심히 관찰했다. 나는 그러한 행동을 가장하지 않기로 수없이 다짐했다. 어떤 사람은 내가 너무 조바심을 낸다고 생각할 것이다. 하지만 나는 진짜가 아니면 절대 하지 않겠다고 마음먹었다.

몇 년 전, 〈미니스트리 투데이〉에 '순전한 진실성'이라는 제목의 글을 실었다.[2] 당시 '레이크랜드 부흥'(2008년 플로리다 주에서 전도자 타드 벤틀리가 일으킨 운동으로, 전 세계에서 수십만 명이 플로리다에 운집하였으나 여러 가지 논란을 일으키

기도 했다 – 역자 주)이라 불리는 현상이 한창 진행 중이었다. 많은 사람들이 그 현상에 넋을 잃고 빠져들었다. 낚시 바늘은 물론 낚시 줄과 낚시 추(봉돌)까지 통째로 삼켜 버린 셈이다. 이후 그들 중 다수는 크게 후회했다고 한다. 나의 개인적인 의견인데, 그 모든 현상은 대부분 가짜였고 사기였다. 거기에 현혹된 사람들은 도대체 무슨 생각이었을까?

지금 우리는 참과 거짓을 분별해낼 신학의 기반 없이 이 시대를 살아가고 있다(모두가 그렇다는 것은 아니다). 오래전 한 선지자가 이같이 말했다. "내 백성이 지식이 없으므로 망하는도다"(호 4:6). 지금도 하나님의 방법, 하나님의 말씀, 하나님의 지혜를 아는 지식이 부족하여 수많은 성도들이 바보, 협잡꾼이 되어 제멋대로 살아간다.

스코틀랜드의 목회자이자 은사주의 운동의 리더인 케니 보스웍은 종종 비기독교인의 눈과 귀로 기독교 방송을 시청한다고 한다. 한번은 그가 아내에게 이같이 말했다. "내가 기독교 신앙에 대한 아무런 지식 없이 그저 TV에서 본 대로 기독교를 판단한다면, 나는 기독교를 돈과 관련된 종교로 인식할 것 같소."

미국에서 일어난 신앙운동 중 교회성장 운동은 오히려 신앙을 퇴보시킨 것 같다. 물론 의도는 선했다. 교회가 성장하도록 도와주려는 것이었으니 말이다. 기독교 신앙의 초창기에 교회를 성장시켜 주신 분은 하나님이셨다. 그러나 지금은 인간의 교묘한 솜씨와 재주, 온갖 기술을 동원하여 많은 사람들을 교회로 유인하고, 그것을 '부흥'이라 부른다. 그러한 노력이 교인 수 증가에는 도움이 되었는지 모르지만, 안타깝게도 성경을 가르치는 강해 설교는 설 자리를 잃게 되었다. 대신 감정을 요동케 하여 헌신을 이끌어 내는 식의 동기부여 설교가 그 자리를 차지하고 있다. 게다가 번영신학(가난을 저주로 규정하고, 예수님의 십자가 구원이 재정적 축복으로 이어진다는 신학 – 역자 주)에 기초한 다양한 종류의 기적들이 크게 강조되고 있다.

과연 하나님께서 이러한 것들을 사용하실까? 물론 하나님은 이런 것들을 사용하실 수 있다! 하나님은 이런 것들을 사용하여 선한 결과를 내실 수 있다.

내 모교회의 기반은 완벽함과는 거리가 멀었다. 하지만 하나님께서는 나를 비롯하여 수많은 사람을 구원하기 위해 완벽하지 않은 그 교회를 사용하셨다.

영광을 유지하라

마틴 로이드 존스 목사는 나에게 "당신이 성장한 나사렛 교단을 잊지 마십시오"라고 수차례 당부하였다. 그리고 왜 그렇게 말하는지, 그 이유도 설명해 주었다. 일전에 그는 나사렛 교회의 창시자인 피니어스 브레시의 일대기를 읽었다고 한다. 브레시는 당시의 감리교도들이 예전과 달라져 있음을 느꼈다. 쉽게 말해, 감리교를 감리교답게 만들어 주는 기름부음이 사라졌다고 생각한 것이다. 그래서 그는 새로운 운동을 일으켰다. 로이드 존스 목사는 브레시의 일대기를 읽고 이렇게 말하였다. "초창기 나사렛 교회는 '진짜'를 갖고 있었습니다."

초기 나사렛 교인들은 미국에서 사회경제적으로 최하위층에 속해 있었다. 부유한 사람이나 높은 수준의 교육을 받은 사람은 없었다. 이러한 성도들이 추구한 한 가지, 그게 바로 하나님의 임재였다. 브레시는 이를 '영광'이라 불렀다. 생애 마지막 몇 년간 브레시는 여러 교회를 순회하며 "영광을 유지하라!"는 단 하나의 메시지를 전했다.

(어떤 이유에서인지) 소리 지르고 울고 뛰는 사람들에게 영광이 임했다. 한동안은 그들의 '소란스러움'이 영광의 척도였다. 브레시는 "교회가 영광을 잃어버리면, 그걸로 끝이다"라고 말했다. 초창기 브레시의 나사렛 운동은 미국 안에서 가장 빠르게 성장하는 교단이 되었다. 나사렛의 끝물 포도가 감리교의 맏물 포도보다 훨씬 훌륭했다.

나사렛 운동보다 1세기 이상 앞선 케인 릿지 부흥과 비교해도 양상은 크게 다르지 않았다. 외관상 두 부흥 운동은 상당히 비슷했다. 어쩌면 케인 릿지 부흥이 좀 더 강력했을지도 모른다(다만 케인 릿지 부흥은 며칠간만 지속되었을 뿐이다).

당시 수백 명의 사람이 성령의 능력에 압도되어 바닥에 쓰러진 일이 있었다. 아무도 그들을 밀거나 그들의 머리에 손을 얹고 기도해 주지 않았는데도 그들이 그냥 쓰러져 버린 것이다. 그렇게 사람들은 몇 시간 동안 바닥에 쓰러져 있었다. 어떤 사람은 한동안 의식을 잃기도 했다. 이들을 지켜본 사람들은 그들이 죽은 것은 아닌지 겁을 내기도 했다. 그러나 모두들 자리에서 일어나 기쁨으로 소리를 지르고 (주체할 수 없을 만큼) 큰 소리로 울며 하나님을 찬양했다. 그들이 쓰러져 있는 동안, 의심할 수 없는 구원의 확신을 얻었기 때문이다.

이처럼 소리를 시르는 현상은 미국 남부 지역의 거의 모든 교단에 길쳐 동일하게 일어났는데, 주로 감리교, 침례교, 장로교, 그리스도의 제자들 교회(개혁주의 전통을 따르는 미국 내 개신교 교단 – 역자 주)에서 그랬다. 하지만 이것 또한 옛날 이야기다. 어떤 사람은 오순절 운동과 은사주의 운동이 이 전통을 이어받았다고 말한다.

얼마나 의식하는가?

몇 년 전, 영국 출신의 선교사들과 대화를 나눌 기회가 있었다. 그들은 20세기 중반 아프리카에서 진정한 부흥이 일어났고, 자신들이 그 현장을 목격했다고 말했다. 그 부흥의 주된 특징 중 하나는 '다른 사람의 눈을 의식하지 않는 것'이라고 했다. 어떤 사람은 타인의 시선은 아랑곳하지 않은 채, 성령의 책망에 반복해서 가슴을 쳤다고 한다.

그들의 이야기가 사실이라면, 참 흥미롭다. 우리가 하나님의 임재 안으로 들어가면, 다른 사람의 시선은 신경쓰지 않게 된다. 반면, 하나님의 임재가 사라질 때, 우리는 극도로 타인의 시선을 신경쓰게 된다. 그러므로 타인의 시선을 의식하는지의 여부는 우리가 하나님의 임재 안에 살고 있는지를 확인해 볼 수 있는 유용한 시금석이라고 할 수 있다.

만일 다른 사람의 시선을 과도하게 염려한다면(남에게 인정받으려고 애쓴다면), 당신은 하나님의 임재 밖에 머물고 있는 것이다. 하나님의 임재를 더 많이 느낄수록 남들의 시선은 덜 신경쓰게 된다.

진실성과 하나님의 임재

진실성과 하나님의 임재는 서로 연결되어 있다. 첫째, 진실성은 우리를 하나님의 임재 안에 머물도록 도와준다. 둘째, 하나님의 임재인지 아닌지를 분별할 때, 진실성은 우리에게 객관적 기준을 제공한다.

진실성은 우리를 하나님의 임재로 인도한다. 그리고 하나님의 임재는 우리에게 진실성을 부여한다. 그러나 어떤 이유에서든 진실성이 사그라진다면, 하나님의 임재도 점점 희미해질 것이다.

최악의 시나리오는 하나님의 임재가 지속적으로 사라져 가는데, 그 사실조차 알아채지 못하는 것이다. 예수님은 여전히 성전에 계시는데, 요셉과 마리아는 그런 줄도 모르고 집으로 발걸음을 옮겼다(부부는 집으로 향하는 행렬 속에 소년 예수가 있다고 착각했다).

만일 우리가 예수님을 잃었다가 뒤늦게나마 그 사실을 알아챘다면, 두 가지 반응을 보일 것이다. 그것은 예수님을 찾아 나서거나 멈추지 않고 가던 길을 계속 가는 것이다.

한때 설교와 치유 사역에서 큰 은사를 발휘하던 유명 인사들이 생각났다. 어느 순간, 그들에게서 기름부음이 떠났다. 그런데도 그들은 마치 기름부음이 사라지지 않은 것처럼, 가던 길을 계속 갔다. 그 결과는 대참사였다. 어떤 사람은 재정적인 부정을 저질렀고, 어떤 사람은 성적 부도덕에 빠졌다. 또 어떤 사람은 알코올 중독자가 되었다.

진실성은 진리의 지배를 받는다. 혹 진리로 인해 어려움을 겪더라도,

진리의 다스림을 받아야만 진실할 수 있다. 이것이 내가 내린 진실성의 정의이다.

시편 기자는 진실한 사람을 설명하면서 '그의 마음에 서원한 것은 해로울지라도 변하지 않는다'고 말했다(시 15:4, 새번역 성경은 이 구절을 "맹세한 것은 해가 되더라도 깨뜨리지 않고 지키는 사람입니다"로 번역했다 – 역자 주). 아주 오래전, 사람들에게 맹세는 신뢰의 정점이었다. 맹세가 사람들이 신뢰할 수 있는 최고의 대상이었다는 뜻이다. 약속은 깨지기도 하지만, 맹세는 절대 깨질 수 없다! 물론 사울 왕은 그의 아들 요나단 앞에서 다윗을 죽이지 않겠다고 맹세하고도 그것을 깨버렸지만 말이다(삼상 19:6-10).

예수님은 우리에게 "도무지 맹세하지 말라"고 하셨다. 사람들은 누구나 신뢰 받고 싶어 한다. 그래서 우리는 타인의 신뢰를 얻기 위해 종종 맹세를 사용한다. 맹세는 약속을 반드시 지키겠다는 다짐이며, 자신의 말이 사실임을 입증하는 방법이다. 그러한 맹세에 대해 예수님의 입장은 단호했다. "도무지 맹세하지 말라!" 딱 잘라 말씀하신 것이다.

예수님께서 그같이 말씀하신 데에는 두 가지 이유가 있다. 첫째, "도무지 맹세하지 말라"는 명령에는 하나님의 성품에 대한 예수님의 깊은 이해가 깃들어 있다. 당시 사람들은 하나님의 이름을 걸고 맹세했는데, 그 이름은 하나님의 성품을 고스란히 반영하고 있다. 그러므로 그 이름은 인간의 말로 이렇다 저렇다 할 것이 아니다. 맹세하지 말라는 예수님의 금령은 하나님의 이름을 망령되게 사용하지 말라는 십계명의 적용이기도 하다. 둘째, 예수님은 굳이 맹세하지 않더라도 신뢰를 줄 수 있어야 한다고 말씀하신 것이다. 크리스천의 말은 언제든 신뢰할 수 있어야 한다.

예수님은 우리가 항상 진실만 말하기를 바라신다(마 5:33-37). 그러므로 맹세했다면, 반드시 지켜야 한다. 맹세뿐 아니라 일반적인 약속도 마찬가지이다. 진리 때문에 큰 손해를 보게 되더라도 진리가 우리를 다스려야 한다.

진실의 열매

진실의 열매에는 재정적 신뢰성, 도덕성, 진실한 언어생활, 진리(사실)를 향한 갈망이 있다.

재정적 신뢰성

예수님은 공생애 중 다른 어떤 주제보다 돈에 대해 많은 말씀을 하셨다. 존 웨슬리는 한 인간이 죽을 때까지 회심해야 할 영역이 지갑이라고 했다. 프랑스의 계몽 사상가 볼테르(1694-1778)는 "돈을 이야기하는 순간, 모든 사람의 종교는 하나가 된다"고 했다. 켄터키 주 사람들은 이같이 말한다. "누군가가 '문제는 돈이 아니야. 원칙이 중요해'라고 말한다면, 그가 말한 원칙은 '돈'이다."

우리가 청렴하기 위해 지독하게 노력할 때, 많은 문제에서 해방된다. 돈을 사랑하는 마음은 모든 악의 근원이다(딤전 6:10). 그리스도의 종에게는 재정적 신뢰성이 요구된다. 모든 크리스천은 돈 문제에서 깨끗해야 한다.

진실성은 돈 주고 살 수 있는 품목이 아니다. 그러므로 진실한 사람은 돈으로 매수할 수 없다. 돈으로 매수된다면, 그는 애초부터 진실하지 않은 사람이었던 것이다. 발람이 그런 사람이었다. 모압 왕 발락이 발람에게 복채를 건네며 이스라엘을 저주해 달라고 했을 때, 발람은 겉으로는 청렴한 척했다. "발락이 그 집에 가득한 은금을 내게 줄지라도 내가 능히 여호와 내 하나님의 말씀을 어겨 덜하거나 더하지 못하겠노라"(민 22:18). 이 말만 놓고 보면, 발람은 꽤나 청렴한 사람 같다. 아주 그럴싸하게 들리는 말이지만, 그것은 명백한 위선이다. 왜냐하면 하나님께서 일찌감치 그 요청에 응하지 말라고 하셨는데, 그 말은 쏙 빼놓았기 때문이다. "너는 그들과 함께 가지도 말고 그 백성을 저주하지도 말라 그들은 복을 받은 자들이니라"(민 22:12).

결국 발람은 돈에 대한 탐욕을 낱낱이 드러냈다. 그래서 발락 왕이 보낸 신하들에게 이같이 말했다. "너희도 이 밤에 여기서 유숙하라 여호와께서 내게 무슨 말씀을 더하실는지 알아보리라"(민 22:19). 그는 하나님께서 마음을 바꾸시기를 바랐다. 발람은 어떻게든 그 돈을 취하고 싶었기 때문에 발락 왕이 시키는 대로 이스라엘을 저주하려 했다. 그러나 그때마다 발람은 하나님의 영에 압도되어 이스라엘을 축복해 버리고 만다. 복채가 날아갈 판이다. 그러자 발람은 "한 번만 더 해보겠습니다!"라고 외친다. 하지만 하나님은 이스라엘을 저주하지 못하도록 연거푸 발람의 입을 막으셨다(민 23:1-24:24). 그럼에도 돈을 사랑하는 마음이 어찌나 강했던지, 발람은 묘안을 발락 왕에게 전하여 원하던 돈을 거머쥐었다.

이러한 발람의 결국은 비참하기 짝이 없다. 그는 이스라엘의 칼에 죽임을 당했다. "그들이 여호와께서 모세에게 명령하신 대로 미디안을 쳐서 남자를 다 죽였고 … 또 브올의 아들 발람을 칼로 죽였더라"(민 31:7-8). 발람은 돈으로 매수할 수 있는 사람이었다.

진실한 사람은 돈 앞에서 흔들리지 않는다. 그런데 안타깝게도 너무나 많은 사람이 가격만 맞으면 자신을 팔아 버린다. 심지어는 '믿음'(신념)까지 내어줄 기세다. 업튼 싱클레어(1878-1968, 미국의 소설가로 대표작에 자본주의의 정글 속에서 비참한 인생을 살아가는 이민노동자의 실태를 폭로한 《정글》[Jungle]이 있다 - 역자 주)가 말했다. "불의를 외면하는 대가로 월급을 받는다면, 그가 실상을 깨닫는 일은 거의 불가능하다."3) (목회자나 성도나 할 것 없이) 크리스천 중 사업장이나 직장에서 일할 때, 성경의 원칙을 수호하는 사람이 몇이나 될는지 궁금하다.

진실하게 일하고 진실하게 사는 것은 미국의 시인 로버트 프로스트 (1874-1963)가 말한 '다수가 밟지 않은 길'과 같다.

아주 먼 훗날 어디쯤에선가
나는 한숨을 내쉬며 말하리라
숲 속 갈래길 앞에서
많은 이가 밟지 않은 길을 선택했노라고
그 선택이 모든 것을 뒤바꾸었노라고4)

만일 당신이 다수가 밟지 않은 길을 선택했다면, 당신은 지금 진리를 향해 나아가는 중이다. 그 선택은 금보다 더 귀하다. "지혜가 제일이니 지혜를 얻으라 네가 얻은 모든 것을 가지고 명철을 얻을지니라 그를 높이라 그리하면 그가 너를 높이 들리라 만일 그를 품으면 그가 너를 영화롭게 하리라 그가 아름다운 관을 네 머리에 두겠고 영화로운 면류관을 네게 주리라"(잠 4:7-9).

도덕성

'진실성'과 '성적 순결'은 함께 간다. 사람들은 자신의 지도자가 성욕을 통제하길 바란다. 비록 자신들은 그렇지 않더라도, 지도자만큼은 성적 욕구를 제어할 줄 알아야 한다고 생각하는 것이다. 불공평하게 들릴지 모르나, 실상이 그렇다. 유명인이 되려면, 큰 대가를 치러야 한다. 대중 앞에 서는 사람은 모범을 보여야 할 책임이 있다. 윈스턴 처칠이 말했다. "위대함의 대가는 책임감이다".[5]

안타깝게도 오늘날 우리는 '위대함'의 상실을 매일같이 경험한다. 상상조차 하기 힘든 일들이 수시로 헤드라인을 장식한다. 목회자, 정치인, 정부 각료, 교육계 인사들의 성적 타락이 단골 메뉴이다. 나는 무책임한 사람들이 각계각층의 지도자가 될까 봐 두렵다. 오늘날 수많은 지도층이 절제 없는 사생활을 즐기고 있다. 특히 불륜으로 인한 가정 파탄이 심각하다. 그들은 성적 순결에 대한 의식이 그리 강하지 않다. 성적인 죄를 범하고도 양심의 가책을 느끼지 못한다. 부정한 이성 관계는 물론 동성애에 대한 죄책감도 크지 않다. 여기서 한 가지 분명히 해두자. 한 남자와 한 여자의 결합만이 성경적 결혼의 표준이다. 하지만 이러한 성경적 표준은 사람들의 마음속에서 붕괴되고 있다. 한부모 가정에서 자라는 아이들의 숫자는 매년 증가하고 있다. 그로 인해 파생되는 결과 중 하나는 이들이 성장하면서 성정체성 혼란을 겪는다는 것이다.

성령의 은사(고전 12:8-10에 등장하는 은사들)를 강조하는 사람 중에 은사와 진실성이 그다지 관계가 없다는 사실을 아는 사람은 그리 많지 않다. 말하자면, 진실하지 않은 사람에게도 은사가 넘쳐날 수 있다는 것이다. 성령의 은사를 사용하여 크게 사역하는 사람 중 쉽게 타락하는 이들이 얼마나 많은가? 그러한 사람을 알거나 주변에서 본다면, 당신은 매우 실망할 것이다. "놀라운 은사를 받고 위대하게 사역하는 사람이 어떻게 저럴 수 있지?" 하고 말이다.

하지만 놀라거나 실망할 것 없다. 왜냐하면 은사는 취소될 수 없기 때문이다. 심지어 킹제임스성경은 "은사에는 후회하심이 없다"(롬 11:29)고까지 했다. 개인의 성품, 경건, 진실성은 여기에 개입될 여지가 없다. 다윗을 죽이려 한 사울 왕에게 성령이 임한 것을 보라. 그는 살인을 하러 가던 중 성령을 받고 예언했는데, 이러한 현상도 같은 맥락에서 이해할 수 있다(삼상 19:23-24).

내 말이 이상하게 들릴 수도 있지만, 종종 대중 앞에서 엄청난 은사를 나타내며 사역한 사람들의 부정한 사생활에 천사들이 얼굴을 붉히곤 한다. 나는 기독교 TV에서 설교하는 유명 인사들의 이면을 속속들이 아는 사람들과 많은 대화를 나누었다. 감사하게도 그들 중에는 선한 사람들도 있었다. 그러나 성적으로 깨끗하지 못한 목회자들이 사역에서 크게 성공하는 것을 보며 충격을 받기도 했다.

언젠가 우리는 그리스도의 심판대 앞에 설 것이다. 그날 (선하든 악하든) 우리가 행한 모든 일이 낱낱이 드러날 것이다. "이는 우리가 다 반드시 그리스도의 심판대 앞에 나타나게 되어 각각 선악간에 그 몸으로 행한 것을 따라 받으려 함이라"(고후 5:10).

케인 릿지 부흥이 시작된 어느 주일 아침, 감리교 출신의 평신도 설교자가 숲 속의 쓰러진 나무 위에 올라서서 말씀을 전했다. 당시 그가 선택한 본문 말씀은 고린도후서 5장 10절이었다. 예배 중 수백 명이 그 말씀을 듣고 성령의 능력에 압도되어 바닥에 쓰러져 버렸다. 나는 그가 전한 설교문이 남아 있다면 얼마나 좋을까 생각해 본다. 그 같은 설교문이 하나님의 손에 들려 그처럼 중요한 날에 요긴하게 사용되다니! 이러한 사실은 '최후 심판'이라는 주제가 얼마나 시급하고 중요한지를 보여 준다. 핵심은 이것이다. 육체로 살아가는 동안 우리가 행한 모든 일이 심판대에 오를 것이다!

고린도전서 3장 13-15절은 우리가 행한 일들이 불 시험을 통과하여 그대로 남을 경우 상을 받게 될 것이라고 약속한다. 하지만 우리의 행위가 불에 살라질 경우, 상을 못 받는 것은 차치하고 마치 불 가운데서 건져지는 것같이 겨우 구원을 얻을 것이다. "그날이 공적을 밝히리니 이는 불로 나타내고 그 불이 각 사람의 공적이 어떠한 것을 시험할 것임이라 만일 누구든지 그 위에 세운 공적이 그대로 있으면 상을 받고 누구든지 그 공적이 불타면 해를 받으리니 그러나 자신은 구원을 받되 불 가운데서 받은 것 같으리라"(고전 3:13-15). 그날 모든 것이 낱낱이 드러날 것이다(롬 2:16).

만일 내가 최후의 심판대 앞에서 상을 받는다면, 그 근거는 무엇이겠는가? '이 땅에서 내가 얼마나 유명했는가? 얼마나 많은 설교를 전했는가? 얼마나 많은 책을 집필했는가?'가 기준이 될까? 아니다! 마지막 날,

성도가 받을 상은 이러한 것과는 아무 상관없다. 그날의 심판은 이 땅에서 내가 어떠한 사람이었는가와 직결된다. 나는 상을 받을 만한 아버지인가? 상을 받을 만한 남편인가? 혼자 있을 때, 경건한 사람인가?

그날 당신이 상을 받는다면, 그 상은 이 땅에서 얼마나 많은 돈을 모았는지, 얼마나 큰 집을 장만했는지, 얼마나 좋은 자동차를 타고 다녔는지, 또 교회에서 얼마나 많은 사람에게 칭찬을 들었는지와는 아무 상관이 없을 것이다. 그 상은 한 남자, 한 여자로서 얼마나 올바르게 살았는지에 달려 있다. 당신은 결혼생활에 충실했는가? 원수를 용서했는가? 늘 감사하는 사람인가?

케인 릿지 부흥의 특이한 점은, 하나님께서 사람들에게 성령의 은사들을 내려 주지 않으셨다는 것이다(성령의 은사가 그리 크게 나타나지 않았다). 설교 중 사람들은 하나님의 임재를 체험했고, 그 결과 죄에 대해 각성하면서 하나님 앞에서 올바르게 살고자 하는 열정이 뜨겁게 불타올랐다. 바닥에 쓰러진 사람들 대다수는 올바르게 살지 못한 것 때문에 두려워했다. 여호와를 두려워하는 참된 의미의 경외를 체험한 것이다. 물론 구원의 확신을 얻은 후, 그들은 소리 지르며 울고 뛰는 등 말로 설명하지 못할 황홀한 기쁨을 표출했다.

진실한 언어생활

당신이 하는 모든 말은 사실이어야 하며, 당신은 말한 대로 행동해야 한다. 진실한 사람은 절대 과장하지 않고 사실만을 말하며, 능력 밖의 일임을 알면서도 헛된 약속을 하지 않는다. 그러므로 사람들은 당신이 진실만을 말하는 사람이라고 생각하여 당신을 믿는다.

> 여호와여 주의 장막에 머무를 자 누구오며 주의 성산에 사는 자 누구오니이까 진실하게 행하며 공의를 실천하며 그의 마음에 진실을 말하며 그의 혀로 남을 허물하지 아니하고 그의 이웃에게 악을 행하지 아니하며 그의 이웃을 비방하지 아니하며 그의 눈은 망령된 자를 멸시하며 여호와를 두려워하는 자들을 존대하며 그의 마음에 서원한 것은 해로울지라도 변하지 아니하며 _시 15:1-4

하나님을 닮는 것이 경건이다. 하나님은 거짓말을 하실 수 없다(히 6:18, 딛 1:2). 우리는 하나님의 말씀이 진리이며 사실임을 믿는다. 하나님은 자신의 말씀을 지키시는 분이다. 당신이 경건하다면, 사람들은 당신의 말을 믿으며 이렇게 말할 것이다. "그는 약속을 지키는 사람이야."

진실함은 진리에게 다스림 받는 상태를 말한다. 솔직하면 손해를 보더라도 그것을 감수하려는 태도가 진실성이다. 여기에는 일상의 말도 포함된다. 사실만을 말하고 거짓은 입 밖에 내지 않으려는 태도 말이다.

안타깝게도 우리 모두는 모태에서부터 거짓을 말하는 악인이다(시 58:3). 그래서인지 어린 시절부터 거짓말은 배우지 않아도 잘한다. 반면, 진실을 말하는 데는 엄청난 노력과 교육이 필요하다. 회심하기 전에는 그렇다. 그러나 속성 자체가 진리이신(요 14:6) 예수 그리스도께 나아가면, 진리의 성령이 내주하시게 된다(요 14:17). 일할 때나 말할 때, 진리의 성령 안에 있다는 뜻이다. 그러므로 크리스천은 '사랑' 안에서(엡 4:15) 참된 것(진실)을 말하게 된다.

솔직한 말, 투명한 대화, 속이지 않고 사실만 말하는 태도, 이것이 바로 언어생활에서의 진실성이다. 무언가를 약속했으면, 반드시 지켜야 한다. 어딘가를 가겠다고 말했다면, 반드시 가야 한다. 돈을 내기로 했으면, 반드시 지불해야 한다. 이것이 언어생활의 진실성이다.

반면, 사탄은 거짓말쟁이다. 그는 처음부터 살인자였고 거짓의 아비였다. 그의 모국어는 거짓말이다(요 8:44). 사탄에겐 진실성이 없다. 진실이라곤 흔적조차 찾아볼 수 없다. 하나님이 선하시고, 거룩하시며, 참되시고, 사랑과 찬양을 받기에 합당하신 분이라면, 사탄은 그와 정반대이다. 우리는 악하고 추하며, 거짓되고 유해하며, 비생산적이고 혐오스러운 사탄과 정반대로 행해야 한다.

진리를 향한 갈망

당신은 진리를 갈망하는가? 진리를 얻기 위해서라면 어떤 희생도 치를 각오가 되어 있는가? 진리를 위해 소중히 여겨온 신념까지 버려야 한다면, 어떻게 하겠는가? 기꺼이 그 입장을 내려놓을 수 있겠는가?

몇 해 전, 히브리서 6장 4-6절에 대해 일반적이지 않은 견해를 내놓았다가 어려움을 겪은 적이 있다. "한 번 빛을 받고 하늘의 은사를 맛보고 성령에 참여한 바 되고 하나님의 선한 말씀과 내세의 능력을 맛보고도 타락한 자들은 다시 새롭게 하여 회개하게 할 수 없나니 이는 그들이 하나님의 아들을 다시 십자가에 못 박아 드러내 놓고 욕되게 함이라"(히 6:4-6). 나는 이 구절이 제대로 구원받지 않은 사람들에 대한 말씀이라고 설교해

왔고, 또 몇 편의 글을 통해 그 입장을 지지했다. 즉, 그들의 구원은 애초부터 가짜였다는 것이다. 이것은 전통적인 개혁주의의 입장과 같다. 하지만 1982년 여름, 나는 이 구절에 나타난 이들이 진정 구원받았으나 이런저런 이유로 성령님께 귀를 막아 버린 사람임을 깨달았다. 즉, 그들의 구원은 진짜였다. 다만 후에 심각하게 타락하여 다시는 새롭게 될 수도, 회개할 수도 없는 상태가 된 것이다.

나는 결정을 내려야 했다. "이들이 구원받은 사람이라는 견해를 말해야 하나?" 내 대답은 "그래야만 한다"는 것이었다. 물론 그것은 쉽지 않은 결정이었다. 하지만 나는 깨달은 그대로 사람들에게 말했다. 개혁주의 지지자들을 기쁘게 하는 것보다는 참된 기름부음의 각성이 더욱 중요해 보였기 때문이다.

대부분의 사람들은 과거에 자신이 내놓은 입장을 번복하기 싫어한다. 특히 글이나 책을 통해 그 입장을 밝혔다면 더더욱 그럴 것이다. 사람들은 워낙 자신의 평판을 크게 신경쓰기 때문에 "제가 과거에는 잘못 생각했습니다"라고 말하지 못한다. 그러나 이것은 교만이다. 이처럼 자신이 옳다고 생각한 후, 자기 의의 늪에서 헤어나지 못하는 사람들은 결코 성장할 수 없다.

성령과의 동행은 진리를 말하는 것뿐 아니라, 항상 빛 가운데 행하는 것을 의미한다. 빛 가운데 행하는 것에는 '밝혀진 사실'을 겸허히 받아들이는 태도도 포함된다. 한때 특정한 견해로 유명해진 사람이 그 견해를 내려놓고 입장을 번복하기란 결코 쉬운 일이 아니다. 그것은 아마도 산 정상에서 곤두박질치는 느낌일 것이다. 그러나 문제는 '과연 무엇이 더 중요한가'이다. 체면을 구기지 않으려고 계속 그 자리에 머무르겠는가? 아니면 더 많은 기름부음을 얻기 위해 빛 가운데로 나아가겠는가?

이와 관련하여 한 가지 굉장히 중요한 말을 빠뜨렸다. 물론 우리는 진리 앞으로 나아가야 한다. 그러나 은혜(사랑) 안으로 들어가는 것 또한 그만큼 중요하다. 은혜(사랑)는 실수를 덮어 준다. 은혜(사랑)는 온전한 용서이다. 은혜(사랑)는 앙심을 품지 않는다(고전 13:5). 예수님은 진리뿐만 아니라 은혜로도 충만하신 분이다(요 1:17).

어떤 사람의 경우, 진리는 충만하나 은혜가 부족하다. 또 어떤 사람은 은혜는 많지만 진리가 부족하다. 그러므로 성경은 우리를 향해 진리를 따르는 만큼 은혜를 추구하라고 말한다.

은혜를 추구하는 사람은 '온유한 성품'을 지닌다. 온유는 사람들에게서 쉽게 발견되지 않는 아주 희귀한 보석과 같다. 당신은 온유한 사람인가? 그렇다면 자신을 향한 비판도 넓은 가슴으로 받아들일 것이다. 우리는 보복을 하거나 공격적으로 방어하는 사람이어서는 안 된다.

이 이야기를 하다 보니 '진국'(real deal)이라는 표현이 떠오른다. 가끔씩 사람들은 누군가에 대해 "그 사람 진국이에요?"라고 묻는다. 우리는 영웅처럼 떠받드는 지도자들이 진국이길 기대한다. 그래서인지 그들이 스캔들의 중심에 서더라도 그 사실을 쉽게 받아들이지 못한다. 부디 우리 모두가 힘을 다해 거룩한 삶, 진실한 삶을 살아가자. 진짜 진국이 되자!

진실성을 이끄는 기관차는 지치지 않는 '진리 사랑'이다. 진리가 무엇이든, 진실을 안 이상 결과가 어떻게 되든 상관없이 진리를 향해 나아가려는 태도가 진실성을 유지시켜 준다. 진리에 도달하기 위해 해야 할 일을 하고, 가야 할 곳에 가고, 지불해야 할 것을 지불하는 태도가 진실성이다. 바로 거기, 진리가 있는 곳에 하나님의 임재가 있다. 그러나 반드시 기억해야 할 것은 진리와 더불어 은혜(사랑)를 놓쳐서는 안 된다는 것이다.

바울은 거짓을 믿어 멸망하는 사람들의 원인을 추적할 수 있다고 말했다. 이러한 사람은 자신을 구원해 줄 진리를 사랑하지 않는다. '진리의 사랑'을 받지 않은 것이 멸망의 원인이라는 뜻이다. 나는 바울의 말을 오랫동안 곱씹었다. "불의의 모든 속임으로 멸망하는 자들… 이는 그들이 진리의 사랑을 받지 아니하여 구원함을 받지 못함이라 이러므로 하나님이 미혹의 역사를 그들에게 보내사 거짓 것을 믿게 하심은 진리를 믿지 않고 불의를 좋아하는 모든 자들로 하여금 심판을 받게 하려 하심이라"(살후 2:10-12).

당신은 진리를 사랑하는가? 진리의 사랑(진리를 사랑하는 영)을 받았는가? 진리가 무엇이든, 그 때문에 어떤 손해를 입든 진리를 사랑할 수 있는가? 예수님께서 말씀하셨다. "누구든지 아버지의 뜻을 행하면 진리 앞으로 나아가게 될 것이다"(요 7:17 참조). 핵심은 '우리가 원하는 것이 진리인가?'이다. 진실한 사람은 무엇보다 진리를 원할 것이다.

진실성에 대한 주의사항

진실성을 강조하는 것에는 아무 문제가 없다. 하지만 한 가지 주의해야 할 것이 있는데, 바로 자기 의의 함정이다. 진실하다고 해서 우리의 인생이 아름답게 끝나리라 생각하면 오산이다. 진실성 하나로는 행복한 결말이 보장되지 않는다. 왜냐하면 진실하려고 발버둥치는 노력 안으로 언제든 자기 의가 비집고 들어올 수 있기 때문이다. 자기 의라는 죄의 특성상, 사람들은 자신에게서 그 죄(자기 의)를 잘 찾지 못한다. 물론 남에게선 쉽게 발견하지만 말이다.

우리는 진실성을 유지하되, 자신을 너무 대단하게 여기는 죄에 빠지지 않도록 애써야 한다. 자기 의와 진실성은 원래 잘 섞이지 않는다. 진실성을 추구하는 길에 스멀스멀 찾아드는 자기 의는 향기름 통에 빠진 죽은 파리와 같다. 하지만 일단 우리 안에 자기 의가 파고들면, 사태는 걷잡을 수 없다. 파리의 사체가 온통 악취를 풍기기 때문이다. "죽은 파리들이 향기름을 악취가 나게 만드는 것같이 적은 우매가 지혜와 존귀를 난처하게 만드느니라"(전 10:1). 기억하라. 아주 고매한 진실성의 소유자라 할지라도 여전히 사악하고 거짓된 마음을 품고 있을 수 있다. 당신이 영웅처럼 떠받드는 사람도 그럴 수 있음을 인정하라.

욥이 좋은 예이다. 그는 흠이 없는 온전한 사람이었다. 한동안은 그랬다! 하지만 그가 벼랑 끝으로 내몰리자 그의 마음속 갈라진 틈으로 자기 의가 스며 나오기 시작했다. 결국 그는 주변 사람 모두가 참기 힘들 만큼 자기 의의 악취를 강하게 풍겼다. 그가 자신을 질책하는 친구들에게 뭐라고 했는지 한 번 들어 보자. "나는 결코 너희를 옳다 하지 아니하겠고 내가 죽기 전에는 나의 온전함을 버리지 아니할 것이라 내가 내 공의를 굳게 잡고 놓지 아니하리니 내 마음이 나의 생애를 비웃지 아니하리라"(욥 27:5-6).

슬프지 않은가? 하지만 다행히도 하나님께서 욥에게 자비를 베풀어 주셨고, 이로써 그는 원래의 모습으로 돌아왔다. 하나님의 눈에 비친 자기 의는 인간이 끔찍하게 여기는 죄만큼이나 끔찍하고 사악한 죄이다. 부디 이것을 명심하기 바란다.

우리는 진실성을 유지하기 위해 항상 은혜와 진리를 추구해야 한다. 진리를 추구하는 동안 우리는 자기 의의 위험성을 인식하고, 언제든 그 늪에 빠질 수 있다는 사실을 인정해야 한다. 그래야만 겸손할 수 있다. 자신의 죄악을 바라봐야만, 진리를 받아들일 수 있다. 자신이 죄인임을 인정해야만, 진리 앞에서 화들짝 놀라지 않을 수 있다. 진리를 얻기 위해 먼저 자신을 살펴보라. 어제 자신을 살피고 죄를 고백했다고 해서 다 끝난 것이 아니다. 오늘도 동일한 과정을 반복해야 한다.

진실한 사람이 받게 될 상은 하나님의 임재이다. 그리고 하나님의 임재 안에 거할 때, 우리가 얻을 유익은 진실한 성품이다. 그것이 얼마나 좋은 상인지 내게 묻는다면, 나는 "최고!"라고 답할 것이다.

CHAPTER 7

임재의 상징

백성에게 명령하여 이르되 너희는 레위 사람 제사장들이 너희 하나님 여호와의 언약궤 메는 것을 보거든 너희가 있는 곳을 떠나 그 뒤를 따르라 그러나 너희와 그 사이 거리가 이천 규빗쯤 되게 하고 그것에 가까이하지는 말라 그리하면 너희가 행할 길을 알리니 너희가 이전에 이 길을 지나보지 못하였음이니라 하니라 _수 3:3-4

그들이 섬기는 것은 하늘에 있는 것의 모형과 그림자라 모세가 장막을 지으려 할 때에 지시하심을 얻음과 같으니 이르시되 삼가 모든 것을 산에서 네게 보이던 본을 따라 지으라 하셨느니라 _히 8:5

CHAPTER 7
임재의 상징

율법 시대가 열리면서(출애굽 후 모세에게 율법이 주어진 BC 1300년경부터 예수님이 십자가에 달려 돌아가신 AD 33년까지를 율법 시대라 칭한다) 하나님께서는 모세에게 두 가지를 주셨는데, 하나는 '가르침'(종종 율법으로 번역되는 히브리어 토라의 본래 의미는 가르침이다 – 역자 주)이고 다른 하나는 '기적'이다. 당신은 이 두 가지를 말씀과 성령의 그림자로 생각할 것이다. 말씀에는 십계명과 같은 도덕률과 예배 의식을 규정한 제의법 및 일상에서 지켜야 할 사회규범이 포함된다. 성령은 시내산에서 번쩍이던 번개, 그 위에 두껍게 내려앉은 구름, 매일같이 공급된 만나, 초자연적 불기둥과 구름기둥의 상징을 통해 백성들 앞에 자신을 나타내셨다. 성령뿐 아니라 말씀 역시 옛 이스라엘 백성만을 위한 가르침이 아니라 오늘을 살아가는 우리를 위한 것이다. "무엇이든지 전에 기록된 바는 우리의 교훈을 위하여 기록된 것이니 우리로 하여금 인내로 또는 성경의 위로로 소망을 가지게 함이니라"(롬 15:4).

임재와 임재의 상징이 섞이다

이 시기에는 실제 임재와 임재의 상징이 섞여 나타나곤 했다. 먼저 상징물들을 살펴보자. 이 시대의 상징물로는 성막, 그리고 성막 안의 기구들, 이를테면 진설병 상, 금 향로, 금 촛대, 지성소, 언약궤 등이 있다. 이 상징물들은 약 1,300년 후에나 나타날 그리스도의 초림과 성령강림, 곧 실질적인 하나님의 임재를 암시하고 있다.

> 예비한 첫 장막이 있고 그 안에 등잔대와 상과 진설병이 있으니 이는 성소라 일컫고 또 둘째 휘장 뒤에 있는 장막을 지성소라 일컫나니 금 향로와 사면을 금으로 싼 언약궤가 있고 그 안에 만나를 담은 금 항아리와 아론의 싹난 지팡이와 언약의 돌판들이 있고 그 위에 속죄소를 덮는 영광의 그룹들이 있으니 이것들에 관하여는 이제 낱낱이 말할 수 없노라 _히 9:2-5

모세를 통해 전달된 상징물들이 하나님의 임재를 넌지시 드러내긴 했지만, 그것이 전부는 아니었다. 그 시대에도 하나님께서는 백성 앞에 자신의 모습을 직접 드러내시곤 했다. 바꾸어 말해서 이들 상징물들이 장차 임하실 그리스도와 성령을 암시하기는 하지만, 그 시대에도 하나님께서는 특별한 방법으로 백성을 만나 주셨다는 것이다. 모세 시대는 물론, 그 이후 오랫동안 하나님께서는 자신의 임재를 직접 나타내셨다. 성막이나 언약궤 같은 물건들은 미래에 성취될 약속의 그림자로서 제 역할을 감당했다. 그러나 이러한 '그림자'의 시대에도 하나님께서는 자신의 임재를 직접 나타내곤 하셨다.

광야에서의 40년을 생각해 보자. 당시 하나님의 즉각적이고 직접적인 임재는 낮의 구름기둥, 밤의 불기둥으로 나타났다. 이러한 초자연적 임재는 이스라엘 백성에게 주어진 은혜였다.

> 구름이 성막 위에서 떠오를 때에는 이스라엘 자손이 그 모든 행진하는 길에 앞으로 나아갔고 구름이 떠오르지 않을 때에는 떠오르는 날까지 나아가지 아니하였으며 낮에는 여호와의 구름이 성막 위에 있고 밤에는 불이 그 구름 가운데에 있음을 이스라엘의 온 족속이 그 모든 행진하는 길에서 그들의 눈으로 보았더라 _출 40:36-38

우리가 살고 있는 이 시대에 참으로 기이한 현상이 나타나고 있다. 이 세태를 보며 나는 탄식하지 않을 수 없다. 상징의 시대에도 직접적인 하나님의 임재를 체험했건만, 임재의 시대인 오늘날 상징만 체험하는 교회와 성도들이 부지기수이니, 이 어찌된 일인가?

이들이 체험하는 상징이 예전(禮典) 중심 교회에서 흔히 볼 수 있는 촛불일 수도 있고, 심지어는 분위기를 조성하기 위해 만들어낸 자욱한 연기일 수도 있지만, 이상하게도 거기에 하나님의 임재는 없다. 어떤 교회는 성령을 상징하는 비둘기 그림을 크게 그려 벽에 걸어놓았다. 또 어떤 교회 안에는 붉은 깃발이 펄럭이도록 송풍 장치를 해놨는데, 멀리서 보면 마치 불기둥 같다. 또 어떤 교회는 그 모든 상징물을 모아다가 비치해 두었다. 하지만 하나님의 임재는 없다.

많은 성도들이 상징만 가득한 교회 안에서 하나님의 임재가 나타나길 갈망하고 있다. 하나님의 임재가 점점 사라지기 때문에 그 공백을 상징물로 채우는 것은 아닐까? 임재의 감소 추세와 상징물의 증가 추세가 무관해 보이지 않는다.

성막

성막은 모세의 지휘 아래 제작되었다. 그는 하나님께서 보여 주신 디자인대로 성막을 만들었다. 모세가 창의적인 사람이었는지는 알 수 없지만, 설령 그가 창의적인 사람이었다 하더라도 자신의 아이디어를 발휘하여 성막의 디자인을 바꿀 수는 없었다. 하나님께서 그런 자유를 허락하지 않으셨으므로, 그는 하나님의 지침을 그대로 따라야 했다. 성막 안에 놓아둔 가구며 다양한 기구(언약궤, 진설병 상, 금 촛대 등) 역시 하나님의 식양대로 제작해야 했다. 그는 하나님께서 보여 주신 디자인을 따랐다. "너는 삼가 이 산에서 네게 보인 양식대로 할지니라"(출 25:40).

모세가 만든 것은 '그림자'였다. 모세는 하늘에 있는 무언가를 보고 그것을 본 딴 모형을 이 땅 위에 만들었는데, 그것이 성막이다. "그들이 섬기는 것은 하늘에 있는 것의 모형과 그림자라 모세가 장막을 지으려 할 때에 지시하심을 얻음과 같으니 이르시되 삼가 모든 것을 산에서 네게 보이던 본을 따라 지으라 하셨느니라"(히 8:5).

바꿔 말하면 성막의 원형, 또는 '진짜'가 따로 있다는 것이다. 원형은 하늘에 있고, 모세가 이 땅 위에 세운 성막은 그 모형이다. 게다가 성막은 장차 성취될 두 가지 약속을 가리키고 있는데, 그 두 가지는 바로 주 예수 그리스도와 성령의 강림이다. 성막 안에 있는 가구와 기구들은 모두 이 두 가지 사건을 암시하고 있다.

이 책은 하나님의 임재에 초점을 맞추고 있기 때문에, 이제 성막과 하나님의 임재가 어떻게 연결되는지 살펴볼 것이다.

일단 성막 안에 있는 건물부터 보자. 여러 개의 기둥을 세우고 그 위를 앙장으로 덮어 지붕을 삼은 이 건물은 크게 성소와 지성소로 나뉜다. 이렇게 성소와 지성소로 구성된 이 건물은 종종 '회막'(모임의 천막)으로도 불렸다. 하나님은 지성소에서 모세를 만나 주셨다. 그곳에서 그와 얼굴을 맞대고 대화하셨다(출 33:7-11).

성소

성막의 동쪽 출입문에서 볼 때, 앞쪽에 위치한 성소에는 진설병 상, 금 촛대, 금 향단, 이렇게 세 가지의 기구가 비치되어 있었다. 진설병 상 위에는 열두 덩이의 무교병을 여섯 개씩 두 줄로 쌓아 진열했는데, 그 떡을 진설병(showbread) 또는 임재의 떡(bread of presence)이라 부른다. 진설병은 안식일마다 새로 만든 떡으로 교체한다. 일주일간 진설되었던 떡은 제사장이 양식으로 삼았다. 그런데 한 번은 아주 위급한 상황에서 그 떡을 다윗과 그 일행이 먹었다(삼상 21:6).

진설병은 예수님을 상징한다. 예수님 역시 자신을 가리켜 '생명의 떡'이라 말씀하시지 않았는가?(요 6:48) 이 떡은 또한 주의 만찬(성찬)을 상징한다. 떡은 예수 그리스도의 몸을 대변한다. "내가 진실로 진실로 너희에게 이르노니 인자의 살을 먹지 아니하고 인자의 피를 마시지 아니하면 너희 속에 생명이 없느니라"(요 6:53).

주의 만찬(성찬)은 하나님의 임재를 상징한다. 로마 가톨릭에 의하면, 사제가 떡과 포도주를 들어 예수님의 살과 피로 선포할 때, 그것이 실제로 예수님의 살과 피가 된다고 한다. 이러한 입장을 성변화설 또는 화체설(化體說)이라 부른다. 하지만 종교개혁자인 마틴 루터는 새로운 견해를 제시하였다. 그는 성도들이 성찬을 받을 때, 떡과 포도주에 각각 예수 그리스도의 몸과 피가 임재한다고 주장했다(성찬을 받는 사람들에게 그리스도의 살과 피가 떡과 포도주와 함께 그 안에, 그 가운데 임한다는 것이 이 견해의 골자이다 - 역자주). 그래서 이러한 입장을 성체공존설 또는 공체설(公體說)이라 부른다. 반면, 또 다른 개혁자인 율리히 츠빙글리는 "성찬은 예수 그리스도의 십자가 죽음을 기념(memorial)하는 행위"라고 말했다. 존 칼빈은 성도들이 성찬을 받으며 예수님께서 함께하심을 믿을 때, 예수님이 '영적으로 임재'하신다고 말했다. 우리가 믿음으로 떡과 잔을 먹고 마실 때, 그리스도께서 영적으로 임재하시기 때문에 성찬 중 독특한 방식으로 약속된 주의 임재를 느낄 수 있다는 것이다.

잘 알려지지 않은 사실이지만, 케인 릿지 부흥의 전조 격이라고 할 수 있는 사건이 켄터키 주 레드 리버의 한 작은 교회에서 일어났다. 그 교회에서 성찬을 행할 때, 하나님의 능력이 강하게 나타났고 그 여파로 케인 릿지 부흥이 시작되었다.

성찬은 매우 거룩하다. 그래서 하나님은 성찬 중 고린도 교회의 일부 성도들을 심판하셔야 했다. 그들은 성찬을 받을 자격이 없는 상태로 주의 성찬을 먹고 마셨다. 구체적으로 말하자면, 교회 안의 동료 성도들을 경멸한 채 주의 만찬에 참여한 것이다. 이에 하나님께서는 그들에게 질병을 내리셨고, 어떤 이에게는 죽음의 벌을 내리셨다(고전 11:21-32).

성소 안에는 금 향단이 있다. 제사장이 그 위에 향을 올려놓고 연기를 내는데, 향연이 끊이지 않고 지속되어야 했다. 향단은 지성소를 가로막은 휘장 바로 앞에 놓여 있다. 향단에서 피어오르는 달콤한 향기는 휘장을 통과하여 지성소로 스며드는데, 이는 향기로 대변되는 성도의 기도가 하나님의 보좌 앞까지 올라가는 것을 상징한다. 향연이 그쳐서는 안 되는 것처럼, 성도의 기도 역시 멈춰서는 안 된다. 기억하라. 우리의 기도는 달콤한 향기가 되어 하나님의 보좌 앞으로 끊임없이 올라간다.

이와 관련된 요한계시록의 말씀을 읽어 보자. "또 다른 천사가 와서 제단 곁에 서서 금 향로를 가지고 많은 향을 받았으니 이는 모든 성도의 기도와 합하여 보좌 앞 금 제단에 드리고자 함이라 향연이 성도의 기도와 함께 천사의 손으로부터 하나님 앞으로 올라가는지라"(계 8:3-4). 이 말씀은 하나님께서 우리의 모든 기도를 특별하게 여기신다는 증거이다. 우리의 기도는 하늘의 향 그릇 안에 쌓이다가 하나님의 때에 쏟아진다.

마지막으로 메노라로 불리는 금 촛대가 있다. 금 촛대는 일곱 개의 가지와 일곱 등잔으로 구성되어 있는데, 이것은 성소를 밝히는 광원이다. 만일 금 촛대가 없다면, 제사장은 밤중에 성소 안에서 안전하게 다닐 수 없었을 것이다. 예수님께서는 이러한 금 촛대의 상징을 몸소 이루셨다. 다음은 예수님의 말씀이다. "나는 세상의 빛이니 나를 따르는 자는 어둠에 다니지 아니하고 생명의 빛을 얻으리라"(요 8:12).

지성소

성소의 안쪽에 있는 작은 방을 지성소라고 부른다. 두꺼운 휘장(커튼)이 성소와 지성소를 갈라놓는데, 지성소는 그 자체로 하나님의 임재를 상징한다.

지성소 안에는 언약궤가 놓여 있다. 언약궤는 지극히 거룩하며 성막의 모든 요소 중 가장 두려워해야 할 대상으로, 그 안에는 하나님께서 손가락으로 직접 계명을 새겨 놓으신 두 개의 돌판이 들어 있다(히 9:3-4). 언약궤의 덮개는 전체가 금으로 되어 있고, 그 위에 두 천사의 모습이 조형되어 있는데, 그 두 천사 사이의 좁은 공간을 일컬어 속죄소 또는 시은좌(mercy seat)라 한다.

이스라엘에서 오직 한 사람, 대제사장만이 휘장을 열고 지성소로 들어갈 수 있다. 그것도 일 년에 단 하루, 속죄일(욤 키푸르)에만 입장이 가능하다. 대제사장은 속죄제물의 피를 가지고 지성소로 들어간다. 피가 없으면 지성소에 들어갈 수 없다. 그는 언약궤의 덮개 위, 속죄소에 피를 뿌려 속죄 예식을 치른다.

지상의 성막은 하늘에 있는 영원한 장막의 모형이다. 그렇다면 하늘에도 속죄소(시은좌)가 있다는 사실을 생각해야 할 것이다. 이 땅에서 대제사장들은 짐승의 피를 가지고 지성소로 들어갔다. 반면 예수님께서는 '자신의 피'로 지성소에 들어가셨다(히 9:12). 예수님은 십자가에 달린 채, 하늘의 속죄소(시은좌) 곧 자신의 몸에 자신의 피를 뿌리셨다. 그렇다. 우리 주 예수 그리스도는 인류의 대속을 완성하신 바로 그 속죄소(the Mercy Seat)이시다!

모세가 성막을 완성하자, 하나님께서 그 위에 인을 치셨다. "구름이 회막에 덮이고 여호와의 영광이 성막에 충만하매 모세가 회막에 들어갈 수 없었으니 이는 구름이 회막 위에 덮이고 여호와의 영광이 성막에 충만함이었으며"(출 40:34-35).

이것이 앞에서 말한, 하나님의 임재와 임재의 상징이 섞이는 모습이다. 성막은 상징물이다. 그리고 성막 안에 있던 모든 물건이 상징물이다. 그러나 하나님께서는 그 성막 안에 임하셨고 가시적인 임재를 나타내셨다. 훗날 솔로몬이 성전을 지어 봉헌할 때에도 하나님은 그 상징물 위에 임하셔서 가시적인 임재를 나타내셨다. 제사장들이 솔로몬의 명에 따라 언약궤를 지성소에 모신 후 밖으로 나왔을 때, 이 놀라운 광경이 펼쳐졌다. "제사장이 성소에서 나올 때에 구름이 여호와의 성전에 가득하매 제사장이 그 구름으로 말미암아 능히 서서 섬기지 못하였으니 이는 여호와의 영광이 여호와의 성전에 가득함이었더라"(왕상 8:10-11).

그 모든 상징물 중 언약궤는 가장 높임을 받아야 할 대상이었다. 하지만 언약궤를 제대로 다루지 못해 이스라엘 백성은 많은 우여곡절을 겪어야 했다. 그들은 언약궤를 통해 하나님을 경외하는 법을 배웠다.

이스라엘 백성이 요단강을 건너 약속의 땅으로 들어가던 날, 여호수아는 그들에게 "너희와 그(언약궤) 사이 거리가 이천 규빗쯤 되게 하고 그것에 가까이하지는 말라"고 명령했다(수 3:4). 언약궤는 하나님의 임재를 상징할 뿐 아니라 하나님의 영광과 광대하심을 대변하기도 했다. 여기서 또다시 임재의 상징이 진짜 임재를 나타내기 시작했다. "궤를 멘 자들이 요단에 이르며 궤를 멘 제사장들의 발이 물가에 잠기자 곧 위에서부터 흘러내리던 물이 그쳐서 … 한곳에 쌓이고 아라바의 바다 염해로 향하여 흘러가는 물은 온전히 끊어지매"(수 3:15-16). 언약궤를 멘 제사장들은 요단강 한복판, 마른 땅 위에 서 있다. 이것은 갈라진 홍해 사이 마른 땅을 건너간 이스라엘 백성의 모습을 상기시켜 주는 장면이다. 언약궤는 모든 백성이 다 건너기까지 요단강 한복판에 서 있었다. 백성들은 언약궤를 지나쳐 걸으며 강 건너편으로 나아갔다. 임재의 상징과 실제 임재가 섞인 순간이다.

하나님은 언약궤가 오용되는 것을 허락지 않으셨다. 훗날 이스라엘 백성이 언약궤와 관련하여 큰 죄를 저지른 일이 있었다. 그들은 언약궤를 부적처럼 사용했다. 수중에 언약궤만 있으면 하나님이 함께해 주실 것으로 착각했던 모양이다.

이스라엘과 블레셋의 전면전이 벌어지던 날, 이스라엘은 4천 명이 전사하며 전쟁에서 크게 패했다. 패인을 분석한 지도자들은 진중에 언약궤가 없어서라고 결론지었다. "백성이 진영으로 돌아오매 이스라엘 장로들이 이르되 여호와께서 어찌하여 우리에게 오늘 블레셋 사람들 앞에 패하게 하셨는고 여호와의 언약궤를 실로에서 우리에게로 가져다가 우리 승에 있게 하여 그것으로 우리를 우리 원수들의 손에서 구원하게 하자 하니 이에 백성이 실로에 사람을 보내어 그룹 사이에 계신 만군의 여호와의 언약궤를 거기서 가져왔고 엘리의 두 아들 홉니와 비느하스는 하나님의 언약궤와 함께 거기에 있었더라"(삼상 4:3-4).

드디어 언약궤가 진중에 도착했다. 이스라엘 백성은 이제 곧 펼쳐질 2차전에서 승리하리라 자신했다. "여호와의 언약궤가 진영에 들어올 때에 온 이스라엘이 큰 소리로 외치매 땅이 울린지라"(삼상 4:5). 심지어는 블레셋 군인들도 언약궤를 두려워했다. 그들의 사기가 한풀 꺾였다. 하지만 그것도 잠시, 블레셋 군인들은 각오를 새롭게 하며 목숨 바쳐 싸우기로 결의했다.

2차전이 시작되었다. 역시나 블레셋의 대승이었다. 그날 이스라엘의 전사자는 3만 명에 달했다(삼상 4:10). 그뿐만이 아니다. 이스라엘은 하나님의 언약궤를 빼앗겨 버렸다(삼상 4:11).

무엇이 문제였을까? 왜 이런 일이 일어났는가? 언약궤는 이스라엘을 위해 싸워 주지 않는다. 그런데 왜 그들은 그러한 기대를 품었을까?

블레셋 사람들은 언약궤를 전리품으로 취하여 본국으로 돌아갔다. 하지만 그 일이 그들에게 재앙이 될 줄은 꿈에도 몰랐을 것이다. 그들은 자기들의 신인 다곤의 신전에 언약궤를 놓아 두었다(참고로 다곤은 상반신은 사람, 하반신은 물고기 모습을 하고 있는 블레셋의 신이다 - 역자 주). 그런데 다음 날 신전에 가보니 다곤 상이 언약궤 앞에 고꾸라져 있는 것 아닌가? 이를 이상하게 여긴 블레셋 사람들은 그 신상을 다시 세워 놓았는데, 그 다음 날 가서 보니 그것이 언약궤 앞에 또다시 고꾸라졌을 뿐 아니라 이번에는 머리와 손목까지 잘려 있었다. 어디 그뿐인가? 그 지역에 여호와의 손이 매우 무겁게 임하여(엄중히 더하사) 사람들이 독한 종기를 앓게 되었다. 이를 흉조로 여긴 사람들은 언약궤를 다른 곳으로 옮겼다. 하지만 언약궤가 도착한 곳마다 하나님의 손이 매우 무겁게 임하여 그들도 고생하게 되었다(삼상 5:3, 11). 결국 블레셋 사람들은 언약궤를 돌려보내기로 결정했다.

이러저러한 절차를 거쳐 언약궤는 이스라엘 땅 벧세메스에 도착했다. 그런데 그 마을 사람들이 겁도 없이 언약궤를 열어보았다. "여호와의 궤를 들여다 본 까닭에"(삼상 6:19) 70명이(혹은 5만 70명이) 그 자리에서 죽었다. 언약궤는 임재의 상징이었지만, 하나님은 그것을 상징물 이상으로 여기셨다.

훗날 다윗 왕은 언약궤를 예루살렘으로 모셔오기 위해 새 수레를 준비했다. 그러나 언약궤는 수레에 실어 운반해서는 안 되는 것이었다. 율법 규정에 따라 고핫 자손들이 어깨에 메고 운반해야 했다. 아무리 정성을 들여 좋은 수레를 준비했다 해도 용납될 수 없었다. 정성이 말씀보다 앞설 수는 없기 때문이다. 언약궤를 수레에 실은 순간부터가 잘못이었다. 그리고 결과는 불 보듯 뻔했다. "그들이 나곤의 타작마당에 이르러서는 소들이 뛰므로 웃사가 손을 들어 하나님의 궤를 붙들었더니 여호와 하나님이 웃사가 잘못함으로 말미암아 진노하사 그를 그곳에서 치시니 그가 거기 하나님의 궤 곁에서 죽으니라"(삼하 6:6-7).

율법과 율법에 관련된 모든 것(이를테면 언약궤 등)은 그림자이고 상징이지, 그 자체가 원형은 아니다. 그럼에도 하나님은 이러한 상징으로부터 멀리 떨어져 계시지 않았다(그래서 율법 시대에는 임재와 임재의 상징이 쉬이 나타났다고 설명한 것이다).

하지만 예수님께서 십자가에 달려 돌아가셨을 때, 모세의 율법이 소개한 그 모든 것이 완벽하게 성취되었다. 히브리서 기자는 예수님의 십자가 죽음이 속죄일의 완성이라고 말했다. 십자가에 달려 "다 이루었다"(요 19:30)고 말씀하셨을 때, 예수님은 말씀하신 대로 다 이루셨다. 우리 대신 그 모든 율법의 요구를 완성하신 것이다.

하나님의 임재

역사상 가장 특별한 하나님의 임재는 아마도 성금요일의 십자가 사건이 아닐까 한다. "나의 하나님, 나의 하나님, 어찌하여 나를 버리셨나이까?" 하고 예수님께서 외치셨을 때, 흑암이 온 땅을 덮었다. 흑암은 세 시간 동안 머물러 있었다(마 27:45-46). 이날, 땅을 덮었던 흑암은 무엇일까? 결론부터 말하자면, 그것은 하나님의 임재, 곧 하나님의 영광이었다.

하나님께서 속죄일을 제정하시고 모세에게 다음과 같이 말씀하셨다. "여호와께서 모세에게 이르시되 네 형 아론에게 이르라 성소의 휘장 안 법궤 위 속죄소 앞에 아무 때나 들어오지 말라 그리하여 죽지 않도록 하라 이는 내가 구름 가운데에서 속죄소 위에 나타남이니라"(레 16:2). 자세히 읽어 보라. 하나님은 '구름 가운데에서' 나타나겠다고 하셨다. 기억하라. 솔로몬이 언약궤를 성전 안으로 모셔 들였을 때에도 짙은 구름이 성전을 가득 채웠다. 하나님의 영광이 성전을 가득 채웠기에 제사장들은 능히 서서 사역할 수 없었다. 이때 솔로몬이 말했다. "여호와께서 캄캄한 데 계시겠다 말씀하셨사오나"(왕상 8:12). 여기서 말하는 '캄캄한 데'는 다름 아닌 검은 구름을 뜻한다. 성금요일에 온 땅을 덮은 흑암이 바로 이 검은 구름이다. 이것은 십자가를 기뻐하신다는 하나님의 사인이었다. 하나님께서 그 아들의 죽음을 인치신 것이다. 그날, 하나님의 임재를 대변한 흑암이 온 땅을 뒤덮었다.

그러나 이것이 전부는 아니다. 오순절은 '율법 수여'를 기념하는 절기이다. 그런데 예수님께서 부활하신 날로부터 50일째 되던 날, 곧 오순절(오순[五旬]은 50이라는 뜻이다) 날에 성령께서 제자들에게 임하셨다. 예수님의 십자가 죽음이 모세 율법의 성취를 의미한다면, 성령의 도래는 그 사실(예수님께서 율법을 완성하셨다는 사실)을 증명한다고 하겠다. "너희가 만일 성령의 인도하시는 바가 되면 율법 아래에 있지 아니하리라"(갈 5:18).

성령은 모세의 가르침을 재조명하시며 우리 마음에 하나님을 향한 경외감을 불러일으키신다. 그래서 오순절 사건 이후의 상황을 한 줄로 요약하면 다음과 같다. "사람마다 두려워하는데"(행 2:43). 일례로 아나니아와 삽비라가 성령님께 거짓말하여 갑작스런 죽음을 당했는데, (언약궤를 함부로 대했던 사람들에게처럼) 그때 모든 성도에게 두려움이 임했다. "온 교회와 이 일을 듣는 사람들이 다 크게 두려워하니라"(행 5:11). 그들은 두려워했다.

이러한 초대 교회가 성령님을 떠올리기 위해 비둘기 사진을 걸어 둬야 했을까? 아니면 향연이 필요했을까? 아니다. 하나님께서 자신을 나타내실 경우 상징은 필요 없다.

The Presence of God

CHAPTER 8

다양한 임재

그들이 그날 바람이 불 때 동산에 거니시는 여호와 하나님의 소리를 듣고 아담과 그의 아내가
여호와 하나님의 낯을 피하여 동산 나무 사이에 숨은지라 _창 3:8

근심하지 말라 여호와로 인하여 기뻐하는 것이 너희의 힘이니라 _느 8:10

CHAPTER 8
다양한 임재

조나단 에드워즈는 "예수님께서 어디로 가시는지 확인하고 그곳으로 나아가야 할 책임이 우리 모두에게, 모든 세대에게 있다"고 말했다. 그러므로 하나님의 자녀라면 성령께서 어떤 일을 행하시는지, 또 어디에서 어떻게 자신의 임재를 나타내시는지 확인해야 한다. 우리는 성령께서 일하시고 임재하시는 방법을 있는 그대로 수용해야 한다. 우리는 하나님께서 이전 세대의 교회 안에 영광을 나타내신 방법 그대로 반복하실지 알 수 없다. 어쩌면 하나님은 당신과 내가 생각해 본 적 없는 전혀 새로운 방식으로 임재하시는 것을 기뻐하실 수도 있다. 하나님을 사랑하고 앙망하는 자들에게 하나님께서 예비하신 모든 일은 눈으로 보지 못하고 귀로 듣지 못한 것일 것이다(사 64:4, 고전 2:9).

내 이름은 R. T. 윌리엄스 박사(나사렛 교회의 총 감독이었다 – 역자 주)의 이름을 본 따 지은 것이다. 윌리엄스 박사는 목회자들에게 이같이 말했다고 한다. "보혈을 존중하라! 성령을 존중하라!" 이 말은 예수님의 보혈을 존중하고, 보혈의 능력을 찬양하며, 성령의 임재를 인식해야 한다는 뜻이다.

하나님의 임재는 매번 동일한 방식으로 나타나지는 않는다. 임재가 나타나는 방식은 판에 박힌 듯 늘 똑같지는 않다. 당신은 이렇게 물을 것이다. "하지만 하나님께서는 '나 여호와는 변하지 아니하나니'(말 3:6)라고 말씀하시지 않았나요?" 성경도 "예수 그리스도는 어제나 오늘이나 영원토록 동일하시니라"(히 13:8)고 말하고 있지 않은가? 물론 그렇다!

그러나 하나님께서는 우리가 예상하지 못한 방식으로 자신을 나타내는 것을 좋아하신다. 하나님은 어제나 오늘이나 동일하시지만, 자신을 다양한 방식으로 나타내신다. 하나님께서 이렇게 하시는 데는 여러 가지 이유가 있다. 그중 한 가지는 전례 없던 방식으로 임재하실 경우, 우리가 믿음의 도전을 받기 때문이다.

만일 그 모든 임재의 방식이 동일하다면, 믿음은 필요 없다. 일례로 뜨거운 풀무불에 던져진 사드락과 메삭과 아벳느고를 생각해 보자. 만일 하나님의 임재 방식이 항상 똑같았다면, 화형이 언도되었을 때 그들은 믿음의 도전을 받지 않았을 것이다. 어차피 예수님께서 '네 번째 사람'(단 3:25)으로 그 모습을 나타내실 거라 생각했을 테니 말이다. 또 그 내용을 읽는 우리는 "뭐, 늘 그렇지" 하고 헛웃음을 지으며 시큰둥한 반응을 보였을 것이다. 사자굴 속의 다니엘은 어떤가? 만일 하나님의 임재 방식이 단 한 번도 바뀐 적이 없었다면, 다니엘은 그리 큰 믿음을 가질 필요가 없었을 것이다. 왜냐하면 천사가 미리 가서 사자들의 입을 봉하리라 확신했을 것이기 때문이다(단 6:22).

히브리서 11장에 의하면, 어떤 사람은 믿음으로 칼을 피해 도망다녔다(히 11:34). 또 어떤 사람은 믿음으로 톱에 썰리고 칼에 찔려 죽었다(히 11:37). 어떤 사람은 믿음 때문에 살고, 어떤 사람은 믿음 때문에 죽었다. 이처럼 정반대의 일들이 동일한 믿음 때문에 일어났다.

만일 하나님께서 매번 동일한 방식으로 임재하신다면, 우리에게 믿음은 필요 없을 것이다. 어떤 사람은 하나님이 행하시는 초자연적인 일들에 싫증을 낼지도 모른다. 실제로 광야의 이스라엘 백성이 그랬다. 그들은 하나님의 초자연적 임재에 싫증을 냈다. 만나는 하나님께서 이스라엘을 위해 매일같이 초자연적인 방식으로 공급해 주신 초자연적인 음식이었다. 그런데 그 백성이 만나를 싫어했다. 싫증이 난 것이다(민 21:5). 세상에나! 초자연적인 역사에 싫증이 나다니! 그러나 우리라고 그렇지 않으리라는 법은 없다.

나는 웨일즈로 건너가 여러 번 말씀을 전했다. 거기서는 단 한 번도 예배가 지루했던 적이 없다. 나는 웨일즈에서 말씀 전하는 것이 좋다. 그런데 그곳의 성도들은 '하나님께서 앞으로 행하실 일을 가장 먼저 알게 될 사람은 웨일즈의 성도들이다'라고 생각하고 있다. 그럴 때마다 마음이 불편해지는데, 그들이 하나님께서 과거 웨일즈 부흥(1904-1905) 때와 동일한 방식으로 부흥을 주시리라 생각하기 때문이다.

웨일즈 부흥의 때, 설교는 적었지만 찬송은 많았다. 이러한 이유로 완고한 복음주의자 중에는 웨일즈 부흥이 비성경적이라며 반대를 표하는 이가 많다. 그럼에도 그 기간 중 15만 명 이상이 구원을 받았다. 부흥이 최고조에 달했을 때, 수많은 술집이 문을 닫았고 감옥은 텅텅 비었다.

나는 종종 로이드 존스 여사가 웨일즈 부흥에 대해 이야기하는 것을 흥미롭게 듣곤 했다. 당시 로이드 존스 여사는 여섯 살이었고, 런던에 살고 있었다. 그녀의 아버지는 딸에게 하나님의 역사를 보여 주기 위해 그녀를 기차에 태워 웨일즈로 보냈다. 그녀는 학교도 빠진 채 웨일즈 부흥을 보러 갔다! 사람들은 왜 수업까지 빠지면서 딸아이를 웨일즈로 보내느냐며 비난했다. 그러자 그녀의 아버지는 이렇게 대답했다. "학교는 언제든 갈 수 있습니다. 하지만 이런 부흥은 다시는 못 볼지도 모릅니다."

웨일즈 부흥은 분명 하나님의 임재였다. 그러나 하나님께서 또다시 그러한 방식으로 임하실지는 누구도 장담 못한다. 어쩌면 하나님은 역사상 전례 없는 방식으로 자신을 나타내실지도 모른다. 확실한 것은, 참된 임재는 성경과 맥을 같이한다는 것이다(성경에서 100퍼센트 유사한 내용을 찾을 수 없다고 하더라도 말이다).

에덴동산에서의 타락 이전, 하나님의 임재가 어떠했을지 우리는 알 수 없다(인간과 하나님의 교제가 어떻게 진행되었을지 알 수 없다). 선악과를 먹기 전, 아담과 하와는 하나님과 온전한 교제를 나누었을 것이다. 얼마나 오랫동안 그랬을까? 이를 누가 알겠는가? 어쨌든 그들이 하나님과 누렸던 관계는 우리가 경험할 수도, 상상할 수도 없는 것이었다. 이것만큼은 확실하다.

타락 이전, 아담과 하와가 경험한 하나님의 임재와 장차 우리가 천국에서 경험할 하나님의 임재는 다르다. 타락 이전에 인간은 죄 지을 가능성을 갖고 있었다. 그러나 '영화'를 경험한 성도들(부활한 성도들)에게는 죄 지을 능력이 없다. 이쯤에서 당신은 어거스틴이 말한 '네 단계의 인류'를 떠올릴 것이다. 1단계의 타락 이전, 인간은 '죄를 지을 수 있는' 존재로 지음 받았다. 2단계의 타락 후, 인간은 '죄를 짓지 않을 수 없는' 존재가 되었다. 3단계의 십자가 사건으로 인해 회심한 인간은 '죄를 짓지 않을 능력'을 지니게 되었다. 4단계의 영화 과정을 겪은 후, 성도는 '죄를 지을 수 없는' 존재가 된다.

자, 이제 한 번 생각해 보자. 아담과 하와가 경험했던 하나님의 임재와 오늘날 당신과 내가 경험하는 하나님의 임재는 어떻게 다른가? 이번 장에서는 주로 이 부분에 대해 다룰 것이다.

죄의식

아담과 하와는 여호와 하나님의 '소리'를 들었다(창 3:8). 나는 그 소리가 어땠을지 궁금하다. 하나님의 음성이었을까? 그랬을지도 모른다. 어쩌면 하나님께서 동산을 거닐 때 내시던 발자국 소리일지도 모른다. "그들이 그날 바람이 불 때 동산에 거니시는 여호와 하나님의 소리를 듣고"(창 3:8). 이 표현이 얼마나 흥미로운가? '바람이 불 때'는 어땠을까? 참으로 완벽한 장면 같다.

그러나 아담과 하와는 더 이상 창조주를 신뢰하지 못했다. 믿음을 지키지 못했기에 하나님의 소리는 그들의 마음에 수치심을 안겼다. 하나님께서 말씀하셨다. "네가 어디에 있느냐"(창 3:9). 하나님께서 그들의 소재를 파악하지 못하신 것 같다. 하나님께서는 아담과 하와가 늘 있던 바로 그 자리에 가보셨지만, 그들은 그곳에 없었다. 그들을 찾으시는 하나님의 음성은 어땠을까? 전과 다른 음성이었을까? 하나님의 목소리에 분노가 담겨 있었을까? 아니면 슬픔이 서려 있었을까? 우리는 아담과 하와가 나무 뒤에 숨었다는 사실만 알 뿐이다(창 3:8). 그들은 부끄러웠다.

하나님의 임재가 아담과 하와에게 끼친 영향 한 가지는 확실하다. 죄를 지었으므로 하나님의 임재가 닿았을 때 그들은 부끄러웠다! 타락하기 전에도 그들은 벌거벗었지만, 수치스럽거나 당황한 기색은 없었다. 그러나 죄를 짓고 나니 하나님의 눈을 피해 숨어야 할 필요를 느끼기 시작했다. 하나님의 임재로부터 숨어야 하는 처지가 된 그들의 반응은 역으로 하나님의 임재와 거룩함의 상관관계를 보여 준다.

하나님의 임재는 우리의 삶에 영향을 미친다. 예수님의 말씀대로, 성령께서 임재하시면 가장 먼저 죄를 책망하신다. 성령께서 죄를 책망하시는 까닭은 이 세상 사람들이 예수님을 믿지 않기 때문이다(요 16:7-9). 본질상 사람들은 자신의 죄를 인식하지 못한다. 오직 성령께서 역사하셔야만 죄를 인지하게 된다.

이사야 선지자도 그랬다. 그는 하나님의 영광을 잠시 보았을 뿐인데, 그 결과는 엄청났다. 이사야는 자신의 죄가 얼마나 심각한지 깨닫고 망

연자실했다. "화로다 나여 망하게 되었도다 나는 입술이 부정한 사람이요"(사 6:5). 베드로도 마찬가지였다. 예수님의 말씀에 순종하여 엄청나게 많은 물고기를 잡게 되자, 그는 예수님의 무릎 아래에 엎드려 이같이 고백했다. "주여 나를 떠나소서 나는 죄인이로소이다"(눅 5:8). 하나님의 임재에는 죄에 대한 인식이 따르기 마련이다.

교회 역사를 통해 우리가 발견한 교훈이 있다. 위대한 성인은 자신을 항상 '위대한 죄인'(크나큰 죄인)으로 간주했다! 그러나 오늘날의 교회는 '죄의식'을 잃어버렸다. 참으로 불길한 징조가 아닌가 한다. 율법책이 낭독되자, 그 말씀을 들은 요시야 왕은 자신의 옷을 찢고 이같이 탄식했다. "우리 조상들이 이 책의 말씀을 듣지 아니하며 이 책에 우리를 위하여 기록된 모든 것을 행하지 아니하였으므로 여호와께서 우리에게 내리신 진노가 크도다"(왕하 22:13). 인간은 이 같은 각성을 이끌어낼 수 없다. 하나님의 임재만이 이를 가능케 한다.

기쁨

하나님은 이전과 다른 방식으로 자신을 나타내길 기뻐하신다. "나의 죄악을 말갛게 씻으시며 나의 죄를 깨끗이 제하소서 무릇 나는 내 죄과를 아오니 내 죄가 항상 내 앞에 있나이다"(시 51:2-3). 다윗은 또 이렇게도 고백했다. "주의 앞에는 충만한 기쁨이 있고 주의 오른쪽에는 영원한 즐거움이 있나이다"(시 16:11).

바벨론 포로지에서 귀환한 백성이 낭독된 율법의 말씀을 듣고 통곡하자, 느헤미야가 나서서 이같이 말했다. "오늘은 너희 하나님 여호와의 성일이니 슬퍼하지 말며 울지 말라 … 너희는 가서 살진 것을 먹고 단 것을 마시되 준비하지 못한 자에게는 나누어 주라 이날은 우리 주의 성일이니 근심하지 말라 여호와로 인하여 기뻐하는 것이 너희의 힘이니라"(느 8:9-10). 이에 레위인들이 모든 백성을 잠잠하게 하며 "오늘은 성일이니 마땅히 조용하고 근심하지 말라"고 외쳤다(느 8:11).

하나님은 우리가 죄책감으로 끊임없이 스스로를 옥죄고 괴롭히는 것을 원하지 않으신다. 물론 하나님은 우리가 죄를 인정하지 않을 때 슬퍼하신다(요일 1:8). 그리고 "죄를 짓지 말라"고 말씀하신다(요일 2:1). 그러나 곧바로 이 말씀을 덧붙이신다. "만일 누가 죄를 범하여도 아버지 앞에서 우리에게 대언자가 있으니 곧 의로우신 예수 그리스도시라 그는 우리 죄를 위한 화목제물이니 우리만 위할 뿐 아니요 온 세상의 죄를 위하심이라"(요일 2:1-2).

죄를 자각함과 동시에 엄청난 기쁨을 느낄 수 있을까? 그것이 과연 가능한 일인가? 그렇다! 가능하다. 우리가 빛 가운데로 걸어갈 때, 죄는 씻겨나간다(요일 1:7). 그리고 그 결과는 기쁨이다. 물론 죄책감이 먼저 임할 것이다. 그러나 죄책감을 느끼고 죄를 고백하면, 하나님께서 그 아들의 공로로 우리를 용납하셨다는 깨달음이 따라온다. 이것은 참으로 복된 지식이다! 그러나 주님의 기쁨이 임했다고 해서 죄의식을 쉽게 떨쳐낼 수는 없을 것이다. 아이러니하지만, 죄책감과 기쁨, 이 두 상반된 상태가 바로 기독교인의 표준이다. 결론을 말하자면, 죄의식으로 인해 우리가 맛보게 될 기쁨의 크기는 측정할 수 없을 만큼 커진다.

"내가 스스로 거두어들이고 티끌과 재 가운데에서 회개하나이다"(욥 42:6). 욥은 이렇게 고백하면서, 동시에 하나님의 속성을 깨닫고 '하나님을 아는 지식'에 압도당했다. "주께서는 못 하실 일이 없사오며 무슨 계획이든지 못 이루실 것이 없는 줄 아오니"(욥 42:2). 존 뉴턴은 자신의 시 '악을 행하는 동안 나는 기쁨을 느꼈네'에 이와 동일한 내용의 시구를 기록해 놓았다. "나는 이러한 내 삶을 파멸시켰으나 내가 살해한 그분에 의해 여전히 살아 있으니, 이제 내 영혼은 즐거운 슬픔과 우울한 기쁨으로 가득 채워지네."

어떻게 '즐거운 슬픔'이나 '우울한 기쁨'이 가능한가? 이사야의 말을 들어 보자.

> 내가 영원히 다투지 아니하며 내가 끊임없이 노하지 아니할 것은 내가 지은 그의 영과 혼이 내 앞에서 피곤할까 함이라 그의 탐심의 죄악으로 말미암아 내가 노하여 그를 쳤으며 또 내 얼굴을 가리고 노하였으나 그가 아직도 패역하여 자기 마음의 길로 걸어가도다 내가 그의 길을 보았은즉 그를 고쳐 줄 것이라 그를 인도하며 그와 그를 슬퍼하는 자들에게 위로를 다시 얻게 하리라 입술의 열매를 창조하는 자 여호와가 말하노라 먼 데 있는 자에게든지 가까운 데 있는 자에게든지 평강이 있을지어다 평강이 있을지어다 내가 그를 고치리라 하셨느니라 그러나 악인은 평온함을 얻지 못하고 그 물이 진흙과 더러운 것을 늘 솟구쳐 내는 요동하는 바다와 같으니라 내 하나님의 말씀에 악인에게는 평강이 없다 하셨느니라 _사 57:16-19

다윗이 쓴 시도 읽어 보자. "그의 노염은 잠깐이요 그의 은총은 평생이로다 저녁에는 울음이 깃들일지라도 아침에는 기쁨이 오리로다"(시 30:5). 하나님은 우리의 죄를 드러내고 책망하심으로 우리의 주목을 끄신다. 그러나 우리를 구원하지 않고, 그저 죄책감에 빠져 살도록 방치해 두지 않으신다. 그러므로 "내 죄가 항상 내 앞에 있나이다"(시 51:3)라며 괴로움을 토로한 다윗은 아무런 주저함 없이 이렇게 요청했다. "우슬초로 나를 정결하게 하소서 내가 정하리이다 나의 죄를 씻어 주소서 내가 눈보다 희리이다 내게 즐겁고 기쁜 소리를 들려 주시사 주께서 꺾으신 뼈들도 즐거워하게 하소서"(시 51:7-8). 아이러니하게도 끊임없는 죄책감은 하나님의 기쁨과 짝을 이룬다.

하나님의 기쁨은 무엇인가? 두 가지 정도로 요약할 수 있다. 첫째, 그것은 하나님 자신의 기쁨이다. 쉽게 말해, 하나님이 느끼시는 기쁨이다. 둘째, 우리를 바라보며 기뻐하시는 하나님의 모습을 목도할 때, 우리 마음에 차오르는 기쁨을 말한다! 요한복음 5장 44절에서 예수님은 이러한 종류의 기쁨에 대해 우회적으로 설명하셨다. "너희가 서로 영광을 취하고 유일하신 하나님께로부터 오는 영광은 구하지 아니하니 어찌 나를 믿을 수 있느냐." 우리가 사람에게서 칭찬받으려 하지 않고 하나님의 칭찬을 받으려 할 때, 하나님은 기뻐하신다(첫 번째 종류의 기쁨). 그런데 이 사실을 알면, 그러니까 우리가 하나님의 영광을 구한다는 사실과 이것이 하나님께 기쁨이 된다는 사실을 알게 되면, 우리의 마음에 기쁨이 차오른다(두 번째 종류의 기쁨). 그렇다. 우리 때문에 기뻐하시는 하나님을 바라볼 때, 우리 또한 기쁘다.

여호와의 영이 예수님에게 임하신 이유도 마찬가지이다. "여호와의 은혜의 해와 우리 하나님의 보복의 날을 선포하여 모든 슬픈 자를 위로하되 무릇 시온에서 슬퍼하는 자에게 화관을 주어 그 재를 대신하며 기쁨의 기름으로 그 슬픔을 대신하며 찬송의 옷으로 그 근심을 대신하시고 그들이 의의 나무 곧 여호와께서 심으신 그 영광을 나타낼 자라 일컬음을 받게 하려 하심이라"(사 61:2-3, 눅 4:18).

바울이 열거한 성령의 열매 중 두 번째가 기쁨이다. "오직 성령의 열매는 사랑과 희락과 …"(갈 5:22). 그리고 제자들에게는 기쁨과 성령이 충만했다(행 13:52). "하나님의 나라는 먹는 것과 마시는 것이 아니요 오직 성령 안에 있는 의와 평강과 희락이라"(롬 14:17). "예수를 너희가 보지 못하였으나 사랑하는도다 이제도 보지 못하나 믿고 말할 수 없는 영광스러운 즐거움으로 기뻐하니"(벧전 1:8).

두려움

이상하게 들릴 수도 있지만, 하나님의 임재에 대동되는 주된 현상 중 하나는 두려움이다. 여호와에 대한 두려움! 사람에 대한 두려움은 올무와 같지만(사람을 두려워하면 올무에 걸리게 되거니와, 잠 29:25), 여호와를 경외하는 것(두려움)은 지식과 지혜와 명철의 근본이다(잠 1:7, 9:10). 사람에 대한 두려움과 하나님에 대한 두려움 중 어떤 두려움을 가질지는 개인의 선택이다. 하나님을 두려워하지 않고 사람을 두려워하기로 선택한 사람은 재앙과 참사를 유업으로 받게 될 것이다(잠 1:26-29).

그러나 여호와에 대한 두려움이 우리의 선택이 아닌 하나님의 주권에 의해 강제적으로 주어지는 때가 있다. '두려움'의 뜻을 지닌 헬라어는 '포보스'인데, 이 단어에서 '포비아'라는 단어가 파생되었다. 포보스는 '두려움, 놀라움, 경이로움, 깜작 놀람' 등으로 번역된다.

불신으로 인해 벙어리가 된 사가랴(눅 1:20)가 갑자기 그 입이 열리고 말을 하며 하나님을 찬송하자 근방에 살던 사람들 모두가 두려워했다(눅 1:65). 예수님께서 한 중풍병자를 고치고 그의 죄를 용서해 주셨을 때, 모든 사람이 두려워하며 놀랐다. "모든 사람이 놀라 하나님께 영광을 돌리며 심히 두려워하여 이르되 오늘 우리가 놀라운 일을 보았다 하니라"(눅 5:26). 예수님께서 산상수훈을 마치셨을 때, 온 백성은 권위 있는 가르침에 놀라며 두려워했다. "예수께서 이 말씀을 마치시매 무리들이 그의 가르치심에 놀라니 이는 그 가르치시는 것이 권위 있는 자와 같고 그들의 서기관들과 같지 아니함일러라"(마 7:28-29). 예수님은 기적을 행하실 때처럼 가르침을 전하실 때에도 사람들의 마음에서 두려움과 경외심을 불러일으키셨다.

앞에서 말했듯 죄로 인한 슬픔과 이에 뒤따르는 엄청난 기쁨은 우리 눈에는 모순처럼 보인다. 여기 또 다른 모순이 있는데, 이는 두려움과 동시에 기쁨이 임한다는 것이다. 일례로, 예수님의 부활 사건을 살펴보자. 예수님께서 부활하신 날, 제자들은 두려움과 기쁨을 동시에 느꼈다. 예수님의 시신을 돌보러 무덤에 갔던 여인들은 빈 무덤을 보았고, 천사에게서 예수님이 살아나셨다는 소식을 들었다. 그러자 그 여인들에게 두려움과 기쁨이 임했다. "그 여자들이 무서움과 큰 기쁨으로 빨리 무덤을 떠나 제자들에게 알리려고 달음질할새"(마 28:8). 어떻게 두려움과 기쁨이 동시에 임할 수 있는가? 답은 간단하다. 만일 그 두려움이 육신의 두려움이 아닌, 하나님의 임재에 대한 경외라면 가능하다.

물론 우리가 경멸하고 멀리해야 할 두려움이 있다. 바울은 하나님께서 우리에게 주신 것이 두려움의 영(두려워하는 정신, 마음)이 아니라고 말했다. 두려움의 영은 '비겁함'이나 '겁을 내는 마음'으로 이해할 수 있다. 하나님께서 우리에게 주신 것은 두려움의 영이 아니라 능력과 사랑과 절제하는 마음이다(딤후 1:7).

하나님에 대한 두려움은 사람에 대한 두려움이나 근심, 염려와는 다르다. 하나님에 대한 두려움은 무섭기도 하지만, 기쁘기도 하다. 무서운 이유는 성경의 모든 내용이 사실이라는 것과 하나님이 얼마나 실제적인 분인지를 깨닫기 때문이다. 성경의 말씀대로 천국이 있고, 지옥이 있다. 하나님은 공의의 하나님이시며, 불의에 진노하시는 분이다. 이보다 더 무서운 사실이 있는가? 그러나 두려움으로 끝나지는 않는다. 하나님에 대한 두려움은 우리에게 평안과 지혜를 주기 때문이다. 그러므로 하나님, 천국, 지옥 등의 실체에 대한 깨달음이 우리를 자유롭게 한다. 예수님의 공생애 기간에 이러한 일들이 수없이 일어났다. "모든 사람이 두려워하며 하나님께 영광을 돌려 이르되 큰 선지자가 우리 가운데 일어나셨다 하고 또 하나님께서 자기 백성을 돌보셨다 하더라"(눅 7:16).

오순절 사건의 부수적인 효과가 있었는데, 그것은 바로 두려움이다. "사람마다 두려워하는데"(행 2:43). 아나니아와 삽비라가 성령께 거짓말한 이유로 그 자리에서 죽임을 당하자, 이 일을 듣는 모든 사람의 마음에 큰 두려움이 임했다. "이 일을 듣는 사람이 다 크게 두려워하더라"(행 5:5). "온 교회와 이 일을 듣는 사람들이 다 크게 두려워하니라"(행 5:11).

나는 이와 동일한 일이 1741년 코네티컷의 엔필드에서 일어났다고 확신한다. 당시 조나단 에드워즈는 회중 앞에서 '진노하시는 하나님의 손 안에 있는 죄인들'이라는 제목의 설교를 전했다. 에드워즈는 '영원한 심판'을 설명하며 "당신들이 지금 당장 지옥으로 떨어지지 않은 이유는 하나님의 긍휼 때문입니다"라고 외쳤다. 그의 설교를 들은 회중은 지옥으로 미끄러져 떨어지지 않으려는 듯, 자신이 앉은 장의자를 꼭 붙잡았다. 교회 밖에서 설교를 들은 사람들 역시 지옥으로 떨어질까 두려워 나무 기둥을 붙잡았다고 한다.

치유

하나님의 임재에 대동되는 현상 중 하나는 '치유'이다. 사람들은 이를 가리켜 '치유의 임재'라고 한다. 누가복음 5장 17절을 읽어 보자. "하루는 가르치실 때에 갈릴리의 각 마을과 유대와 예루살렘에서 온 바리새인과 율법교사들이 앉았는데 병을 고치는 주의 능력이 예수와 함께하더라." 이 같은 치유의 임재는 하나님의 주권에 의해 주어진다. 인간은 이러한 일을 만들어낼 수 없다. 이것은 그야말로 전적인 하나님의 주권이다.

하나님께서 모세에게 말씀하셨다. "내가 긍휼히 여길 자를 긍휼히 어기고 불쌍히 여길 자를 불쌍히 여기리라"(롬 9:15, 출 33:19). 모든 것은 하나님께서 결정하신다. 하나님은 누구를 구원할지 결정하시고(요 3:8), 누구를 치유할지 결정하신다. 물론 성경 말씀처럼 믿음의 기도가 병자를 치유한다(약 5:15). 그러나 믿음의 기도 여부와 상관없이 치유를 결정하시는 분은 하나님이다. 치유는 하나님의 전유물이다. 우리는 이 같은 일을 만들어낼 수 없다. 인간의 노력으로 될 일이 아니기 때문이다.

"그래도 믿음만큼은 우리가 가질 수 있는 것이잖아요?" 어쩌면 당신은 이렇게 반문할지도 모른다. 하지만 기억하라. 믿음 역시 하나님의 선물이다. 믿음은 하나님이 주시는 것이지, 우리가 노력한다고 해서 가질 수 있는 것이 아니다.

오늘날의 교회는 이러한 하나님의 주권을 이해하지 못한다. 그러므로 현 시대를 살아가는 우리 모두에게 가장 빨리 회복되어야 할 것은 '하나님의 주권'에 대한 올바른 이해이다. 수많은 성도들이 이렇게 착각한다. "그래도 우리는 하나님께서 무언가를 해주시도록 요구할 것입니다. 우리에겐 요구할 권리가 있습니다. 하나님은 우리의 요구대로 시행하셔야 합니다." 그러나 안타깝게도 하나님의 주권은 이러한 생각과 전혀 다르다.

이 세대를 묶고 있는 저주 가운데 하나는 '권리 주장'의 정신이다. 너나 할 것 없이 "나에게는 권리를 주장할 자격이 있어"라고 외쳐댄다. 세상은 물론, 교회 안에서도 양상은 마찬가지이다. 그래서인지 교회 안의 어떤 영역에선 하나님의 주권에 대한 믿음이 완전히 뭉개져 버렸다. 우리는 권리를 주장하는 대신 하나님 앞에 나아가 무릎을 꿇고 긍휼을 구해야 한다(히 4:16). 예수님 앞에 나아간 나병환자를 아는가? 그는 하나님의 주권에 대해 제대로 알고 있었다. 그가 예수님께 아뢰었다. "주여 원하시면 저를 깨끗하게 하실 수 있나이다"(마 8:2). 이에 치유의 임재가 나타났다. 예수님께서 답하셨다. "내가 원하노니 깨끗함을 받으라!" 그 즉시 그에게서 나병이 떠났다.

예수님은 원거리에서도 치유의 임재를 나타내실 수 있다. 어느 날, 로마 군대의 백부장이 치유를 요청해 왔다. 그러자 예수님은 "내가 가서 고쳐 주리라"고 말씀하셨다. 하지만 그는 예수님을 말리며 이같이 아뢰었다. "주여 내 집에 들어오심을 나는 감당하지 못하겠사오니 다만 말씀으로만 하옵소서 그러면 내 하인이 낫겠사옵나이다"(마 8:8). 백부장은 예수님의 주권을 믿었다. 그래서 병자에게 직접 가시지 않아도 충분히 능력을 행하실 수 있다고 확신했다. '예수님은 멀리 떨어진 곳에서도 내 하인을 고쳐 주실 수 있어!' 이러한 백부장의 믿음을 칭찬하신 후 예수님께서 말씀하셨다. "가라 네 믿은 대로 될지어다"(마 8:13). 바로 그 시각에 백부장의 하인이 치유되었다.

사복음서는 물론 사도행전에도 예수님과 사도들에 의해 사람들이 병 고침을 받고, 귀신에게서 해방되며, 구원받은 사건이 많이 등장한다. 그들 모두는 성령의 주권적 치유의 임재를 통해 병 고침을 받았다.

기도

어느 날 세례 요한의 제자 중 몇 사람이 예수님께 나아와 여쭈었다. "우리와 바리새인들은 금식하는데 어찌하여 당신의 제자들은 금식하지 아니하나이까"(마 9:14). 이에 예수님께서 대답하셨다. "혼인집 손님들이 신랑과 함께 있을 동안에 슬퍼할 수 있느냐 그러나 신랑을 빼앗길 날이 이르리니 그때에는 금식할 것이니라"(마 9:15). 예수님은 자신이 하늘로 다시 돌아갈 것을 예언하셨다. 그리고 이 예언은 예수님의 승천을 통해 성취되었다.

예수님께서 승천하신 후 제자들이 가장 먼저 한 일은 다락방에 모인 것이었다. 앞에서도 언급했지만, 그들이 금식했는지는 알 수 없다. 하지만 한 가지는 확실하다. "그들은 기도했다." 제자들이 기다린 기간은 열흘간의 기도모임이 되었다. "마음을 같이하여 오로지 기도에 힘쓰더라"(행 1:14). 성령이 임하신 후에는 더 이상 기도할 필요가 없었을 것이라고 생각하는 사람도 있다. 하지만 그 생각은 틀렸다. 신랑을 빼앗겼기 때문에 그 어느 때보다 제자들은 더욱 각별히 기도에 힘써야 했다. 오순절에 출범한 초대교회에 대한 기록은 당시 성도들이 행했던 네 가지 일을 상세히 알려 준다. 그것은 가르침, 교제, 떡을 뗌(성찬), 그리고 기도였다(행 2:42).

주의 성령께서 임하신 증거는 기도이다. 초대 교회의 성도들처럼 성령을 받은 하나님의 백성은 기도를 결의한다. 우리는 이것을 '기도의 임재'라고 부를 수 있다. 이때 사람들은 다른 일을 제쳐두고 오로지 기도에만 힘쓰려 한다. 당신은 이러한 것을 체험한 적이 있는가?

이제 나는 두 가지 기도의 임재에 대해 설명할 것이다. 첫째는 계획된 기도이다. 초대 교회는 시간을 정하여 기도했다. 제 구 시에 베드로와 요한은 기도하기 위해 성전에 올라갔다. 아마도 그 시간은 사도들이 기도하기 위해 따로 정해 놓은 시간일 것이다. "제 구 시 기도 시간에"(행 3:1). 둘째는 계획하지 않은 즉흥적인 기도이다. 산헤드린 공회는 사도들을 풀어 주며 예수의 이름으로 말하지도, 가르치지도 말라고 경고했다. 이 소식을 들은 성도들은 그 즉시 기도했다. "그들이 듣고 한마음으로 하나님께 소리를 높여 이르되"(행 4:24). 다시 말해, 이것은 즉흥적인 기도모임이었다. 헤롯이 베드로를 처형하려 했을 때에도 이 같은 즉흥적인 기도모임이 열렸다. 베드로가 옥에 갇혔을 때, "교회는 그를 위하여 간절히 하나님께 기도"했다(행 12:5). 비상사태만큼 기도의 임재를 요하는 상황은 없다.

계획된 기도이든 즉흥적인 기도이든, 두 종류의 기도 모두 효과적이다. 기도는 하나님을 높여 드리고, 하나님은 기도를 높여 주신다. 계획된 기도에는 개개인의 경건생활도 포함된다. 이쯤에서 당신에게 한 가지 조언한다. 매일 일정한 시간을 하나님께 내어 드리기로 계획하라. 그렇게 하지 않는다면, 당신은 절대로 하나님과 시간을 보낼 수 없다. 즉흥적인 기도는 당신이 만사를 제쳐 두고 기도해야겠다는 생각을 품을 때(거의 마지막 순간에) 갑자기 하게 된다.

기도는 전임 사역자에게 매우 중요하다. 초대 교회 시절, 사도들은 기도와 말씀 사역에 전념하기 위해 집사들을 따로 세울 정도였다. 이처럼 사역자에게 기도는 매우 중요하다. "우리는 오로지 기도하는 일과 말씀 사역에 힘쓰리라"(행 6:4). 참고로 이 구절을 읽을 때, 기도와 말씀이 언급된 순서에 주목하기 바란다. 기도가 먼저고, 말씀 사역이 그 뒤를 따른다. 목회자들은 일정 시간을 들여 기도하며 하나님과 독대해야 한다. 이러한 과정 없이 곧장 설교하거나 말씀을 가르치는 것은 좋지 않다. 그러나 대다수의 사역자들에게 기도는 가장 나중에 해야 할 일로 치부되고 있다. 그래선 안 된다. 기도가 먼저다!

언젠가 베드로는 아주 특별한 환상을 보았는데, 그 환상이 이방인 복음 전도의 견인차가 될 줄은 몰랐다. 그런데 중요한 사실은 그가 이 환상을 본 때가 다름 아닌 '기도할 때'였다는 것이다(행 10:9).

시간을 정하여 기도할 때, 당신에게 어떤 놀라운 일이 일어날지 상상조차 못할 것이다. 이것이 바로 기도가 주는 선물이다. 계획된 기도여도 좋고, 즉흥적인 기도여도 좋다. 시간이 날 때마다 기도의 기회로 삼아라.

기도의 임재는 기도하고 싶은 작은 충동에서 시작된다. 그것을 붙잡으라. 지금 시작하라. 사람들이 "저를 위해 기도해 주세요"라고 요청하면, 나는 이같이 대답한다. "지금 기도합시다." 기도는 결코 시간 낭비가 아니다.

다음은 애슐랜드의 모교회에서 일어났던 일이다. 1956년 어느 목요일 저녁예배 후, 세 사람이 그 교회의 부교역자였던 빌리 볼 목사에게 다가가 말했다. "우리는 집에 가고 싶지 않아요. 여기서 좀 더 기도하고 싶습니다." 빌리 볼 목사가 대답했다. "저도 그렇게 하고 싶군요. 기도에 동참하겠습니다." 그들은 저녁 10시에 시작하여 다음 날 새벽 3시까지 기도했다. 그들은 서로 대화하지 않고 오직 하나님과 이야기를 나누었다.

그 다음 날, 금요일 저녁예배에는 빌리 볼 목사가 설교하기로 되어 있었다. 그런데 그 전날, 오랫동안 기도한 사람 중 하나인 에드가 자리에서 일어나 사람들에게 말씀을 선포하는 것 아닌가? 그의 즉흥적인 말씀 선포는 몇 분 동안 이어졌다. 이후 빌리 볼 목사가 강단에 올라서서 말씀을 전했다.

그날은 역사적인 밤이었다. 나중에 회고해 보니 그날 밤의 예배는 그 교회 역사의 분수령이었고, 내 삶의 전환점이 되었다(당시 나는 교회로부터 650킬로미터나 떨어진 트레베카 대학에 있었지만 말이다). 이 모든 일은 그들 네 사람의 기도하고 싶은 강한 느낌에서 시작되었다. 기도 외에는 다른 어떤 것도 필요하지 않았다!

심판

앞에서 잠시 언급한 아나니아와 삽비라 이야기로 돌아가 보자. 그들이 성령님께 거짓말하여 갑작스레 죽은 사건은 사람들의 마음에 크나큰 두려움을 심어 주었다. 그 사건은 하나님이 '심판의 하나님'이시라는 사실을 제대로 알려 주었다.

하나님의 '심판의 임재'는 고린도 교회의 몇몇 성도들이 병들고 죽은 사건에서도 찾아볼 수 있다. 바울은 이를 드러내 놓고 심판이라 말했다. "만일 누구든지 시장하거든 집에서 먹을지니 이는 너희의 모임이 판단(심판) 받는 모임이 되지 않게 하려 함이라"(고전 11:34). 당시 가난한 사람들은 생계를 위해 늦은 시간까지 일을 해야 했기에 부자들처럼 예배의 자리에 일찍 나아올 수 없었다. 그런데 일찍 모인 부자들이 가난한 사람들을 기다리는 대신 먼저 식사를 시작하였고, 심지어는 음식을 남기지도 않았다. 그들은 이렇게 가난한 사람을 주의 만찬 자리에서 배제해 버렸다. 그렇게 성찬은 훼손되었다.

이때 하나님께서 소매를 걷어붙이고 불편한 심기를 드러내셨다. 그 결과 그들은 심판(판단)을 받아 병들게 되었고, 어떤 이는 죽임을 당했다. 분명 그들은 모두 크리스천이었고, 그들이 받은 심판은 주님의 징계였다. 그래도 하나님께서 그들을 심판하신 것은 은혜였다. 왜냐하면 그들이 "세상과 함께 정죄함을 받지 않게"(고전 11:32) 하셨기 때문이다.

내가 열다섯 살 되던 해의 일이다. 교회에서 예배를 드리던 중 심판의 임재로 볼 수 있는 사건이 일어났다. 당시 80세의 W. M. 티드웰 박사가 강사로 초청되어 말씀을 전했는데, 설교가 끝나고 결신의 시간이 되었을 때 그가 전한 말이 예사롭지 않았다. 나는 그 같은 말을 전에는 들어 보지 못했다. 아니, 이후로도 그러한 말은 들어 보지 못했다.

"이 자리에 계신 성도 중 누군가는 지금 하나님의 마지막 경고를 받고 있습니다."

그는 예배를 끝마치지 않은 채 담임 목사에게 마이크를 넘겼다. 담임 목사도 예배를 끝내지 못하기는 마찬가지였다. 사람들은 멋쩍은 듯 하나둘씩 자리에서 일어나 천천히 귀가했다.

그런데 예배 중 팻시라는 십대 여자아이가 티드웰 박사의 말을 조롱했다고 한다. 내 어머니는 팻시가 내뱉은 조롱의 말을 들으셨다. 그래서 티드웰 박사가 염두에 둔 사람이 그 아이가 아닐까 생각하셨다고 한다. 많은 사람이 그날의 예배를 큰 두려움의 예배로 기억했다.

그 다음 날 다섯 시쯤 되었을까? 내가 신문배달을 마치고 집으로 돌아왔는데, 어머니께서 크게 당황한 목소리로 이렇게 말씀하셨다.

"얘야, 팻시 소식 들었니?"

"네? 무슨 소식이요?"

"방금 교통사고로 죽었다는구나!"

정지신호를 무시하고 내달리던 자동차가 마주 오던 자동차와 정면으로 충돌한 후 곧바로 팻시를 치었다고 한다. 그리고 팻시는 그 자리에서 숨졌다. 이 끔찍한 사건의 여파는 지금까지도 내게 큰 떨림을 주고 있다.

그렇다. 하나님의 심판의 임재가 그 전날 예배 중에 임한 것이다.

찬양

때로 우리는 아무 이유 없이 그냥 하나님을 찬양하고 싶어진다! 성령께서 우리를 사로잡으시면, 우리는 즉흥적으로 하나님을 찬양하게 된다. 하나님을 향한 찬양은 쉬운 일일 뿐 아니라 지극히 자연스러운 일이다. 그러므로 성령의 임재 안에서는 찬양을 쥐어짤 필요가 없다. 마음에서 우러나오는 것을 입을 열어 자연스럽게 흘러보내면 된다.

예수님의 공생애 기간에 이 같은 즉흥적 '찬양의 임재' 사건이 수없이 일어났다. 일례로 예수님의 예루살렘 입성을 살펴보자. 주님께서 어린 나귀의 등에 올라 예루살렘으로 향하셨을 때, 수많은 군중이 겉옷과 종려나무 가지를 길 위에 펴두었다. 그들은 예수님보다 앞서 행하거나 뒤따르며 큰 소리로 외쳤다. "호산나 다윗의 자손이여 찬송하리로다 주의 이름으로 오시는 이여 가장 높은 곳에서 호산나"(마 21:9). 아이들도 이 즉흥적인 찬양에 가세했다(마 21:16).

바리새인들이 이 광경을 지켜보고 있었는데, 순간 그들의 심기가 몹시 불편해졌다. 원래, 시끌벅적하고 즉흥적인 찬양은 자기 의로 똘똘 뭉친 사람에게 상처를 안기기 마련이다. 바리새인들은 다음과 같이 예수님께 간청했다. "선생이여 당신의 제자들을 책망하소서"(눅 19:39). 그러자 예수님께서 이같이 답하셨다. "만일 이 사람들이 침묵하면 돌들이 소리 지르리라"(눅 19:40).

이 사건과 관련해서 누군가 이렇게 물을 수도 있을 것이다. "며칠 후면 이 사건은 별일 아닌 것으로 여겨질 텐데, 하나님은 왜 시끌벅적한 찬양의 임재를 허락하셨는가?" 이에 대해 나는 이렇게 답하고 싶다. "그것이 사람들에게 필요했기 때문이다." 하나님은 시작 단계에서 이미 끝을 보시는 분이다. 하나님께서는 우리의 유익을 위해 순간순간 우리에게 필요한 임재를 허락하신다. 예수님께서 예루살렘에 들어가실 때는 찬양의 임재가 필요했다. 하나님께서는 그분을 기쁘게 해 드리는 사람에게 모든 좋은 것을 허락하신다. 그 좋은 것 중 어떤 것도 감추지 않으신다. "좋은 것을 아끼지 아니하실 것임이니이다"(시 84:11).

사실, 하나님을 향한 시끌벅적한 찬양은 장구한 역사를 자랑한다. 그런데 안타깝게도 오늘날 성도들은 이 역사를 잃어버렸다. 에스라와 느헤미야 시대로 가 보자. 백성들은 예루살렘 성벽을 봉헌하면서 "감사하며 노래하며 제금을 치며 비파와 수금을 타며 즐거이" 찬양했다(느 12:27). 그래서 "예루살렘이 즐거워하는 소리가 멀리 들렸느니라"(느 12:43).

초대 교회 안에서도 이러한 찬양이 자주 터져 나왔다. "날마다 마음을 같이하여 성전에 모이기를 힘쓰고 집에서 떡을 떼며 기쁨과 순전한 마음으로 음식을 먹고 하나님을 찬미하며 또 온 백성에게 칭송을 받으니 주께서 구원 받는 사람을 날마다 더하게 하시니라"(행 2:46-47).

그러나 하나님을 찬양하는 일이 항상 쉬운 것은 아니다. 그렇기 때문에 히브리서 기자는 찬양을 '찬양의 제사'(히 13:15)라고 불렀다. 찬양할 마음이 생기지 않더라도 하나님을 찬양하는 것이 우리의 사명이다. 그러므로 찬양할 마음이 생길 때까지 기다리지 말라. 즉흥적인 감동이 일어날 때를 기다리지 말라. 기분이 좋지 않더라도, 마음의 상태가 끔찍하더라도, 하나님의 임재가 전혀 느껴지지 않더라도 찬양하라. 지금은 하나님을 찬양할 적기(適期)이다. 마음이 어려워도 찬양하기로 선택하고 하나님을 높여 드리라. 그러면 어떤 일이 일어날까? 이 질문에는 자신 있게 답해 줄 수 있다. 당신은 하나님의 임재를 느낄 것이다. 과연 그러한지 직접 확인해 보기 바란다.

통찰력

솔직히 말해, 내게 가장 큰 의미가 있는 임재의 현상은 '통찰력'이다. 나는 성경의 진리를 깨닫기 위해 살아간다. 하나님께서는 시시때때로 전에 없던 통찰력을 주셔서 새로운 눈으로 말씀을 깨닫게 하신다. 설교를 준비할 때, 나는 주석서를 거의 참고하지 않는다(본문의 해석이 어려워 쩔쩔맬 때 잠깐씩 주석서를 들여다본다. 그리고 설교 원고를 완성한 후, 내가 핵심을 벗어난 것은 아닌지 확인하기 위해 참고하기도 한다).

통찰력은 경건의 시간에 찾아올 수 있다. 나의 경우, 주로 설교를 준비할 때나 찬양할 때 찾아온다. 통찰력은 언제, 어디에서든 우리에게 임할 수 있다. 심지어 낚시를 하거나 TV를 시청할 때에도 가능하다. 나는 플로리다의 키 라르고 섬에 머물며 낚시를 하는 동안《육체의 가시》(The Thorn in the Flesh)와《성령을 소멸치 않는 삶》중 매우 중요한 장들을 집필했다.

사무엘상 16장 1절에 대한 통찰력도 그야말로 순식간에 임했다. "여호와께서 사무엘에게 이르시되 내가 이미 사울을 버려 이스라엘 왕이 되지 못하게 하였거늘 네가 그를 위하여 언제까지 슬퍼하겠느냐 너는 뿔에 기름을 채워 가지고 가라 내가 너를 베들레헴 사람 이새에게로 보내리니 이는 내가 그의 아들 중에서 한 왕을 보았느니라 하시는지라"(삼상 16:1). 이 구절을 묵상하던 중 나는 갑자기 '어제의 사람'(사울), '오늘의 사람'(사무엘), '내일의 사람'(다윗)의 구조를 발견했다. 이러한 통찰력은 나의 책《내일의 기름부음》(The Anointing, 순전한 나드)의 근간을 이루었다. 당시 나는 낚시하러 가려고 준비하는 중이었다! 이처럼 통찰력은 언제든 찾아올 수 있다. 한번은 비행기에서 내리기 위해 가방을 꺼내던 중 통찰력이 임한 적도 있다.

놀람

하나님은 우리의 계획을 방해하는 데 일가견이 있으시다. 베드로와 요한이 기도하러 가는 도중 이러한 일이 발생했다. 그들은 계획대로 제 구 시

(그러니까 대략 오후 세시쯤이었다)에 기도하려고 했다. 그러나 그들은 성전으로 올라가는 길에 갑자기 멈춰 서야 했다. 거기, 날 때부터 장애를 앓아 평생 걸어 본 적 없는 한 사내가 있었다. 그는 베드로와 요한에게 무언가를 얻을까 하여 손을 내밀며 구걸하였다. 두 사도는 갑자기 이 남성 앞에 멈춰 섰다. "우리를 보라!" 베드로가 그에게 말했다(행 3:4). "은과 금은 내게 없거니와 내게 있는 이것을 네게 주노니 나사렛 예수 그리스도의 이름으로 일어나 걸으라"(행 3:6). 베드로가 그의 오른손을 잡아 일으켰다. 그러자 그는 그 즉시 치유되었다(행 3:7). 이 사건은 가장 행복한 방해가 아닐까 한다.

로이드 존스 목사의 책 중 《영적 침체》(Spiritual Depression)가 있는데, 그는 그 책을 어떻게 집필하게 되었는지 내게 설명해 주었다(이 책은 로이드 존스 목사의 최고 걸작 중 하나이지만, 가장 잘 알려지지 않은 책이기도 하다). "당시 나는 에베소서 연속 강해설교를 계획 중이었어요. 그러던 어느 주일 아침, 교회에 가려고 옷을 입으며 한쪽 어깨에 멜빵을 걸치고 다른 쪽 어깨에 멜빵을 걸치려는데, 갑자기 주님께서 이렇게 말씀하시는 것 아니겠어요? '너는 에베소서 강해를 시작할 수 없다. 대신 영적 우울증에 대한 시리즈 설교를 시작하게 될 것이다.' 그리고는 이와 관련된 다섯 개의 주제를 주셨지요. 나는 종이 한 장을 꺼내어 최대한 빠르게 받아 적었습니다."

내가 가장 놀라운 통찰력을 얻은 것은 웨스트민스터 채플의 어느 주일 저녁예배 중 성찬례를 집도할 때였다. 나는 가룟 유다에 대한 구절을 택하여 간단하게 말씀을 전하려 했다. "그 사람은 차라리 태어나지 아니하였더라면 제게 좋을 뻔하였느니라"(마 26:24). 아주 짧은 시간이었지만, 전에 생각지 못했던 사실을 깨닫게 되었다. '그래, 이 말씀은 영원한 심판과

Chapter 8 다양한 임재 | 239

관련하여 영혼소멸설을 부정하는구나!'

영혼소멸설(annihilation)은 '사람이 죽으면, 마치 태어나지 않았던 것처럼 그 영혼이 완전히 사라져 버린다'는 가설이다. 만일 유다의 영혼이 완전히 소멸될 것이라면, 즉 의식이 있는 상태로 영원한 심판을 겪지 않는다면, 예수님은 위 구절의 말씀을 하지 않으셨을 것이다. 그러나 그는 태어났다. 그리고 예수님을 배신한 후 자살했다. 그 결과, 그는 의식이 있는 상태로 그 죄를 영원토록 인식하며 고통당할 것이다.

기대감

때때로 하나님은 '기대의 임재'를 허락하신다. 이것은 무언가 매우 좋은 일이 이제 곧 눈앞에 펼쳐질 것이라는 매우 강력한 소망을 말한다. 신약성경은 우리를 실망시키지 않을 소망과 기대감에 대해 말한다. "소망이 우리를 부끄럽게 하지 아니함은"(롬 5:5). 바울은 '소망'이 성령의 내주하심을 나타내는 직접적인 증거라고 말했다.

사도행전에는 놀라운 사건들이 수없이 기록되어 있는데, 여기에 기대감이 선행된 경우가 많다. 이것은 무언가를 기대했더니 그 일이 실제로 일어난 경우라고 할 수 있는데, 한 가지 예로 사도행전 5장 15-16절을 들 수 있다. "심지어 병든 사람을 메고 거리에 나가 침대와 요 위에 누이고 베드로가 지날 때에 혹 그의 그림자라도 누구에게 덮일까 바라고"(행 5:15). 이것은 참으로 특이한 기대감이다. 그런데 어떤 일이 일어났는가? 이 사람들의 기대감이 실망으로 끝났는가? 아니다. "예루살렘 부근의 수많은 사람들도 모여 병든 사람과 더러운 귀신에게 괴로움 받는 사람을 데리고 와서 다 나음을 얻으니라"(행 5:16).

고린도에 도착하자마자 유대인들의 극심한 반발을 받았던 바울은 그 성에 그대로 머물러 있어야 할지 고민하기 시작했다. 이때 하나님께서 답을 주셨다. "머물러라." 하나님께서는 한밤중에 환상을 통해 이같이 말씀하셨다. "두려워하지 말며 침묵하지 말고 말하라 내가 너와 함께 있으매 어떤 사람도 너를 대적하여 해롭게 할 자가 없을 것이니 이는 이 성중에 내 백성이 많음이라"(행 18:9-10).

"이 성중에 내 백성이 많음이라"는 말씀은 아직 구원받지 못했지만 예정을 입어 곧 구원받게 될 사람이 많다는 뜻이다. 이 말씀에 힘입어 바울은 고린도에 머물기로 결심한다. "일 년 육 개월을 머물며 그들 가운데서 하나님의 말씀을 가르치니라"(행 18:11). 사람들이 구원받을 길은 말씀을 듣는 것뿐이었으므로, 바울은 그들에게 하나님의 말씀을 전했다(믿음은 들음에서 나며 들음은 그리스도의 말씀으로 말미암았느니라, 롬 10:17).

기드온은 유약한 사람이었다. 그에게는 항상 격려가 필요했다(삿 6:36-40). 하나님은 우리의 연약함을 아신다. 하나님은 우리가 '먼지 같은 존재'라는 사실을 잊지 않으신다(시 103:14). 하나님은 어떻게 해야 기드온이 격려를 얻고 용기를 낼지 알고 계셨다. 그래서 그에게 기대의 영(정신, 마음)을 주셨다.

기드온은 하나님의 명령대로 한밤중에 적진에 잠입했다. 그는 적군의 병사가 자신이 꾼 꿈을 동료 병사에게 이야기하는 것을 듣게 되었다.

그 꿈은 기드온의 승리를 미리 말해 주는 내용이었다. 이때 그의 마음에 기대감이 차올랐다. "기드온이 그 꿈과 해몽하는 말을 듣고 경배하며"(삿 7:15). 그는 이스라엘 진영으로 돌아와 전열을 정비한 후 미디안을 공격했다. 이스라엘은 이 전쟁에서 큰 승리를 거두었다.

하나님은 우리 모두에게 기대감이 필요하다는 사실을 알고 계신다. 그래서 시시때때로 기대감을 선사하신다. 하나님이 주시는 기대의 임재는 너무 늦지도, 이르지도 않다. 그분은 제때에 기대의 임재를 주신다!

직접적인 인도하심

4장에서 나는 하나님의 인도하심을 확인하는 안전장치로서 '거룩한 자극'을 이야기하며 PEACE라는 두음문자를 소개했다. 성경에서 하나님의 인도하심을 받은 사례로 빌립의 이야기를 소개하고 싶다. 그가 길을 가던 중 주의 천사가 나타나 이렇게 지시하였다. "일어나서 남쪽으로 향하여 예루살렘에서 가사로 내려가는 길까지 가라"(행 8:26). 말씀에 따라 가사로 내려가던 빌립은 에디오피아의 관료 하나가 수레에 앉아 성경 읽는 것을 보았다. 그 순간 성령께서 그에게 말씀하셨다. "이 수레로 가까이 나아가라"(행 8:29). 그는 즉시 순종했다. 빌립의 순종은 에디오피아 관료의 '예기치 않은' 회심으로 이어졌다(행 8:26-38).

야고보를 처형한 일이 유대인들의 민심을 사는 데 유효하자, 헤롯은 베드로도 그같이 죽이려 했다. 베드로는 옥에 갇혀 네 분대(각 분대는 네 명의 군사로 구성된다)의 감시를 받게 되었다. 헤롯이 베드로를 심문하려던 밤, 그는 두 개의 사슬에 묶인 채 두 명의 보초가 지키는 옥 안에서 잠을 자고 있었다. 그때 놀라운 사건이 일어났다. "홀연히 주의 사자가 나타나매 옥중에 광채가 빛나며 또 베드로의 옆구리를 쳐 깨워 이르되 급히 일어나라 하니 쇠사슬이 그 손에서 벗어지더라"(행 12:7). 베드로는 기적적으로 구출되었다. 그는 간수들을 지나 저절로 열린 문을 통과하여 그곳을 떠났다(행 12:8-10).

하나님께 어려운 일은 없다. 하나님께는 모든 것이 가능하다. 하나님이 임재하시면, 불가능한 일이 없다. 하나님을 기대하기 어려운 형편이라도 하나님이 절실하다면, 그 순간 하나님께서는 어김없이 우리에게 나타나실 것이다.

혼란

하나님께서 '혼란'도 주시는가? 그렇다. 하나님은 원수들을 혼란에 빠뜨리신다. 하나님은 혼란의 주관자이시다. 물론 교회 안에서는 이야기가 달라지지만 말이다. "하나님은 무질서의 하나님이 아니시요"(고전 14:33).

하나님께서 이스라엘의 대적을 다루시는 방법 중 하나는 그들에게 '혼란의 영'을 보내시는 것이었다. 일례로 이스라엘 백성이 홍해를 건널 때, 그 뒤를 쫓던 애굽 군사에게 혼란이 임했다. "내가 애굽 사람들의 마음을 완악하게 할 것인즉 그들이 그 뒤를 따라 들어갈 것이라 내가 바로와 그의 모든 군대와 그의 병거와 마병으로 말미암아 영광을 얻으리니"(출 14:17). 그렇게 애굽 사람들은 이스라엘 백성을 따라서 바다로 뛰어들었다. 새벽이 되자 여호와께서는 "불과 구름 기둥 가운데서 애굽 군대를 보시고 애굽 군대를 어지럽게" 하셨다(출 14:24). 그렇게 바다에 뛰어든 모든 애굽 군사들은 익사했다. 생존자는 없었다. "하나도 남지 아니하였더라"(출 14:28).

하나님께서는 기드온의 대적들도 큰 혼란에 빠뜨리셨다. 이스라엘 백성은 "여호와와 기드온의 칼이다!"라고 외치며 적진을 에워쌌다. 이에 적군은 당황한 듯 소리를 지르며 사방으로 도망쳤다(삿 7:20-21). 하나님께서 그들을 혼란에 빠뜨리셨고, 그들은 서로를 찔러 죽였다(삿 7:22).

하나님께서는 요나단의 대적도 혼란에 빠뜨리셨다. 요나단과 그의 무기를 든 신하가 블레셋 군인들 앞에 모습을 드러내자 그들은 겁을 먹었다. 단 두 사람이 나타났을 뿐인데 블레셋 군대가 겁을 먹은 것이다. 그 자리에서 요나단과 그의 신하가 무찌른 적군은 20명에 달한다. "반나절 갈이 땅 안에서 처음으로 쳐 죽인 자가 이십 명가량이라"(삼상 14:14). 여기서 끝이 아니다. "들에 있는 진영과 모든 백성들이 공포에 떨었고 부대와 노략꾼들도 떨었으며 땅도 진동하였으니 이는 큰 떨림이었더라"(삼상 14:15).

다윗이 압살롬의 반역을 피해 도망하던 중 그의 모사 중 하나인 아히도벨이 압살롬 편에 붙었다는 소식을 들었을 때, 다윗은 이렇게 기도했다. "여호와여 원하옵건대 아히도벨의 모략을 어리석게 하옵소서"(삼하 15:31). 하나님은 다윗의 기도에 응답하셨다. "여호와께서 압살롬에게 화를 내리려 하사 아히도벨의 좋은 계략을 물리치라고 명령하셨음이더라"(삼하 17:14).

나를 향한 하나님의 계획을 훼방하던 사람에게 하나님께서 혼란을 내리셨는가? 내 삶에도 이러한 일이 있었는지 확신할 수는 없다. 어쩌면 하나님께서 그렇게 해주셨는지도 모르겠다. 아니면 천국에 가서야 확인할 수 있을지도 모른다. 어쨌든 하나님은 자기 백성을 위해 원수들을 혼란에 빠뜨리실 수 있고, 또 그렇게 해오셨다.

The Presence of God

CHAPTER 9

이상하고
아름다운

이는 내 생각이 너희의 생각과 다르며 내 길은 너희의 길과 다름이니라 여호와의 말씀이니라 이는 하늘이 땅보다 높음같이 내 길은 너희의 길보다 높으며 내 생각은 너희의 생각보다 높음이니라 _사 55:8-9

그러나 하나님께서 세상의 미련한 것들을 택하사 지혜 있는 자들을 부끄럽게 하려 하시고 세상의 약한 것들을 택하사 강한 것들을 부끄럽게 하려 하시며 하나님께서 세상의 천한 것들과 멸시 받는 것들과 없는 것들을 택하사 있는 것들을 폐하려 하시나니 이는 아무 육체도 하나님 앞에서 자랑하지 못하게 하려 하심이라 _고전 1:27-29

CHAPTER 9
이상하고 아름다운

캐치 더 파이어(Catch the Fire) 선교회의 대표인 존 아놋 목사와 만난 적이 있다. 당시 나는 그가 담임으로 있는 교회에서 히브리서 4장 16절을 본문으로 설교하려고 했다. 먼저 성경을 펼쳐 본문을 읽었다. "그러므로 우리는 긍휼하심을 받고 때를 따라 돕는 은혜를 얻기 위하여 은혜의 보좌 앞에 담대히 나아갈 것이니라"(히 4:16).

30년 전, 나는 이 구절을 본문으로 하여 설교 원고를 작성했다. 게다가 이런저런 기회를 통해 그 설교를 족히 백 번은 더 전했다. 그러므로 원고의 첫 문장부터 마지막까지 다 외운다고 할 수 있을 정도였고, 원고 없이도 언제, 어디서든 그 설교를 전할 수 있다.

그런데 그날따라 원고가 낯설었다. 입을 열어 첫 문장을 내뱉은 순간부터 이상한 일이 벌어졌다. 한 문장도 제대로 끝마칠 수가 없었다! 무언가 육중한 무게가 나를 짓누르는 바람에 열 개의 단어조차 제대로 나열하지 못했다. 이런 일은 처음이었다. 전에도 없었고 후에도 없었다.

나는 "히브리서는" 하고 포문을 열었다. 그러나 그 문장을 끝맺지 못했다. 이어서 "유대인 출신의 크리스천들은"이라고 다음 문장을 이어가려 했지만, 이것도 끝맺지 못했다. 그리고 "히브리서 기자가 말한 것은"이라고 하며 이야기를 이어가려고 애써 보았지만, 한 문장도 제대로 마무리할 수 없었다. 아마도 그때가 내 생애에서 가장 당혹스러운 순간이 아니었을까 한다. 설교를 끝마치는 조건으로 누군가가 내게 100억짜리 금괴를, 그것도 비과세로 준다 해도 나는 그렇게 할 수 없었을 것이다. 물리적으로 불가능했기 때문이다.

내가 입을 열어 말하려고 할 때마다 2천 명에 달하는 회중이 고개를 흔들며 웃어댔다. 두 번째 줄에 앉아 있던 아내 루이스도 청중과 함께 웃었다. 나는 짜증이 났다. 아내를 바라보며 '나를 위해 기도해 줘'라는 사인을 보냈건만 소용이 없었다. 그 옆에는 내 친구 린던 보우링이 앉아 있었다. 나는 그에게도 기도해 달라는 사인을 보냈다. 하지만 아내와 린던은 웃느라고 정신이 없었다. 내 얼굴은 땀으로 흥건했다. 나는 어떻게 해서든 그 자리를 떠나고 싶었다.

그때, 캐롤 아놋(존 아놋의 아내)이 단상으로 올라와 나를 위해 기도해 주었다. 그리고 누군가가 내 뒤에 섰는데, 아마 내가 뒤로 쓰러지면 안전하게 받아 주려 했던 모양이다. 하지만 나는 엠파이어 스테이트 빌딩처럼 그 자리에 꼿꼿이 서 있었다. 다만 설교를 전하기 위해 입을 열 때마다 당혹스러웠을 뿐이다.

나는 힘을 다해 노력했지만, 헛수고였다. 당시 내 머릿속엔 이러한 생각이 맴돌았다. "지금 이 상황이 녹음되거나 녹화되고 있겠지? 녹화본은 웨스트민스터 채플의 식구들에게, 또 나를 비난하는 사람들의 손에 전달되겠지? 나는 세간에 성경 강해자로 알려졌는데, 이번 일로 그들은 이같이 말할지도 몰라. 'R. T. 켄달이 토론토에 가더니만, 설교 한 편도 제대로 전하지 못하는군! 이것은 과연 무슨 뜻일까?' 아마도 그들은 내가 더듬거리는 모습을 보며 '토론토 블레싱'이라 불리는 부흥이 하나님으로부터 온 것이 아니라고 폄하할 거야!"

나는 하나님께 도움을 청했다. 그리고 15분쯤 지났을 무렵, 갑자기 히브리서 13장 13절이 떠올랐다. 그 즉시 성경을 펼쳐 본 후 청중을 향해 이같이 말했다. "다른 본문으로 설교해야겠습니다." 사람들의 웃음소리는 더 커졌다. 그러나 히브리서 13장 13절을 읽는 동안 내 혀가 풀렸다. "그런즉 우리도 그의 치욕을 짊어지고 영문 밖으로 그에게 나아가자"(히 13:13). 말씀을 또박또박 읽어 내려가자 이내 사람들은 잠잠해졌다. 그리고 나는 새로운 설교를 시작했다. 예전처럼 훌륭하게 전할 수 있었다. 말씀을 마치기까지 대략 20분 정도 걸린 것 같다.

설교 후 나는 강단 앞으로 사람들을 초청했고, 대략 200명 넘는 사람들이 기도를 받기 위해 나아왔다. 이후 세계 여러 지역을 다니며 집회를 인도할 때면 사람들이 와서 "그날 밤 제가 그 자리에 있었어요. 큰 은혜를 받았습니다"라고 말하곤 한다. 지금까지도 말이다.

그날 밤, 도대체 무슨 일이 일어난 것일까? 나는 수없이 하나님께 여쭈었다. 완전한 답은 알 수 없지만, 추측하건대 (적어도 부분적인 이유는) 하나님께서 설교 본문을 바꾸기 원하셨던 것 같다. 왜냐하면 그날, 토론토 교회가 새로운 이름을 공식적으로 내세웠기 때문이다. 당시 그들은 한동안 몸담았던 '빈야드 펠로우십'과 결별한 상태였다. 하지만 그날까지도 '토론토 에어포트 빈야드 교회'라는 이름을 사용하고 있었다.

빈야드 펠로우십과의 결별은 순탄하지 않았다. 아놋 목사와 그의 교회는 갑자기 무자비하게 내쳐졌다. 그래서 그들은 기댈만한 '진영'(camp) 없이 '영문'(진영의 문) 밖으로 나아가야 했다. 그러므로 그날의 본문 '영문 밖으로 그에게 나아가자'는 말씀은 성도들에게 큰 위로가 되었다. 하나님께서 그들에게 시의적절한 말씀을 전해 주신 것이다. 심지어 나는 그날의 사건을 '토론토 블레싱'에 대한 하나님의 확증이라고 말하고 싶다.

천 년이 걸려도 그 같은 사건을 만들어 낼 수는 없다. 그날의 사건이 도대체 왜 일어났는지, 나는 아직도 알지 못한다. 토론토 블레싱 중 성령께서 행하신 역사의 일반적인 현상은 '바닥에 쓰러지는 것, 멈추지 않고 웃는 것'이었지만, 그날 내게는 정반대의 일이 일어났다. 나는 바닥에 쓰러지지 않았다. 게다가 웃을 수도 없었다.

그러나 육중한 무게감을 느꼈다(이것은 당시 내가 받은 느낌을 최대한 살린 표현이다). 그로 인해 나는 히브리서 4장 16절을 본문으로 하는 설교를 전할 수 없었다. 하나님께서는 그들에게 진영 없이 나아갈 것을 말씀하셨고, '영문 밖으로 나아가라'는 히브리서 말씀으로 그들을 격려하기 원하셨다.

참고로, 빈야드의 창시자인 존 윔버는 병상에서 죽음을 맞이하며 존 폴 잭슨에게 "나의 가장 큰 실수는 토론토 교회와 결별한 것"이라고 말했다고 한다.

그들은 내 길을 알지 못한다

지금도 사람들은 나에게 이메일이나 서신을 통해 이렇게 묻는다. "목사님께서 토론토 블레싱을 지지하셨다는데, 사실입니까?" 왜 내가 입장을 바꾸었는지 알고 싶은 사람들을 위해 나는 《거룩한 불》(Holy Fire, 순전한 나드)이라는 책에 그 내용을 소개했다. 처음에 나는 토론토 블레싱을 공개적으로 반대했다. 하지만 이후 마음이 바뀌어 그 입장을 철회했다.

이 장의 집필 목적은 토론토 블레싱을 변호하는 것이 아니다. 다만 하나님께서 우리의 마음을 드러내시기 위해 우리의 생각을 공격하신다는 사실을 말하고 싶다. 일단 다음과 같은 하나의 가정을 세우겠다. "하나님은 교만한 사람들을 공격하기 좋아하신다." 물론 여기에는 나도 포함된다.

런던의 홀리 트리니티 브롬튼 교회에서 성도들이 바닥에 쓰러지고 소란스럽게 웃는다는 말을 들었을 때, 나는 상당히 언짢았다(역겹게 생각했는지도 모른다). 약간은 배신감도 느꼈다. 홀리 트리니티 브롬튼은 영국 성공회 소속이었고(나는 영국 성공회를 신앙의 배교자라고 말해 왔다), 게다가 그곳의 리더 중 일부는 상류층 어휘를 구사하는 이튼(Eton) 출신이었다. 나는 하나님께서 그와 같은 교회에는 자신의 임재를 나타내실 수 없다고 생각했다.

만일 하나님께서 영국을 방문하시고 특히 런던에 오신다면, 웨스트민스터 채플을 선택하실 것이라고 확신했다. 수년 동안 우리는 '뜨거운 비난'을 짊어졌기 때문이다. 내 명성은 연이어 추락했다. 아서 블레싯을 초청한 일을 필두로 우리 교회가 표방한 변화 때문에 나는 교회에서 거의 쫓겨날 뻔했다. 예배 중 우리는 빅토리아 거리로 나아가 행인들에게 전도지를 나눠 주고 찬양을 부르기도 했다. 길거리에서 복음을 전한 후 예수님을 영접하고픈 사람이 있다면 함께 기도해주겠다고 말했다. 어떤 성도에게는 이러한 행동이 가장 언짢은 일이었을 것이다. 이처럼 참된 변화를 위해 모진 비난을 감수해 온 우리인데, 하나님께서 웨스트민스터 채플을 지나쳐 홀리 트리니트 브롬튼으로 가셨다니, 이것은 생각조차 할 수 없는 일이었다. 도저히 믿을 수가 없었다.

그러나 내가 틀렸다. 하나님은 웨스트민스터 채플을 지나치셨다. 그리고 내 생각에 '하나님의 복을 받아선 안 될 것 같은 교회'에 자신의 임재를 나타내셨다. 이로써 하나님은 우리 안에 자신의 영광을 나타내셨다. 하나님께서는 모세에게 이렇게 말씀하셨다. "나는 은혜 베풀 자에게 은혜를 베풀고 긍휼히 여길 자에게 긍휼을 베푸느니라"(출 33:19). 바울도 진지한 태도로 이 구절을 인용하였다(롬 9:15). 성령은 자신의 선택에 따라 임의로 그 바람을 보내신다(요 3:8).

내 생각에 하나님께서는 이 땅을 위아래로 샅샅이 훑어보신 후, 교만한 사람들의 입에서 "우웩"이라는 말이 나올 일들을 일으키시는 것 같다. 하나님께서는 세상이 기분 나빠할 만한 일들을 일으키신 후, 과연 교만한 사람들이 스스로 겸비하는지 지켜보신다. 영국에서 '우웩'(yuck)이란 말은 역겨운 느낌이 들 때, 또는 무언가가 비위에 거슬릴 때 내뱉는 표현이다.

우리가 무언가 의미 없는 것을 보거나 어리석은 짓, 역겨운 일을 보면서 "우웩"이라고 할 때, 하나님께서는 오히려 "그것 참 괜찮은데!"라고 말씀하실 것이다. 하나님은 이 세상의 어리석은 것들을 택하여 지혜 있는 사람들을 수치스럽게 만드신다(고전 1:27). 하나님의 길은 우리의 길보다 높다(사 55:9). 하나님께서 행하시는 일들이 당시에는 무의미해 보이는 경우도 있다. 이를테면 아브라함에게 이삭을 바치라고 명령하신 일이나(창 22장) 사울 왕에게 아말렉을 진멸하라고 명령하신 일(삼상 15:3), 예수님께서 세리들을 제자로 삼으신 일(마 9:9-12) 등이 그렇다. 우리는 이러한 일들을 좋아할 수도 있고, 싫어할 수도 있다. 그런데 하나님의 길에는 아무 의미 없어 보이는 것들이 많다. 처음에는 말이다.

하나님께서는 그분의 영광을 드높이시기 위해 이러한 것들을 사용하신다. 특히 미지근한 신앙을 가진 성도들을 위해 그렇게 하신다. 예수님께서는 라오디게아 교회를 질책하며 '덥지도 차지도 않고 미지근하다'고 말씀하셨다. 미지근한 크리스천은 가르치기도 어렵고, 다가서기도 어렵다. 그러므로 그들에게 다가가는 한 가지 방법은 그들의 생각을 공격하여 그 마음을 드러내는 것이다. 예수님은 라오디게아 교회가 계속 미지근한 태도로 일관할 경우, 그들을 토해내겠다고 하셨다(계 3:16). 미지근한 크리스천은 예수님의 마음을 아프게 한다.

미지근한 크리스천의 특징 중 하나는 교만이다. 하나님은 교만을 싫어하신다. 교만한 사람들은 자기만족에 취해 있다. 또 자신의 업적에 과한 자부심을 느낀다. 그들은 스스로 즐거워하고, 또 자신을 매우 중요한 사람으로 여긴다. 교만한 사람들은 자신의 영적 상태가 양호하다고 믿는데, 그 착각의 정도가 얼마나 심한지, 심지어는 거짓말 탐지기까지 통과할 정도이다. 그들은 '내겐 더 이상 필요한 것이 없어'라고 생각한다. 하지만 예수님께서는 그들의 상태를 정반대로 말씀하셨다. "네가 말하기를 나는 부자라 부요하여 부족한 것이 없다 하나 네 곤고한 것과 가련한 것과 가난한 것과 눈 먼 것과 벌거벗은 것을 알지 못하는도다"(계 3:17).

하나님은 종종 사람들이 "저것은 하나님의 역사일 수 없어"라고 말할 만한 일이나 그런 사람들을 사용하신다. 소위 '전문가'라는 신학자들은 웨일즈 부흥이 하나님의 역사일 수 없다고 말한다. 주목할 만한 설교는 없고, 즉흥적인 찬양만 있었다는 것이 그 이유이다.

조지 휫필드가 강대상을 떠나 들판으로 나가서 일반인들에게 말씀을 선포했을 때, 존 웨슬리는 '저러면 안 되는데' 하며 상처를 받았다. 휫필드가 설교할 때 청중들이 갑자기 소리를 지르거나 개처럼 짖는 소리를 내자, 웨슬리는 그것을 비난의 근거로 삼아 휫필드의 사역이 하나님의 역사가 아니라고 확언했다. 그러나 결국 웨슬리는 휫필드를 따라 들판으로 나갔고, 그와 동일한 현상들을 목격했다.

"그들은 내 길을 알지 못한다." 하나님께서 옛 이스라엘 백성에 대해 말씀하셨다(히 3:10). 하나님의 주권, 초월성, 광대하심, 영광 등의 속성으로만 '하나님의 길'을 알던 사람들은 웃거나 소리를 지르거나 뛰거나 바닥을 구르는 등 우아하지 않은 현상을 보면서 비판한다. 그들은 하나님의 임재 안에서 바닥이든, 카펫이든, 맨 땅 위든 떼굴떼굴 구르는 사람들을 '거룩한 굴렁쇠'(holy rollers)라고 부르며 비아냥댄다. 물론 이것 역시 하나님께서 사람들을 겸손케 하시고 두려워하게 만드시는 방법이다. 어떤 사람들은 내가 하나님의 주권에 대해 설교할 때에도 '우웩' 하며 반응한다. 이 역시 하나님께서 이상한 현상을 통해 우리의 교만을 꺾으시는 방법이다. 하나님은 니에게도 그같이 행하셨디. 그렇게 나를 겸손하게 만드셨다.

당신의 친구들을 찾으라

마침내 다윗은 언약궤를 예루살렘으로 모시는 일에 성공했다. 그는 무척 기뻤다. 만일 누군가가 그를 보았다면 "완전 흥분했군!" 하고 말할 것이다. 세마포 에봇을 입은 그는 여호와 앞에서 힘을 다해 춤을 추었다. 다윗과 함께 언약궤를 호위하던 이스라엘 백성은 뿔 나팔 소리에 큰 함성을 질렀다(삼하 6:14-15).

그러나 사울의 딸이자 다윗의 아내였던 미갈은 언짢았다. "사울의 딸 미갈이 창으로 내다보다가 다윗 왕이 여호와 앞에서 뛰놀며 춤추는 것을 보고 심중에 그를 업신여기니라"(삼하 6:16). 다윗이 미갈을 축복하기 위해 집으로 들어갔을 때, 그녀는 비아냥거리며 다윗을 질책했다. "이스라엘 왕이 오늘 어떻게 영화로우신지 방탕한 자가 염치 없이 자기의 몸을 드러내는 것처럼 오늘 그의 신복의 계집종의 눈앞에서 몸을 드러내셨도다"(삼하 6:20). 이에 대한 다윗의 답변은 놀라웠다. 그는 당황하거나 움츠리지 않고 당당하게 말했다.

> 이는 여호와 앞에서 한 것이니라 그가 네 아버지와 그의 온 집을 버리시고 나를 택하사 나를 여호와의 백성 이스라엘의 주권자로 삼으셨으니 내가 여호와 앞에서 뛰놀리라 내가 이보다 더 낮아져서 스스로 천하게 보일지라도 네가 말한 바 계집종에게는 내가 높임을 받으리라 _삼하 6:21-22

NIV성경은 본문의 한 구절을 이렇게 번역했다. "내가 하나님 앞에서 이보다 더 품위 없어 보이더라도." 오, 얼마나 멋진가! 이때가 다윗이 그의 인생에서 가장 멋진 순간이었다. 그는 계집종 앞에서는 부끄러울 것이 없다고 했다. 하나님 앞에서 체면을 생각하지 않고 흥분하여 춤춘 것을 후회하지도 않았다. 나는 이 본문을 가지고 설교한 적이 있는데, 제목은 '네 친구를 찾으라'였다(지금은 내가 쓴 책, 《하나님의 마음에 합한 자》[A Man After God's Own Heart]에 이 내용이 들어 있다). 맷 레드먼의 최고 히트곡 중 하나인 '나의 왕 앞에서' 역시 이 본문에 근거한 것이다.

당신의 친구는 누구인가? 하나님을 영화롭게 해 드리는 당신을 비난하는 사람인가? 자신의 명성을 높이는 대신, 하나님을 찬양하고 드높이는 일에 온 마음을 쏟는 사람인가? 하나님을 위해 힘을 다하여 애쓰는 사람이 당신의 진정한 친구이다.

만일 당신이 이상한 임재 현상을 수용하면, 사람들은 당신에게 낙인을 찍을 것이다. 그러나 그 현상을 수용해서가 아니라 품위 없는 사람들을 수용한다는 이유로 당신을 낙인찍을 것이다. 오, 나는 이러한 낙인에 질렸다! 한번은 친한 친구가 오랫동안 내 주변을 관찰한 후 이렇게 말했다. "자네 곁에는 항상 괴짜들이 있군!" 아서 블레싯과 존 아놋을 우리 교회의 강단에 세웠을 때, 내 인생 최대의 위기가 찾아왔다. 그러나 나는 바울이 디모데에게 한 말을 마음에 새겼다. "갇힌 자 된 나를 부끄러워하지 말고"(딤후 1:8). 우리는 비교적 수용할 만한 임재 현상을 수용함과 동시에, 비교적 덜 수용할 만한 현상도 수용할 줄 알아야 한다.

조지 휫필드가 추종자들의 지친 반응을 있는 그대로 수용하자 존 웨슬리는 그를 비난했다. 성도들이 갑자기 소리를 지르고 개처럼 짖는 소리를 내자, 웨슬리는 못 참겠다는 듯 휫필드에게 가서 따졌다.

"이것은 하나님의 역사가 아니라 육신의 일인 것을 당신도 알지 않습니까?"

"맞습니다." 휫필드가 동의했다. 그러자 웨슬리가 그에게 말했다.

"그렇다면 거짓된 것을 뽑아 버리셔야지요!" 이에 휫필드가 답했다.

"육신에 속한 일을 솎아내다가 영에 속한 것까지 뽑아 버릴 수도 있습니다. 일단 저들을 놔두십시오. 진리에 속한 것까지 죽일 수는 없습니다."

이 말은 추수할 때까지 곡식과 가라지가 함께 자라도록 놔두라는 예수님의 말씀과 일맥상통한다(마 13:29-30).

사과도, 변명도 하지 않으신 예수님

예수님께서는 사람들에게 자신의 살을 먹고, 자신의 피를 마시라고 명령하셨다(요 6:53). 현장에 있던 사람들은 "이 말씀은 어렵도다 누가 들을 수 있느냐"라고 말하며 마음에 상처를 입었다(요 6:60). 하지만 예수님은 그들에게 사과도, 변명도 하지 않으셨다. 수많은 사람들이 그분의 곁을 떠났다. "그때부터 그의 제자 중에서 많은 사람이 떠나가고 다시 그와 함께 다니지 아니하더라"(요 6:66). 이것은 그들이 예수님께 반기를 든 것과 같다. 그러나 예수님은 군중이 떠나는 것을 보고도 놀라지 않으셨다. 주님은 그들을 향해 "떠나면 안 돼! 내가 잘 설명해 줄게. 지금 나는 성찬에 대해 말한 거야"라고 말씀하지 않으셨다. 그저 그들이 원하는 대로 생각하게 놔두셨다.

예수님께서 "너희가 이 성전을 헐라 내가 사흘 동안에 일으키리라"(요 2:19)고 말씀하셨을 때에도 마찬가지였다. 사람들은 성전 건물을 재건하신다는 말씀으로 받아들였고, 예수님은 그렇게 생각하도록 놔두셨다. "잠깐! 지금 나는 내가 3일 만에 부활할 것을 이야기하는 거란다"라고 설명해 주지 않으셨다.

만약 우리가 아서 블레싯이나 랜디 클락 같은 사역자를 웨스트민스터 채플에 초청한다면, 런던 전역에서 이상한(평생토록 보아 온 이들 중 가장 이상하게 보이는) 사람들이 스멀스멀 나타날 것이다. 그리고 분명 그들은 맨 앞줄에 앉을 것이다. 그들은 '올바른 예배란 이런 거야'라며 사람들에게 보여 주려는 듯 허공을 향해 손을 흔들며 찬양할 것이다. 실제로 이러한 사람들이 나타난다면, 나는 그들을 볼 때마다 불안과 공포에 시달릴 것이다. 그러나 나는 그들에게 한 마디도 건네지 못할 것 같다. 침묵으로 일관하는 것이 더 어렵겠지만 말이다. 나는 그들이 주목받기 원한다는 것을 안다. 그리고 예배에서만큼은 다른 성도들보다 자신들이 훨씬 낫다고 생각하는 것도 안다.

이러한 사람들이 섞여 있어서 그런지, 비판적인 사람들은 성령 운동에 곱지 않은 시선을 보낸다. 그래서 그 안에 있는 사람들은 (정상적인 사람들도) 수치와 난처함을 겪는다. 누가 뭐래도 낙인찍히는 일은 큰 상처이다. 이때의 상처를 다른 말로 치환하면 난처함일 것이다. 예수님께서 열두 제자에게 물으셨다. "이 말이 너희에게 걸림이 되느냐"(요 6:61). 오천 명이 넘는 군중이 자신을 버리고 떠나는 것을 보시며 "이 말 때문에 너희도 난처해졌느냐?"고 물어보신 것이다. 주님은 다시 그들에게 물으셨다. "그렇다면 너희도 가려느냐?"

만일 당신이 큰 규모의 집단에 속해 있다면(예를 들어 오천 명가량의 군중이 예수님을 지지하고, 당신이 그 무리에 포함되어 있다면), 낙인찍히는 일은 그리 두렵지 않을 것이다. 규모의 논리가 작동하기 때문이다. 그러나 운집해 있던 오천 명이 하나둘 자리를 떠나고 오직 열두 명만 덩그러니 남는다면, 낙인찍히는 일은 매우 난처한 테스트가 된다.

그런데 베드로가 이 시험을 통과했다. 그가 말했다. "주여 영생의 말씀이 주께 있사오니 우리가 누구에게로 가오리이까"(요 6:68).

비난을 견디는 법

하나님의 임재에 대동되는 이상한 현상들을 지지했을 때, 수많은 사람들이 나를 비난했다. 이처럼 내 지혜를 의심하는 사람 중에는 경건한 성도들도 많았다. 당시 나는 스스로에게 한 가지 질문을 던졌다. "24시간 후 주님의 심판대 앞에 서게 된다면, 나는 어떻게 할 것인가?" 이 질문이 내게 가해진 수많은 비판과 비난을 '별일 아닌 것'으로 만들어 버렸다. 이 질문에 나는 "주님과 대면하는 것이 두렵지 않다"고 답했다. 이와 함께 참된 성령의 역사에 기이한 현상들이 대동된다는 내 주장이 안전한 기반 위에 서 있다는 것을 확신하게 되었다. 만일 내가 사람들을 두려워한 나머지 어느 정도 타협하려 했다면, 예수님 앞에 서는 것이 죽기보다 싫었을 것이다. 게다가 인간에 대한 두려움은 올무와 같지 않은가?(잠 29:25) 물론 기이한 임재 현상을 반대하는 사람 모두가 인간을 두려워한다는 말은 아니다. 그러나 어떤 사람들은 인간에 대한 두려움 때문에 숫자가 많은 편에 섰다. 나는 그러한 사람들의 편에 서고 싶지 않다.

사람들은 복음에 찍힌 낙인을 제거하려고 애쓴다. 세상이 원색적인 복음을 싫어하기 때문에 그들의 귀에 듣기 좋은 복음으로 둔갑시키려는 것이다. 그 같은 노력 때문에 복음의 영광은 퇴색되어 버렸다. 원색적인 복음을 불편하게 여긴 크리스천들은 예수님이 신이며, 동시에 인간이라는 사실을 복음에서 빼버리려고 한다. 예수님의 값진 보혈만이 하나님의 공의를 만족시킨다는 사실도 공격적으로 들리기 때문에, 이것 또한 복음에서 제거하려 한다. 결국 복음에 찍힌 낙인을 제하려는 노력이 복음의 영광을 퇴색시켜 버렸다. 성령에 찍힌 낙인도 제거하려는 움직임이 있다. 그들에겐 스스로 정해 둔 '안전한 구역'이 있기 때문에, 그 경계를 벗어나는 성령의 역사는 가차없이 제거해 버린다.

앞에서 언급한 내 모교회의 사건을 기억하는가? 에드를 포함한 세 명의 성도와 빌리 볼 목사가 밤을 새워 기도했던 일 말이다. 그 사건은 훗날 내가 내린 결정의 초석이 되었다. 이후 펼쳐진 일은 하나님의 심판의 임재를 설명하는 또 다른 예였다. 비록 나는 그 현장에 있지 않았지만, 그날의 예배가 내 인생을 바꾸어 놓았다. 이제 그날의 사건을 좀 더 자세히 설명하려고 한다. 목요일 밤부터 금요일 새벽에 이르기까지 네 사람은 오랫동안 기도했다. 그런데 그들이 다음 날 금요일 저녁예배를 중단시켰다.

당시 회중은 '구름 없는 날'이라는 복음성가를 부르고 있었다. 그런데 갑자기 에드가 자리에서 일어나 찬양인도자와 오르간 연주자에게 "멈추라"고 했다. 깜짝 놀란 그들은 음악을 멈췄다. 에드는 고등교육을 받지 못한 사람이었지만, 그의 담대함 때문에 모든 사람이 깜짝 놀라 돌처럼 굳었다. 그는 400명가량의 회중 앞에서 큰 소리로 말하기 시작했다. 그는 교회의 중앙 통로를 앞뒤로 오가며 즉흥적인 말씀을 선포했다. 하지만 내 아버지를 포함하여 예배에 참석한 사람들은 그가 헛소리를 지껄인다고, 또 미친 사람처럼 날뛴다고 생각했다. 물론 그중에는 그의 행동을 성령의 임재 현상으로 여긴 사람도 있었다. 그들은 하나님께서 그 교회를 다루고 계신다고 생각했다.

그날 에드가 말한 내용은 두 가지였다. 첫째는 교회 안의 누군가가 하나님이 계획해 놓으신 부흥을 저지하고 있다는 것이고, 둘째는 하나님께서 교회 위에 '이가봇'이라고 쓰셨다는 것이다. 참고로 이가봇은 '영광이 떠났다'는 의미의 히브리어다. 그런데 에드가 말하는 동안 안개 같은 무언가가 회중 위에 임했다. 그것은 눈으로 볼 수 있는 구름 같았다. 그것의 정체를 모르는 에드는 불편해했다. 게다가 그는 자신이 내뱉은 '이가봇'의 의미도 알지 못했다.

그날은 부교역자인 빌리 볼 목사가 설교하기로 되어 있었다. 에드가 자기 자리로 돌아가 앉자, 빌리 볼 목사가 강단에 올라섰다. 그는 "제가 본 가장 위대한 성령의 역사였습니다"라고 말했다. 이후 빌리 볼 목사는 성경을 펼쳐 사도행전 5장 1-6절을 읽었는데, 성령님께 거짓말한 아나니아가 그 자리에서 죽는 내용이었다. 성경을 읽은 빌리 볼 목사는 자신의 자리로 돌아갔다. 이후 담임 목사님이 강단에 올라서서 사람들을 초청하며 "기도해 주겠다"고 하였다. 몇 사람이 앞으로 나아갔다. 그날 밤 결신한 사람도 있었고, 또 자신이 부흥을 저지한 주범은 아닌지 염려하는 사람도 있었다. 누가 부흥을 저지했는지는 이틀 뒤에 밝혀졌다.

주일 아침, 교회는 빌리 볼 목사에게 사임을 권고했다. 금요일 저녁 에드가 주도했던 예배를 조작했다는 혐의를 받은 것이다. 그러나 그것은 사실이 아니었다. 물론 빌리 볼 목사가 에드의 말과 행동을 지지해서 그런 의혹을 살만 했지만 말이다.

다음 날, 아버지는 내게 편지를 보내셨다. 그동안 내가 멘토로 삼은 빌리 볼 목사와 더 이상 교제하지 말라는 내용이었다. 아버지는 내게 그와는 서신도 주고받지 말고, 전화도 하지 말라며 엄하게 경고하셨다. 당시 내가 받은 충격은 이루 말할 수 없었다. 그때만 해도 그 금요일 저녁의 특이한 예배에 대해 전혀 듣지 못했기 때문이다. 그런데 아버지의 편지를 읽는 동안 머릿속에 빌립보서 1장 12절 말씀이 떠올랐다. 나는 곧바로 성경을 펼쳤다. "형제들아 내가 당한 일이 도리어 복음 전파에 진전이 된 줄을 너희가 알기를 원하노라"(빌 1:12). 나는 이 구절을 읽으며 빌리 볼 목사의 편에 서야 한다는 확신을 갖게 되었다. 평생 처음으로 아버지와 대립한 순간이었다. 그리고 그 일은 (직접적인 것은 아니었지만) 할머니가 내게서 차를 **빼앗아가시는** 계기가 되었다.

나는 나중에야 예배당 안에 내려앉은 안개에 대해 들었다. 그리고 그것이 하나님의 임재가 가시적으로 나타난 현상이었음을 알았다. 나는 그 안개를 빌립보서 1장 12절의 확증으로 삼았다. 그날 이상한 예배의 주도자는 에드나 빌리 볼 목사가 아닌 하나님이셨다.

나는 빌리 볼 목사와 에드의 편에 서기로 결정했다. 그리고 지금껏 그 결심을 후회하거나 의심하지 않는다. 이 사건과 결부된 사람들이(특히 부흥을 저지했던 사람들이) 아직 살아 있기 때문에 더 이상은 말할 수 없다. 하지만 이것만은 말할 수 있다. 내 모교회는 더 이상 예전과 같을 수 없었다. 영광은 떠났다. 한때 나사렛 교단 중 가장 영향력이 컸던 그 교회는 점점 힘을 잃어갔다. 그날 이후 갈수록 점점 더 침체되었다.

그날의 예배는 (나의 신학적 변화보다 더) 우리 가족으로 하여금 내게 등을 돌리게 했다. 1956년에 일어난 그 사건은 우리 가족들이 규정해 둔 '안전한 구역'을 크게 벗어난 일이었다. 그때는 나에게 참으로 힘겨운 시절이었다. 앞에서 말한 것처럼 오직 맥컬리 할아버지만 내 편을 들어 주셨다. "나는 내 손자의 결정을 지지한다. 그가 옳든, 그르든 상관없어!"

하나님의 안식이 선사하는 고요함

여호와여 내 마음이 교만하지 아니하고 내 눈이 오만하지 아니하오며 내가 큰 일과 감당하지 못할 놀라운 일을 하려고 힘쓰지 아니하나이다 실로 내가 내 영혼으로 고요하고 평온하게 하기를 젖 뗀 아이가 그의 어머니 품에 있음 같게 하였나니 내 영혼이 젖 뗀 아이와 같도다 _시 131:1-2

시편 131편은 '성전에 올라가는 시'이다. 이스라엘 백성은 일 년 중 세 번의 절기마다 예루살렘을 향했는데, 그때 불렀던 여러 가지 노래 중 하나가 시편 131편이다. 예루살렘은 해발 760미터에 위치해 있기 때문에 예루살렘으로 향하는 모든 길은 오르막길이다. 그러므로 예루살렘으로 향하는 순례자들의 시들을 묶어 '성전에 올라가는 시'라고 부른다. 그중 시편 131편은 독특하면서도 이해하기 어려운 시로 정평이 났다. 이 시에 대한 해석은 두 가지 정도로 요약해 볼 수 있다.

첫째, 이 시는 인생의 마지막 단계에 올라선 다윗을 그려내고 있다는 해석이다. 다윗은 삶의 전반에 걸쳐 야망 가득한 A형 타입이었는데, 노년의 다윗은 더 이상 그렇게 보이지 않는다. 이러한 관점으로 시편 131편을 읽으면 이해하기가 쉬울 것이다.

다윗은 젊은 시절 자신에게 동기를 부여했던 일들을 개의치 않는다. 그러므로 과거 한때 온 세상에 큰 영향을 끼치고 싶었던 사람이나 위대한 업적을 남기고픈 사람들, 또 이 세상을 뒤엎고 싶었던 사람들에게 이 시를 적용해 볼 만하다.

인생의 막바지에 이르면, 사람들은 전과 다른 관점으로 세상을 바라보기 시작한다. "실로 내가 내 영혼으로 고요하고 평온하게 하기를"(시 131:2). 나는 '성전에 올라가는 시'를 주제로 《더 높은 곳》(Higher Ground)이라는 책을 썼는데, 우리가 인생 막바지에 얻게 될 '새로운 관점'이 이 책의 근간을 이루고 있다.

둘째, 시편 131편은 하나님의 인식에 들어간 사람을 완벽하게 묘사하고 있다는 해석이다. 하나님의 안식에 들어간 사람은 더 이상 수고하지 않아도 된다(히 4:10). 이러한 사람은 살기 위해 애쓰는 노력을 멈춘다. 그에게 야망은 아무 의미가 없다. 목표를 이루려는 노력 역시 중요하지 않다. 이러한 사람은 자기 자신을 그리 중요하게 여기지 않기 때문이다. 그는 삶에 집착하지도 않는다(행 20:24, 계 12:11). 하나님의 안식에 들어간 사람은 그분의 임재만으로 만족할 수 있기 때문에, 자신이 어떤 사람인지 입증하려고 하지도 않는다.

이제 곧 로렌스 형제를 소개할 것인데, 그는 땅에 떨어진 지푸라기 하나를 집어 드는 것만으로도 크나큰 기쁨을 얻을 수 있다고 했다. "그것은 마치 수천 명의 사람들이 나를 알아 줄 때의 기쁨과도 같습니다." 그렇다. 하나님의 안식에 들어가면, 그분의 임재가 크나큰 만족을 주기 때문에 인정받으려는 욕구도, 사람들에게 자신의 말을 전하고픈 욕구도, 사람들의 칭찬을 바라는 욕구도 사라져 버린다.

이러한 하나님의 임재를 얼마나 오랫동안 누릴 수 있는가? 이것은 또 다른 차원의 이야기이다. 어떤 사람은 몇 달 동안, 또 어떤 사람은 몇 년 동안 그 임재의 기쁨을 느낄 것이다. 무한정으로 느끼는 사람은 거의 없다. 그런데 로렌스 형제는 평생 동안 하나님의 임재를 만끽한 것 같다.

로렌스 형제

프랑스에서 태어난 로렌스 형제(본명은 니꼴라 에르망, 1614-1691)는 제대로 교육을 받지 못한 평신도 사제였다. 30년 전쟁(1618-1648)에 참전한 그는 '맨발의 까르멜회' 파리 수도원에 지원하여 생애의 대부분을 그곳에서 보냈다. 수도원에서의 삶은 단조로웠다. 그는 수년간 부엌일을 했고, 후에는 사제들의 샌들을 수리했다.

로렌스 형제는 '심오한 평안의 사람'으로 대중에 알려졌다. 그래서 수많은 사람들, 교회의 리더들이 로렌스 형제의 지혜와 조언을 들으려고 수도원을 방문하곤 했다.[1] 파리 대주교의 교구 사제 총장은 로렌스 형제가 사람들과 주고받은 서신 및 대화 기록을 모아 《하나님의 임재 연습》(The Practice of the Presence of God)이라는 책을 펴냈는데, 이 책은 가톨릭과 개신교 성도 모두에게 인기를 얻었다. 존 웨슬리와 A. W. 토저도 이 책을 격찬했다.

나는 우연찮게 너덜너덜해진 1955년 출판본을 갖게 되었다. 그리고 어디에 가거나 할 때 그 책을 가지고 가서 수시로 펴보기도 했다. 어떤 때는 그 책이 내게 무언가를 직접 말해 주는 것 같았다. 내가 그렇게 느낀 것은 로렌스 형제가 설명한 하나님의 임재와 평안이 1955년에 내가 처음으로 겪은 체험과 같았기 때문이다.

로렌스 형제는 하나님의 임재를 연습한 사람이었다. "만일 내가 설교자였다면, 다른 어떤 것보다도 하나님의 임재 연습에 대해 설교할 것입니다. 만일 내가 지도자였다면, 나는 온 세상이 하나님의 임재를 연습하도록 조언할 것입니다. 내게 하나님의 임재 연습이 필요하고, 하나님의 임재 연습이 그리 어렵지 않으니, 온 세상도 나처럼 하나님의 임재를 연습해 보길 원합니다."[2]

쉽다고? 그렇다. 하지만 이것을 연습하는 모든 사람이 로렌스 형제와 동일한 '임재 감각'을 지닌 것은 아니다. 임재 연습의 핵심은 '평안'이다. 그러나 그가 말한 평안은 우리가 생각하는 평안과는 다르다. 그는 단지 근심과 염려가 없는 상태를 평안이라 말하지 않았다. 그가 말한 평안은 초자연적 감각으로, 하나님의 임재를 지각하는 상태이다. 성경은 하나님을 '평강의 하나님'(살전 5:23)으로 소개한다. '평강(peace)의 하나님'이 그분의 속성을 나타낸 표현이라면, '하나님의 평강'(빌 4:7)은 그분의 임재를 나타낸 표현이다. 바울은 이러한 평강이 모든 지각(understanding)에 뛰어나다고 말했다. 이처럼 모든 지각을 뛰어넘는 하나님의 평강이 그리스도 예수 안에서 우리의 마음과 생각을 지켜 주는 것이다(빌 4:7).

《하나님의 임재 연습》을 읽을 때, 우리는 로렌스 형제가 교육받지 않은 사람임을 이해해야 한다. 그는 사제서품을 받은 적이 없다. 또 사제로서 대접받지도 못했다. 그는 수도원 안에서 유일한 평신도였다. 그래서일까? 그의 발언이 신학이나 교리에 항상 맞는 것도 아니었고, 심지어 자신의 체험을 설명할 때도 말이 안 되는 경우가 많았다. 그러나 모든 선입견을 버리고 그를 주목한다면, 우리는 놀라운 방식으로 성경의 하나님과 교류했던 프랑스 출신의 사제와 만나게 될 것이다.

책을 읽다가 충격을 받은 대목이 있다. 로렌스 형제는 매일같이 시간을 정하여 기도하고 예배드렸다. 하지만 그 같은 경건의 행위가 자신을 하나님께 더 가까이 인도하지는 않는다고 말했다. 왜냐하면 그는 언제나 하나님의 임재를 느꼈기 때문이다. 일례로, 그는 열여덟 살에 회심했는데, 훗날 그는 이같이 말했다. "그날 시작된 사랑은 수십 년 넘도록 지속되었습니다. 회심과 함께 저는 세상에서 풀려났습니다. 그 체험은 하나님을 향한 사랑으로 이어졌습니다. 이후 40년의 세월이 지났지만, 저는 그 사랑이 점점 자라났다고 말할 수 없습니다. 처음부터 지금까지 그 사랑, 그대로였으니까요." 그는 기도를 통해 하나님께 더 가까이 다가설 수 있는 것이 아니라 그 관계를 유지할 수 있는 것이라고 말했다. "우리는 하나님과 끊임없이 대화함으로 임재의 감각을 키울 수 있습니다. 사소한 일이나 어리석은 것들을 생각하느라고 하나님과의 대화를 중단한다면, 이처럼 수치스러운 일도 없을 것입니다."

로렌스 형제는 만족감에 대해서도 말했다. "우리는 하나님의 뜻이 이뤄지는 것만으로 만족해야 합니다. 하나님께서 우리에게 고난을 주시든, 위로를 주시든 상관없습니다. 그것이 하나님의 뜻이라면 말입니다. 왜냐하면 하나님께 자신을 온전히 맡긴 사람은 하나님이 주신 모든 것을 있는 그대로 받아들이기 때문입니다. 그러므로 그에게는 고난과 위로가 크게 다르지 않습니다 … 하나님께서 우리의 사랑을 시험하실 때, 기도의 흐름이 끊길 수도 있습니다. 그러한 때에도 우리는 충직하게 기도해야 합니다. 그때가 바로 자신을 온전히 내려놓아야 할 순간입니다."3) 로렌스 형제는 하나님의 주권을 깊이 신뢰했다. 한 추기경과의 대화에서, 우리는 그가 하나님의 주권을 얼마나 굳게 믿었는지 엿볼 수 있다.

그는 세상에서 매일같이 들려오는 불행과 참사의 소식에 관한 한 궁금해하지 않았습니다. 이와는 반대로 죄인들이 저지를 수 있는 악행에 대해 더 이상 염려하지 않는 이 시대의 풍조에 놀랐습니다. 그래서 그는 자신이 할 수 있는 바, 죄인들을 위해 기도했습니다. 하지만 하나님께서는 언제든 기뻐하실 때, 그들이 저지른 죄악을 해결해 주실 수 있습니다. 이 사실을 깨달은 후, 그는 더 이상 이 문제로 고

민하지 않았습니다.[4)]

만일 로렌스 형제가 자신에게 맡겨진 일에 실패했다면, 그는 잘못을 고백하며 하나님께 이같이 아뢰었을 것이다. "저의 잘못 때문에 주님께서 저를 떠나신다면, 저는 다시는 이 일을 하지 않을 것입니다. 제 잘못을 감춰 주시고, 제 실수를 고쳐 주실 분이 주님 아니십니까?" 이후 그는 그 문제에 대해 더 이상 고민하지 않았을 것이다. 우리 또한 염려하지 말고, 예수 그리스도의 보혈이 우리의 죄를 덮어 주고 씻어 주심을 기대해야 한다. 이후 우리는 마음을 다해 하나님을 사랑해야 한다. 그가 말했다. "하나님은 자신의 자비와 긍휼을 좀 더 명확히 드러내시고자 가장 큰 죄인에게 가장 큰 은혜를 선사하시는 분 같습니다."

또한 그는 이렇게 말했다. "일과는 기도하는 시간과 다름없습니다. 주방의 분주함과 딸각거리는 소음 속에서도, 여러 사람이 서로 다른 것을 달라고 요청하는 중에도, 저는 무릎 꿇고 성찬을 받을 때처럼 고요함 속에서 하나님을 만날 수 있습니다."[5)]

이 장을 마무리하며 하나님께서 하시는 일 중 처음에는 납득이 안 가는 것이 있다는 사실을 다시 한 번 강조하고 싶다. 이러한 사실을 보여 주는 좋은 예가 바로 성금요일이다. 그날 하나님은 그리스도 안에서 온 세상과 화해하시고, 사람들을 자신의 품으로 끌어안으셨다(고후 5:19). 그러나 그날 누가 이러한 일이 일어나리라 생각했겠는가? 오직 하나님만 아셨고, 하나님만 이 일을 묵묵히 수행하셨다. 하나님께서 우리를 구하기 위해 선택하신 방법은 인류 역사상 가장 잘 감춰진 '비밀'이었다. 초대 교회가 그

비밀을 깨달을 때까지 누구도 이를 온전히 알 수 없었다.

이러한 사실 앞에서 우리 모두는 침묵으로 일관할 수밖에 없다. 지금 어려운 일을 당하고 있는가? 그렇다면 목소리를 낮추고 잠잠히 기다리면서 그 일을 계획하고 당신에게 허락하신 분이 하나님인지 확인해 보라.

이해할 수 없는 임재 현상이나 부흥 운동이라고 해서 거기 관여한 사람들 안에 "하나님이 계시지 않는다"고 말해선 안 된다. "거기에는 하나님이 계시지 않는다"고 확언할 수 있을 때까지 그들과 싸워서도 안 된다. 자칫 하나님을 대적할 수도 있으니 말이다.

The Presence of God

CHAPTER 10

천국에서 맛보게 될 하나님의 임재

차라리 세상을 떠나서 그리스도와 함께 있는 것이 훨씬 더 좋은 일이라 그렇게 하고 싶으나 _빌 1:23

내가 들으니 보좌에서 큰 음성이 나서 이르되 보라 하나님의 장막이 사람들과 함께 있으매 하나님이 그들과 함께 계시리니 그들은 하나님의 백성이 되고 하나님은 친히 그들과 함께 계셔서 모든 눈물을 그 눈에서 닦아 주시니 다시는 사망이 없고 애통하는 것이나 곡하는 것이나 아픈 것이 다시 있지 아니하리니 처음 것들이 다 지나갔음이러라 _계 21:3-4

CHAPTER 10

천국에서 맛보게 될 하나님의 임재

천국을 천국답게 만드는 것은 '하나님의 임재'이다. 천국에 가면 우리는 더 이상 하나님의 임재를 얻기 위해 노력할 필요가 없다. 우리가 영화롭게 되는 순간(부활하는 순간)부터 하나님의 임재가 늘 우리 곁에 머물 것이기 때문이다. '영화'가 완성되는 것은 우리가 예수님과 얼굴을 마주할 때이다(요일 3:2). 천국에는 눈물도, 고난도, 유혹도, 불안함도 없다. 하나님께서 얼굴을 감추시는 일도 없다. 그러므로 천국에선 믿음이 필요 없다. 왜냐하면 믿음은 보이지 않는 것들에 대한 보증인데(히 11:1), 천국에서는 믿음을 발휘하지 않고도 모든 것을 명확하게 볼 수 있기 때문이다.

"너희는 여호와를 만날 만한 때에 찾으라 가까이 계실 때에 그를 부르라"(사 55:6)는 말씀이 이 세상에서는 유효했지만, 천국에서는 아무 소용없는 외침일 뿐이다. "모든 경건한 자는 주를 만날 기회를 얻어서 주께 기도할지라"(시 32:6)는 시편 기자의 권고도 이 땅에서만 유효하다. 천국에서는 이러한 노력이 필요 없다. 도처에 하나님의 임재가 가득할 것이기 때문이다. 더 이상 하나님은 자신의 얼굴을 감추지 않으신다. 이처럼 천국을 천국답게 만들어 주는 것이 하나님의 임재이다.

내가 어렸을 적에는 천국에 대한 노래가 많았다. 요한복음 14장 2절 "내 아버지 집에 거할 곳이 많도다"라는 말씀을 근거로 '대저택'을 강조하는 노래부터 시작하여 천국의 '오두막'에서 살고 싶다는 내용에 이르기까지, 참으로 다양한 노래들이 많이 만들어졌다. 엘비스 프레슬리 같은 대중 가수도 천국을 주제로 한 가스펠송 '초가삼간도 나는 만족하네'를 불렀다. 또 다른 대중 가수 행크 윌리엄스는 '주여, 영광의 땅 한쪽 귀퉁이에 나를 위한 오두막을 지어 주소서'라는 노래를 불렀다. 내 생각에 이 노래는 애팔래치아 백인들의 '우리야 힙' 정신을 표현한 것 같다(우리야 힙은 찰스 디킨스의 소설 《데이비드 코퍼필드》에 등장하는 인물인데, 그는 거짓 겸손과 아첨으로 똘똘 뭉친 위선자이다 – 역자 주). 즉, "나는 대저택이 필요 없어. 오두막으로 만족해"라고 하며 거짓 겸손과 위선을 노래한 것 같다.

우리의 생각과 달리, 천국을 천국답게 만들어 주는 것은 대저택의 화려함이나 황금으로 만들어진 도로가 아니다. 천국을 천국으로 만드는 것은 하나님의 임재이다. 지금은 흐릿한 거울을 보듯 하나님의 임재를 띄엄띄엄 맛보는 정도이지만, 천국에서는 주님과 얼굴을 마주하게 될 것이다(고전 13:12). 그래서 지금은 믿음이 필요하지만, 천국에서는 믿음이 필요 없다.

찰스 가브리엘은 천국을 상상하며 다음과 같은 노래를 만들었다.

오, 그것은 나를 위한 영광

나를 위한 영광, 나를 위한 영광이라!

그분의 은혜로 나 그분의 얼굴을 보게 되리니

영광, 영광, 나를 위한 영광이라!¹⁾

이 같은 영광의 체험은 어떤 것일까? 상상조차 불가능하다. 40년 전, 나는 복음주의 계열의 한 출판사와 천국을 주제로 한 책을 펴내기로 계약했다. 로이드 존스 목사는 내가 서명한 계약서를 직접 보았다. 그러나 막상 천국에 대해 글을 쓰려니 답답했다. 천국에 대해 내가 아는 바가 거의 없었기 때문이다. 결국, 집필을 시작한 지 얼마 안 되어 나는 계약을 파기해야 했다. 그렇게 그 책은 내가 끝마치지 못한 유일한 책이 되었다.

이 땅에서 아무리 오랫동안 천국에 대해 연구해도 소용없다. 그곳에 가면 5분 만에 더 많은 것을 알게 될 테니 말이다. 내가 천국에 대해 확실히 말할 수 있는 것은 여기까지다. "생각하건대 현재의 고난은 장차 우리에게 나타날 영광과 비교할 수 없도다"(롬 8:18). 엘리자 E. 휴윗의 찬송 '우리 모두 천국에 올라갈 때'의 가사처럼 영광 중에 계신 그분을 한 번 보는 것으로 삶의 모든 수고를 보상받을 것이다.²⁾

천국으로 이동하다

이 땅에서 천국으로 이동하는 방법은 둘 중 하나다. 첫째, 죽음을 통해서이다. 이것은 마지막 날 이전에 유효한 방법이다. 바울의 말에 의하면,

우리가 죽을 때 영적인 몸을 취하게 된다고 한다. "만일 땅에 있는 우리의 장막 집이 무너지면 하나님께서 지으신 집 곧 손으로 지은 것이 아니요 하늘에 있는 영원한 집이 우리에게 있는 줄 아느니라"(고후 5:1).

영적인 몸은 임시 거처이지만, 영화(부활체)의 상태와 매우 비슷하다. 내가 영적인 몸에 대해 이같이 말하는 까닭은 우리가 "하늘에 기록된 장자들의 모임과 교회와 만민의 심판자이신" 하나님 앞에 설 것이기 때문이다(히 12:23). 죽음 이후 우리가 취하게 될 영의 몸이 영화의 상태와 같은 이유는 그 몸에 더 이상 죄가 없기 때문이다. 천국에는 죄가 없으므로, 우리의 영적인 몸 역시 죄가 없을 것이다. 우리가 취하게 될 '궁극의 몸'에 대해서는 나중에 설명할 것이다. 어쨌든, 죽는 순간 우리는 영적인 몸을 얻어 천국에 머물 것이다. 예수님의 모습이 영화롭게 변화되었을 때, 모세와 엘리야가 나타났던 것을 기억하라(마 17:3). 이 사건은 천국에 거하는 그들이 '알아볼 수 있는 형상'(몸)으로 존재하고 있음을 알려 준다.

이러한 사실을 우리의 신앙생활에 적용해 보자. 이 세상을 떠난 친구나 당신의 사랑하는 가족들은 지금 알아볼 수 있는 형상으로, 온전해진 영혼의 몸으로 천국에 거하고 있다! 우리 또한 이 땅과 결별하는 날, 그와 같은 형상으로 천국에서 살아가게 될 것이다.

예수님은 우편 십자가에 달려 죽어가는 강도에게 "내가 진실로 네게 이르노니 오늘 네가 나와 함께 낙원에 있으리라"고 말씀하셨다(눅 23:43). 예수님의 말씀은 이제 곧 그가 낙원에서 하나님의 임재 안에 머물게 된다는 뜻이다. 참고로 여기서 말하는 '낙원'은 죽은 성도들의 영혼이 거하는 처소에 붙여진 이름이다.

그러나 낙원은 임시 처소이다. 아브라함, 이삭, 야곱, 요셉, 모세와 같은 사람들은 수천 년 동안 그곳에 머물고 있고, 마틴 루터, 존 칼빈, 조나단 에드워즈, 존 웨슬리, 조지 휫필드 같은 사람들은 수백 년간 그곳에 머물고 있으며, 내 부모님과 마틴 로이드 존스 부부와 같은 분들은 수십 년간 그곳에 머물고 있지만, 낙원은 여전히 임시 처소이다. 당신이 이 대목을 읽는 순간에도 이들 모두는 여전히 그곳에 머물고 있다. 그들은 의식이 있는 상태에서 예수님의 품에 안겨 고통 없이 주님의 임재를 만끽하고 있다. '천국에서 그들은 서로를 알아볼까? 이 땅에 살고 있는 우리에 대해 얼마나 알고 있을까?' 이러한 생각은 별로 도움이 안 되는 상상이다. 물론 심각하게 생각하지만 않는다면 재미있는 상상일 테지만 말이다.

지금까지의 논의를 한 마디로 정리하면, 죽는 순간 우리는 예수님의 임재 안으로 들어가게 된다는 것이다.

둘째, 예수님께서 재림하실 마지막 날, 우리는 궁극적인 처소로 들어간다. 이때, 우리는 부활체(復活體)를 입는다. "보라 내가 너희에게 비밀을 말하노니 우리가 다 잠 잘 것이 아니요 마지막 나팔에 순식간에 홀연히 다 변화되리니 나팔 소리가 나매 죽은 자들이 썩지 아니할 것으로 다시 살아나고 우리도 변화되리라"(고전 15:51-52). 예수님께서는 다음과 같이 말씀하셨다. "이를 놀랍게 여기지 말라 무덤 속에 있는 자가 다 그의 음성을 들을 때가 오나니 선한 일을 행한 자는 생명의 부활로, 악한 일을 행한 자는 심판의 부활로 나오리라"(요 5:28-29).

성경은 구원받지 못한 사람들도 부활할 것을 말한다. 그러나 그들의 부활체에 대해서는 함구하고 있다. 다만 우리는 이 땅에 살던 모든 사람이 부활하여 그리스도의 심판대에 선다는 것까지만 알 뿐이다. 사람이 태어나서 한 번 죽는 것은 정해진 이치이다. 그러나 그 후에는 심판이 있다. "한 번 죽는 것은 사람에게 정해진 것이요 그 후에는 심판이 있으리니"(히 9:27).

사람들은 종종 "화장(火葬)을 해도 육체로 부활할 수 있나요?"라고 묻는다. "바다가 그 가운데에서 죽은 자들을 내주고"(계 20:13). 이 말씀은 전통적인 장례로 시신을 땅에 묻든, 화장을 하든, 수장을 하든 아무 상관없다는 뜻이다. 창조주 하나님께서는 모든 육체를 (구원받은 사람이든 받지 못한 사람이든) 부활시키실 것이다.

예수님께서 다시 오시는 날, "그리스도 안에서 죽은 자들이 먼저 일어나고 그 후에 우리 살아 남은 자들도 그들과 함께 구름 속으로 끌어 올려 공중에서 주를 영접하게 하시리니 그리하여 우리가 항상 주와 함께 있으리라"(살전 4:16-17). 여기서 '주와 함께'라는 말씀은 '예수와 함께'라는 뜻이다. 우리는 영원무궁토록 주 예수 그리스도의 임재 안에서 살게 될 것이다.

구원받지 못한 사람들에게 일어날 일

"그럼, 구원받지 못한 사람들은요? 그들은 어디로 가나요?" 위와 동일한 방식으로 이 질문에 답하겠다. 첫째, 그들이 이 땅에서 죽는 순간을 상정해 보자. 예수님이 전하신 '부자와 거지 나사로'의 이야기를 빌리자면,

죽는 순간 어떤 이는 복된 곳으로 또 어떤 이는 심판받는 곳으로 가게 될 것이다. 거지 나사로는 죽어서 '아브라함의 품(임재)'에 안겼다(눅 16:22). 여기서 '아브라함의 품'은 위에서 살펴본 바, 십자가에 달린 강도에게 허락된 낙원과 동일하다.

그런데 예수님께서 아브라함을 언급하신 이유를 주목해야 한다. 아마도 사두개인과의 논쟁 중에 설명하셨듯이(마 22:32), 이들 족장들(아브라함, 이삭, 야곱)이 죽은 채로 무덤 안에 머물러 있는 것이 아니라 낙원에서 살아 있다는 사실을 알리고자 하셨던 것 같다. 예수님의 이 예화 역시 히브리서 12장 23절의 말씀처럼 의인의 영혼은 온전해진다는 것과 성도가 죽으면 주님과 함께 거하며 수많은 성도들의 무리에 합류하게 된다는 사실을 말해 준다(히 12:1).

반면, 부자는 죽어서 땅에 묻혔고, 그 다음 그에게 일어난 일은 "음부에서 고통 중에 눈을 들어 멀리 아브라함과 그의 품에 있는 나사로를 보았던" 것이다(눅 16:23). 부자는 아브라함에게 구걸하듯 간청했다. "아버지 아브라함이여 나를 긍휼히 여기사 나사로를 보내어 그 손가락 끝에 물을 찍어 내 혀를 서늘하게 하소서 내가 이 불꽃 가운데서 괴로워하나이다"(눅 16:24). 부자가 음부에서 고통을 느꼈다는 사실이 예사롭지 않다. 그렇다면 믿지 않는 사람은 죽음의 순간, 어디론가 옮겨져 심판을 당하며 의식이 있는 채로 고통을 느끼게 될 것이다.

나는 사람이 죽으면 의식이 사라진다는 '영혼의 잠'이라는 가르침에 대해 알고 있다. 이것은 구원받은 사람이나 구원받지 못한 사람이나 죽는 순간 모두 무의식 상태로 들어간다는 주장이다. 그러나 내게 이러한 가르침은 앞서 살펴본 성경구절을 철학적으로 비판한 오류일 뿐이다. 성경은 구원받은 사람이나 구원받지 못한 사람이나 모두 죽음 이후에도 의식이 있다고 말씀한다.

구원받은 사람의 영혼이 머무는 낙원처럼, 예수님의 이야기 속의 부자가 머물던 음부도 구원받지 못한 사람들의 임시 처소인가? 그렇다. 구원받지 못한 사람도 마지막 때에 육체로 부활할 것이기 때문이다. 그들은 부활한 육체로서 '최후의 심판'(백보좌 심판)석에 설 것이다. 그리고 지옥행을 언도받는다. 재림하실 예수님은 그날 "하나님을 모르는 자들과 우리 주 예수의 복음에 복종하지 않는 자들에게 형벌을 내리실" 것이다(살후 1:8). 그날, 이들은 "주의 얼굴과 그의 힘의 영광을 떠나 영원한 멸망의 형벌을 받을" 것이다(살후 1:9). "그날에 그가 강림하사 그의 성도들에게서 영광을 받으시고 모든 믿는 자들에게서 놀랍게 여김을 얻으시리니 이는 (우리의 증거가 너희에게 믿어졌음이라)"(살후 1:10).

천국을 천국답게 만드는 것이 하나님의 임재라면, 지옥을 지옥답게 만드는 것은 '임재의 부재' 또는 '임재로부터의 고립'이다. "이런 자들은 주의 얼굴과 그의 힘의 영광을 떠나"(살후 1:9). 지옥을 지옥답게 만드는 또 다른 요소는 이 땅에서 외면해 왔던 것을 그제야 보게 된다는 것이다. 쉽게 말해 뒤늦은 후회이다. 이를테면 그들은 예수님이 성도들에게서 영광을 받으시는 것과 모든 믿는 자들이 예수님을 놀랍게 여기는 것(살후 1:10)을 지옥에 가서야 바라보게 된다. 아마도 슬피 울며 이를 갈면서 바라보게 될 것이다.

나사로가 아브라함의 품에 안긴 것을 본 순간, 부자는 그동안 자신이 외면해 왔던 것을 보게 되었다. 마찬가지로 구원받지 못한 사람들은 지옥에 들어가서야 그동안 자신이 외면해 왔던 복음을 보며 후회할 것이다.

영원토록 구원받지 못한 사람들이 놓친 것은 구원받은 사람들의 '특별 혜택'(특별 은총)만이 아니다. 그들은 하나님의 일반 은총마저 잃어버릴 것이다. 일반 은총이라고 해서 평범한 은혜 정도로 치부해선 안 된다. 그것은 모든 사람에게 베풀어 주시는 하나님의 '선함'이다. 이 땅을 사는 동안 구원받은 자나 구원받지 못한 자나 동일하게 햇빛과 비를 얻는다. 이것은 모든 사람에게 주시는 하나님의 은혜(선물)이다(마 5:45). 그러나 구원받지 못한 사람은 결국 이러한 복마저 몰수당할 것이다. 하나님의 임재로부터 배제되고 격리될 것이기 때문이다.

천국에서 맛보게 될 하나님의 임재

나는 책의 앞부분에서 내 친구의 이야기를 소개하였다. 그는 잠시 동안 맛본 하나님의 임재 덕분에 모든 것을 견딜 수 있다고, 적어도 그 순간만큼은 모든 것을 견딜 수 있을 것 같다고 말했다. 잠시 동안의 임재 체험 효과가 이 정도라면, 영원한 임재 체험의 효과는 어떻겠는가? 아무리 절제하여 표현하더라도 그 체험은 놀랍고, 눈부시고, 화려하며, 어떤 수식어로도 표현할 수 없을 만큼 대단할 것이다. 현실이라고 하기에는 너무나 비현실적인 기쁨일 것이다. 그것이 천국의 현실이다! 장차 천국의 실상을 깨달을 날이 올 텐데, 그때 우리는 천국에서 하나님의 임재를 맛보아 알게 될 것이다. 예수님께서 말씀하셨다. "그렇지 않으면 너희에게 일렀으리라"(요 14:2).

그렇다. 천국은 사망이 없는 곳, 각종 공과금과 세금을 내지 않는 곳, 질병과 싸우지 않는 곳, 사랑하는 이들과 작별하지 않는 곳, 갈등이 그치는 곳, 시험과 유혹이 없는 곳, 오해받는 일이나 자신을 입증하기 위해 애쓰는 일이 없는 곳, 근심과 염려가 없는 곳, 고통이 없는 곳이다. 아마 이 표현이 너무 좋기 때문에 사실처럼 들리지 않을 것이다. 그러나 사실이다. 나는 이 장에 쓴 내용이 사실이라는 데 내 목숨까지 걸 용의가 있다.

이제 중요한 질문을 던지겠다. 오늘 죽는다면, 당신은 천국에 갈 것을 확신하는가? 당신이 하나님 앞에 서는 날(언젠가는 그렇게 될 것이다), 하나님께서 당신에게 "내가 왜 너를 천국에 들여보내야 하느냐?"고 질문하신다면(하나님은 그렇게 하실 것이다), 당신은 뭐라고 답하겠는가? 이 모든 일이 일어날 것이므로, 당신은 올바른 답을 준비해야 한다. 만일 한 마디로 답해야 한다면, 당신은 어떻게 말씀드리겠는가?

나는 이렇게 답하겠다. "예수님께서 저의 죄를 위해 십자가에서 죽으셨기 때문입니다." 문자 그대로 이것은 내가 가진 유일한 희망이다. 내가 행한 선행도, 남편과 아버지, 목회자로서 수많은 세월 쌓아 온 업적도 나를 구원해 줄 수 없다. 내가 붙잡을 수 있는 유일한 소망은 예수 그리스도의 십자가 희생뿐이다. 예수님의 보혈이 내 빚을 청산했다. 그분의 죄 없는 삶과 희생의 죽음만이 하나님의 공의를 만족시킨다.

만일 이것이 당신이 생각해 낸 답이 아니라면, 부디 아래의 기도를 드리기 바란다.

주 예수님, 저에겐 주님이 필요합니다. 저는 주님을 원합니다. 주님께 죄를 범하여 죄송합니다. 주님의 보혈로 저의 죄를 씻어 주소서. 그리고 주님의 성령을 제 삶에 보내 주소서. 제가 할 수 있는 최선은 제 삶을 주님께 드리는 것뿐입니다. 예수님의 이름으로 기도합니다. 아멘.

이 기도를 드렸다면, 진심으로 기도했다면, 우리는 천국에서 만나게 될 것이다. 거기서 영원토록 하나님의 임재를 맛보며 즐거워할 것이다.
성부와 성자와 성령, 삼위일체 하나님께서 지금부터 영원토록 당신과 함께하시길! 아멘.

The Presence of God

주

CHAPTER 2

1) *Vine's Complete Expository Dictionary of Old and New Testament Words: with Topical Index*, ed. W. E. Vine and Merrill Unger (Nashville: Thomas Nelson, 1996), s.v. "scourge."

2) "Lord of All Being" by Oliver W. Homes Sr. Public Domain.

3) "How Tedious and Tasteless the Hours" by John Newton. Public Domain.

4) 나는 '마지막 때의 징계'에 대해 두 권의 책에서 자세히 이야기했다. 한 권은 *The Judgment Seat of Christ*이고 다른 한 권은 *Are You Stone Deaf to the Spirit or Rediscovering God?*이다. 두 권의 책 모두 영국의 Christian Focus에서 펴냈다.

CHAPTER 4

1) "Yogi Berra Quotes," Brainy Quote, accessed February 2, 2017, https://www.brainyquote.com/quotes/quotes/y/yogiberra1100034.html.

CHAPTER 6

1) Mark Galli, "Revival at Cane Ridge," *Christianity Today*, accessed February 6, 2017, http://www.christianitytoday.com/history/issue-45/revival-at-cane-ridge.html.

2) R. T. Kendall, "Sheer Integrity," *Ministry Today*, June 30, 2008, accessed February 6, 2017, http://www.ministrytodaymag.com/evangelical-essentials/17445-sheer-integrity.

3) Upton Sinclair, *I, Candidate for Governor: And How I Got Licked* (Los Angeles: University of California Press, 1994), 109.

4) Robert Frost, "The Road Not Taken, Commonlit, accessed February 15, 2017, http://www.commonlit.org/texts/the-road-not-taken.

5) Winston S. Churchill, "The Gift of a Common Tongue," The International Churchill Society, September 6, 1943, accessed February 6, 2017, http://www.winstonchurchill.org/resources/speeches/1941-1945-war-leader/420-the-price-of-greatness-is-responsibility.

CHAPTER 9

1) Brother Lawrence, Christian Classics Ethereal Library, accessed February 16, 2017, https://www.ccel.org/ccel/lawrence.

2) Brother Lawrence, *The Practice of the Presence of God* (N.p.: Lightheart 2002).

3) Ibid.

4) Ibid.

5) Ibid.

CHAPTER 10

1) "Oh, That Will be Glory" by Charles H. Gabriel. Public Domain.

2) "When We All Get to Heaven" by Eliza F. Hewitt. Public Domain.

The Presence of God
by R. T. Kendall

Copyright ⓒ 2017 by R. T. Kendall

Originally published in English under the title of
The Presence of God by Charisma House

Charisma Media/Charisma House Book Group
600 Rinehart Road
Lake Mary, Florida 32746
www.charismahouse.com

Korean Translation Copyright ⓒ 2019 by Pure Nard
2F 16, Eonju-ro 69-gil Gangnam-gu, Seoul, Korea

The Korean edition is published by arrangement with Charisma House.
All rights reserved.

본 저작물의 한국어판 저작권은 Charisma House와의 독점 계약으로 '순전한 나드'가 소유합니다.
저작권자의 허락 없이 이 책의 일부 또는 전체를 무단 복제, 전재, 발췌하면 저작권법에 의해 처벌을 받습니다.

R. T. 켄달의 임재

초판 발행| 2019년 2월 1일
2쇄 발행| 2021년 6월 15일

지 은 이| R. T. 켄달
옮 긴 이| 심현석
펴 낸 이| 허철
편　　집| 김혜진
디 자 인| 이보다나
총　　괄| 허현숙
인 쇄 소| 예원프린팅

펴 낸 곳| 도서출판 순전한 나드
등록번호| 제2010-000128
주　　소| 서울특별시 강남구 언주로69길 16, (역삼동) 2층
도서문의| 02) 574-6702
편 집 실| 02) 574-9702
팩　　스| 02) 574-9704
홈페이지| www.purenard.co.kr

ISBN 978-89-6237-244-1 03230

(CIP제어번호 : 2019001899)
이 도서의 국립중앙도서관 출판예정도서목록(CIP)은 서지정보유통지원시스템 홈페이지(http://seoji.nl.go.kr)와 국가자료공동목록시스템(http://www.nl.go.kr/kolisnet)에서 이용하실 수 있습니다.